# 儿童家庭教育指导

李　莉　主　编

于开莲　副主编

国家开放大学出版社

北　京

图书在版编目（CIP）数据

儿童家庭教育指导/李莉主编. —北京：中央广播电视
大学出版社，2011.6（2019.10 重印）
中央广播电视大学教材
ISBN 978－7－304－05127－3

Ⅰ. ①儿…　Ⅱ. ①李…　Ⅲ. ①儿童教育：家庭教育–
广播电视大学–教材　Ⅳ. ①G78

中国版本图书馆 CIP 数据核字（2011）第 114494 号

**儿童家庭教育指导**

李　莉　主　编
于开莲　副主编

出版·发行：国家开放大学出版社（原中央广播电视大学出版社）
电话：营销中心 010－68180820　　总编室 010－68182524
网址：http://www.crtvup.com.cn
地址：北京市海淀区西四环中路 45 号　邮编：100039
经销：新华书店北京发行所

策划编辑：许　岚　　　　　　　版式设计：何智杰
责任编辑：石明贵　　　　　　　责任版式：张利萍
责任印制：赵连生　　　　　　　责任校对：张　娜

印刷：廊坊十环印刷有限公司　　印数：95001~99000
版本：2011 年 6 月第 1 版　　　2019 年 10 月第 14 次印刷
开本：185mm×230mm　　插页：16 页　印张：17　字数：317 千字

书号：ISBN 978－7－304－05127－3
定价：28.00 元

# 前言

　　家庭是儿童成长的最初环境，家庭教育已经被公认为现代教育的三大支柱之一。家庭教育的质量直接关系着儿童发展的水平和方向。儿童家庭教育指导是提高家庭教育质量的根本途径。作为家长教育孩子的重要合作者——未来的幼儿园教师，须要具备指导家长教育儿童的能力。因此有必要掌握家庭教育的相关知识，通过家园合作等途径给学前儿童家长提供有针对性的指导和帮助。《儿童家庭教育指导》是为中央广播电视大学学前教育专业（专科起点本科）同名必修课程编写的文字主教材。本教材是在借鉴国内外大量的儿童发展与教育、家庭教育及其指导相关研究成果的基础上，结合广播电视大学（简称电大）现代远程教育教学规律和电大学生的学习特点编写而成的。本教材的主要特色如下：

　　1. 重在帮助学生形成指导学前儿童家庭教育的能力

　　与以往的家庭教育教材相比，《儿童家庭教育指导》教材突出了"指导"这一重点。编者力图将儿童身心发展与教育和家庭教育的相关知识，转化为电大学生指导家庭教育的具体行为和能力。书中不仅增加了"家庭教育指导"的相关章节，而且写作视角也始终定位在让学生具备指导能力这一教学目标上。在教材内容的取舍上，编者注重选择那些更实用、更具指导意义的内容，舍弃了对家庭教育学学科框架的因循。

　　2. 语言表述简单明了，通俗易懂

　　为了切合电大学生的学习特点，编者从最初就明确了写作语言要简单明了、通俗易懂的原则。全体参编人员在深入领会相关知识和理论的基础上，着力将学前专业领域的术语转化为能让学生广泛接受和理解的通俗语言，使教材既保持了应有的科学性和准确性，又具备了通俗易懂的特点。此教材不仅可满足电大学前教育专业学生的学习需要，也可以作为广大家长育儿的有益参考。

3. 理论与实践紧密结合

本教材是在综述当前国内外大量学前儿童发展与教育、家庭教育、家庭教育指导等相关知识和理论的基础上编写而成的，理论丰富而深厚，且具有前沿性，对儿童家庭教育具有重要的指导意义。同时，本教材编写者将众多理论与儿童家庭教育实践结合，运用大量的案例，向学生展示如何将理论运用于实践。初学时，学生可以通过模仿这些案例，学习如何将理论转化为实践。相信经过不断的实践，学生就会创造性地运用理论去指导家长。

4. 资料翔实，案例丰富

本教材为学生提供了丰富的理论研究成果和实践案例，可以帮助学生在全面了解学前儿童教育的基础上，针对家庭教育的特点，进行有针对性的学习。书中的资料卡片和案例无疑开阔了学生的视野，加深了学习的深度，有助于学生形成正确的学前教育价值观，这是给儿童家长正确指导的前提。

5. 作业形式多样，有助于学生的专业成长

本教材不仅在每一章末尾提炼本章的重点内容和关键词，便于学生学习，在作业上也采用不同的形式来体现对学生学习不同层次的要求：简答题重点帮助学生掌握基本知识，论述题重点促进学生将所学理论知识转化为理论的思维和表达能力，案例分析题侧重锻炼学生分析问题、解决问题的能力。结合每章开头的学习目标和学习建议，学生的学习将更有成效。

本教材的编写者中，有3位来自首都师范大学学前教育系，其中李莉副教授为主编、于开莲副教授为副主编、严冷副教授为编委，另外，焦艳（高级编辑）来自人民教育出版社学前教育编辑室，马蕾（幼教高级）来自武警总部机关幼儿园。5位编写者都已为人母，对学前儿童家庭教育及其指导有更深的体会和感悟。各章节具体编写分工如下：第一章、第五章由李莉编写；第二章、第三章由于开莲编写；第四章由焦艳编写；第六章由马蕾编写；第七章第一节由李莉编写，第二节由严冷编写。此外，首都师范大学学前教育系研究生沈敏、郑晓博、李春光、张冬瑞也为本教材的编写搜集了大量的资料，在此表示感谢。

本教材在编写过程中引用和借鉴了大量国内外学者的相关研究成果和武警总部机关幼儿园范晓东、孟帆、马骊、韩玉玲等老师的教育案例，保证了教材的科学性，增加了教材的可读性和实用性。在此，向为本教材贡献智慧的各位学者和优秀的幼儿园老师表示诚挚的谢意！同时，教材编写过程中引

用了大量已有研究成果，因时间仓促对某些成果的标注可能存在遗漏，在此向相关原作者表示深深的歉意。

　　由于编写者水平有限，时间紧迫，教材中恐存在诸多不足，恳请各位读者提出宝贵意见！

　　本教材能如期交稿，要感谢中央广播电视大学教育学院的徐长威院长和学前教育系马明主任对编写组的鼎力支持，感谢孙玫老师为本书的编写所做的详细的策划和安排；感谢北京教育科学研究院刘丽副教授、首都师范大学教育学院张菁副教授和中华女子学院儿童发展教育学院余珍有副教授在百忙中多次耐心、严谨地审阅书稿，他们的专业素养和学识令我们钦佩。编写此书使我们有机会向更多的人普及学前教育知识，这是我们最大的荣幸！

主编　李莉

2011 年 4 月 29 日

# 目 录

CONTENTS

# 第一章
## 儿童家庭教育及其指导概述

⊙**学习目标**

　　了解儿童家庭教育的特点和地位；理解儿童家庭教育的奠基作用、目的、任务；掌握和运用儿童家庭教育的内容和方法；掌握儿童家庭教育指导的内容、渠道和方法。

⊙**学习建议**

　　在了解儿童家庭教育特点以及产生这些特点的原因的基础上，理解儿童家庭教育的作用与地位。在学习儿童家庭教育的目的与任务、内容与方法的基础上，尝试运用这些知识，了解家庭教育指导的目的是"助家长自助"；通过附录中的案例，学会通过各种家庭教育指导渠道和方法指导家长科学育儿。

⊙**引　　言**

### 我们是在养孩子，不是在养花

　　有一个小男孩儿，3岁多，他最近干了一件"坏事"，他把一碗滚烫的菜汤倒进了花盆里，花盆中有爸爸刚刚从花市里淘到的非常名贵的花。爸爸怒不可遏，要找扫帚来打儿子。小男孩吓得哇哇大哭。这时男孩的妈妈及时冲上去拉住了丈夫，她对丈夫说："你别忘了，我们是在养孩子，而不是在养花！"妻子的一番话，提醒了冲动的丈夫：孩子和花，到底谁更重要呢？更何况在没有弄清楚孩子那么做的原因之前，就要开打，是不是在说孩子的自尊和快乐还远不如一盆花重要呢？

　　妈妈蹲下来帮孩子擦干了眼泪，轻声地问："宝宝为什么要把汤倒在花盆里呢？"

　　小男孩抽泣着说："奶奶说……热热的菜汤有营养……我想让花长得高高的……"

　　（路书红，乔资萍：《中外家庭教育经典案例评析100篇》，济南，山东人民出版社，2010，6页）

同学们从这个案例中得到了什么启示呢？你是否感受到了学前儿童家庭教育的重要？你是否认为学前儿童家庭教育是一门须要家长精心去钻研的艺术呢？学完本章后，你们可以尝试给家长提供一些专业性的指导。

# 第一节　儿童家庭教育的特点、作用与地位

学前儿童家庭教育是指在家庭生活中，由家长（主要是父母或其他长辈）对学前儿童进行的教育和施加的影响。[①] 它是一个人从出生至成年在家庭中所受教育的重要组成部分。家庭是儿童最早接触到的社会环境，父母是儿童的第一任教师。家庭教育作为儿童人生开端阶段所接受的第一种教育，具有既不同于学校、幼儿园教育和社区、社会教育，也不同于其他年龄阶段家庭教育的特点。这是由家庭环境，特别是家庭中的人际关系的特殊性以及儿童身心发展的特点决定的。

## 一、儿童家庭教育的特点

与幼儿园教育相比，儿童家庭教育是一种非正规的教育。它具有与机构教育不同的特点，这些特点大多可以转化为家庭教育的一种优势。与社会教育相比，儿童家庭教育更有目的、有计划，更有针对性。父母持续不断的教育，将为儿童打上终身不同于他人的印记。

### （一）奠基性与终身性

奠基性特点是指儿童在学前阶段所受到的家庭教育是其一生中最基础的、最基本的教育。学前儿童在家庭教育中所获得的发展与成长是其未来发展的基础。家庭是儿童出生后的第一个生存、生活、接受教育影响的场所。可以说，从母亲怀孕的那一刻起，父母对孩子成长的美好期望就逐步建立起来。从儿童出生的第一天起，父母就开始按照自己的期望对儿童进行教育了。0~6岁阶段是人生的开端，俗话说"三岁看大，七岁看老"，儿童在学前阶段所受到的家庭教育将为其未来，甚至终身的发展奠定基础。在家庭中，学前儿童不仅将学会作为一个具有独立、自理能力的人所必需的生存和生活的基

---

[①]　李生兰：《学前儿童家庭教育（修订版）》，上海，华东师范大学出版社，2006，3~4页。

本技能，如走路、吃饭、喝水、说话、穿脱衣服、如厕等，还要在家长的教育下学会如何与人交往，获得各种必要的知识，形成最初的性格。"万丈高楼平地起"，这一阶段家庭教育质量的好坏将直接影响儿童未来的发展和幸福。

终身性特点是指儿童家庭教育从学前阶段开始，将伴随其一生。终身性主要体现在两方面：一是儿童在学前阶段所形成的人格等特点将伴随其一生。如上所述，学前儿童家庭教育是立足于"根"的教育，根深才能叶茂。如果家庭能为儿童提供适宜于他们发展的良好环境，尤其是良好的教育影响，使儿童获得大量有益的早期经验，那将使儿童这棵幼苗终身受益。"近几十年来关于早期教育的意义与作用的研究表明，早期经验，不管是有益的还是无益的，对幼儿现在和未来的发展都具有重要的作用和影响。"①二是父母在对学前儿童实施家庭教育的过程中逐步积累经验，形成一个家庭的教育风格和样式，这些风格和样式或民主，或专制，或溺爱，或忽视，或放任。一个家庭的教育风格在儿童学前阶段一旦形成，会对学前儿童的人格产生重要甚至终身的影响。学前儿童通常是被动地接受家长的各种正确或不正确的教育，这种影响的持续性结果从表1-1可见一斑。如果父母在学前儿童家庭教育中得到适宜的指导，将有助于家庭建立良好的教育风格，这将是儿童及其成年后的终身福祉。

表1-1　儿童教养方式与儿童发展之间的关系

| 儿童教养方式 | 儿童发展的结果 |
| --- | --- |
| 权威型 | • 童年：活泼、愉快的情绪，高水平的自尊和自我控制能力，更少的传统性别角色行为<br>• 青春期：高水平的自尊，社会和道德发展、学习成绩、教育上的成就 |
| 专制型 | • 童年：焦虑、孤僻、郁闷的情绪；受挫时的攻击性行为<br>• 青春期：心理调适能力不如权威型，但学习成绩较放任自流型和漠不关心型好 |
| 放任自流型 | • 童年：冲动、抗拒、反叛；对成年人既苛求又依赖；半途而废<br>• 青春期：低劣的自我控制能力和学习成绩；比权威型和专制型更经常滥用药物 |
| 漠不关心型 | • 童年：依恋行为，认知、游戏以及情感和社会交往能力的缺陷，攻击性强，行为出轨<br>• 青春期：低劣的自我控制能力和学习成绩；滥用药物 |

---

① 刘焱：《幼儿教育概论》，北京，中国劳动社会保障出版社，1999，15页。

### （二）亲情性与权威性

亲情性特点是指学前儿童家庭教育是建立在以血缘关系为基础的父母对子女的深厚亲情基础上的教育，它更容易为幼儿所接受。但只有建立在理性基础上的亲情，才能使学前儿童家庭教育不迷失方向。父母和子女之间以血缘为基础的亲子关系，比任何其他关系都亲密、深厚、无私。著名哲学家罗素说过："家庭的基础无疑使父母对其新生儿女具有特殊的情感。"亲情性使父母对孩子的教育建立在强烈的母爱或父爱基础上的。正如我国著名社会学家费孝通先生所说："在父母的眼中，孩子常是自我的一部分，子女是他理想自我再来一次的机会。"前苏联教育家马卡连柯说："没有父母的爱，培养出来的人往往是有缺陷的人。"① 因此，学前儿童家庭教育总是以父母对孩子的美好期待作为方向的。对于学前儿童来说，外部世界还一片茫然，自身能力又十分有限，个人的安全感尚在建立过程中，父母的爱是儿童最温暖的港湾。因此，建立在亲情基础上的家庭教育更容易为学前儿童所接受。当然，有时这种爱可能会表现得缺乏理性的约束，导致对孩子的溺爱和放任，古人就有"慈母败子"的说法。可见，只有建立在理性基础上的亲情，才能使学前儿童家庭教育保持正确方向。

权威性特点是指学前儿童家庭教育是建立在父母对孩子的权威性影响基础上的。父母在幼儿心中的威信是孩子愿意接受父母教育的前提，但父母的权威不能滥用，权威性与亲情性是相联系的。父母是孩子生命的缔造者和养育者，父母在幼儿心中有无比的威信。在中国传统文化的影响下，父母的地位至高无上，这种观念在人们心目中是根深蒂固的。父母作为孩子的第一任老师，他们对幼儿的影响最大。这种权威性有助于父母根据自己的意愿去教育孩子。权威的正确使用也会使孩子少走弯路。但是，这种权威如果滥用，将会对幼儿的人格造成极为负面的影响。因此，亲情性和权威性均是双刃剑。只有建立在爱孩子、尊重孩子基础上的权威，才能在家庭教育中发挥积极、正面的作用。

### （三）随机性与针对性

随机性特点是指学前儿童的父母总是利用孩子生活中的一切机会，随时随地地对孩子进行教育。学前阶段的儿童与父母每日朝夕相处，父母总是利用一切机会对孩子进行各种教育。例如：孩子起床时，父母会告诉孩子如何穿衣服；吃饭时，会告诉孩子各种不同食物的营养价值，培养儿童良好的饮食习惯；户外活动时，会教孩子认识大自然的

---

① 王浩，丁洪海，顾晓鸣：《家庭教育现代化发展战略：区域家庭教育现代化理论与实践》，7 页，北京，中国商业出版社，2010。

花草虫鱼、季节变换；与人见面时，会教孩子如何与人交往，学习最基本的行为礼仪。可以说，在孩子一日生活的每个环节，父母都在照顾孩子的同时实施着对孩子的随机教育。一个最初无知无识的学前儿童也正是在与父母的交流和互动中逐渐成长起来的。有教育意识和智慧的父母会很好地利用孩子生活中的每一个教育契机。

针对性特点是指学前儿童家庭教育是家长针对自己孩子的个性特点、发展水平进行的教育。针对性与随机性是有联系的。了解孩子是教育孩子的前提和基础。父母是最了解自己孩子的人，更容易发现孩子的优点与问题。父母总是根据自己孩子的个性特点，随机地对孩子进行有针对性的教育。父母虽然可以向别人学习成功的育儿技巧，但别人的经验是无法全部复制到自己孩子身上的。父母只能针对自己孩子的特点与问题，灵活地、有选择地运用别人的经验，同时也创造着属于自己的教育经验。另外，这种针对性也体现在父母可以及时发现孩子在发展中的各种问题，采取有效的措施纠正孩子发展的偏差。例如：针对孩子语言发展迟缓，父母可能要先带孩子到医院检查其是否有生理发育上的缺陷，然后加强与孩子的语言互动，鼓励孩子说话；针对孩子爱攻击别人的特点，家长不应将孩子打骂一顿了事，而是要教孩子与人交往的正确方式，还要耐心、细致地跟孩子讲攻击别人可能带来的危害，同时家长还要及时发现和鼓励孩子对别人的友好行为。通过这种不断的、针对性的教育，家长可以逐步改变年幼儿童的不当行为。

## 二、家庭教育对学前儿童发展的奠基性作用

家庭教育、机构教育、社会教育是现代教育的三大支柱。它们相互配合、相互补充，共同影响儿童的身心发展。与机构教育和社会教育相比，家庭教育对学前儿童发展发挥着不可替代的独特作用。家庭教育是学前儿童接受的初始教育，其宗旨就是促进儿童的全面发展，这种发展对儿童来说是根本的、奠基性的。我国古人有"正本慎始"之说。儿童出生时，面对的是一个全新的外部世界，与纷繁复杂的外部世界相比，此时的儿童好比一张白纸。家庭教育正是要在这张白纸上涂抹最初的色彩，家庭教育对学前儿童发展的奠基性作用是非常关键的。

### （一）提供儿童身体和心理发展的先天条件

学前儿童家庭教育为儿童发展提供了先天条件，主要表现在两方面。一方面是父母为儿童提供了发展所必需的遗传素质。所谓遗传素质，即那些与生俱来的解剖生理特

征，如机体的构造、形态、感官和神经系统特征等。[①] 儿童出生后，身体和心理的发展是以其遗传素质为先天条件的，如失明的或色盲的儿童无从发展视力，很难被培养成画家。这种来自于自己父母的遗传素质在与外部环境的相互作用中，不断推动着儿童的发展。儿童的未来发展在很大程度上会受制于遗传这一先天条件。另一方面是胎教为儿童的健康出生提供了保障。胎教主要包括孕妇为胎儿提供的无害的生存环境、营养环境和适宜的刺激环境，这些良好环境的营造正是胎儿期家庭教育的内容。正是胎儿期的家庭教育在为儿童的健康出生保驾护航。

### （二）奠定儿童身体发展的基础

学前儿童家庭教育对儿童身体发展的促进作用主要是通过对儿童的合理养育和锻炼来实现的。儿童出生后的养育活动可以说是学前家庭教育中最烦琐、最细致、最需要耐心的工作。儿童通过父母在饮食、起居、卫生等方面耐心、细致的呵护和照顾，逐渐长高、长胖、长壮，身体的机能也同时得到健全的发展。父母不仅要从营养上保证孩子身体发展的需要，还要从卫生上保护儿童的发展需要，更要对儿童进行适宜的体育锻炼，以增强体质、促进儿童动作的发展和感觉的灵敏。学前阶段的体育锻炼大都结合儿童的生活进行，例如，父母在对孩子进行生活照顾时对婴儿的轻轻抚摸，父母帮助儿童的双手和双脚进行的轻微的伸展，孩子在生活上的自我服务，这些都是这个年龄阶段适宜于儿童的"体操"。正是由于父母对儿童的合理养育和适宜锻炼，才使儿童从出生时的娇小软弱，成长为一个能四处奔跑、动作协调灵敏的独立个体，从而奠定了儿童心智发展的物质基础。

### （三）启迪儿童语言和智慧的萌芽

学前阶段儿童发展的突出成就除了独立行走以外，就是掌握母语。儿童掌握母语的过程与父母给儿童提供的丰富的语言刺激是密不可分的。父母在照顾孩子生活的每一个细节时，都通过语言与孩子进行深入的交流，孩子从最初的只能倾听父母发出的声音，到逐步模仿父母的语言，最后到创造性地运用语言，这些成就完全是在家庭中，在父母的细心教育下实现的。父母与儿童通过语言进行互动，其互动的内容正是儿童的周围环境。儿童在父母的引领下，逐步扩大对外部世界的了解范围，锻炼各种感觉器官，积累各种生活经验。学前阶段是儿童语言和智慧发展的关键期，正是学前家庭教育启迪了儿童语言和智慧的萌芽。

---

① 朱智贤：《心理学大辞典》，北京，北京师范大学出版社，1989，846 页。

### （四）培养儿童基本的生活习惯和能力

学前儿童家庭教育还在培养儿童基本的生活习惯和能力方面发挥着独特作用。家庭是儿童与父母共同生活的场所，从儿童出生开始，父母就不断地培养着孩子的饮食习惯、卫生习惯、如厕习惯、睡眠习惯、喝水习惯等。一种习惯的养成非一日之功，从睡觉到洗脸，从吃饭到喝水，每一种习惯都是父母对孩子耐心、细致、反复教育和督促的结果。巴金先生说，对孩子的成功教育从好习惯培养开始。孩子良好的生活习惯的建立是形成其文明修养的基础。学前阶段的家庭教育的重要任务之一就是培养儿童的生活习惯。人们长期的学前教育实践表明，儿童在学前期已经能建立各种初步的生活习惯，这些习惯一旦形成，未来将很难改变。因此，父母会在家庭教育过程中非常注意抑制儿童的坏习惯。同时儿童基本的生活能力也是在家庭中，由父母的辛勤教育完成的。儿童生活能力的形成实际上是在生活过程中形成的。父母对儿童生活能力的培养体现在让孩子学会自己吃饭、喝水、穿衣、洗脸、上厕所、走路、睡觉等各方面。正是父母放手让孩子做他们自己能做的事情，儿童才不断地积累了生活的经验，形成了生活的能力。当儿童来到幼儿园接受教师的正规教育时，他已经是一个具备初步生活习惯和能力的独立个体，这都是学前家庭教育的功劳。

### （五）帮助儿童适应最初的社会

学前儿童从出生开始就接触着形形色色的人和社会环境。一个如此弱小的孩子如何去适应复杂的社会，以期未来成为合格的社会成员，是每个孩子必须面临的严峻课题。家庭是儿童最初接触的社会环境，在家庭中儿童体验着最初的人际关系。儿童在与父母的相处中，学习如何与人相处、如何提出自己的需求、如何遵守社会规则、如何克制自己的欲望，儿童从最初的完全以自我为中心，经过父母的家庭教育，逐渐完成去自我中心，从而能从他人的角度考虑问题，了解自由的限度，能初步克制不合理的欲望，这些成就都是孩子未来加入社会生活所必需的。父母总是会结合具体的生活场景，告诉孩子在见到长辈时如何称呼，教育孩子什么是合理的需求、如何与小朋友游戏、生活中有什么规则等。通过学前儿童家庭教育，大多数儿童在进入幼儿园时已经能够表现出最初的适应性。

### 三、儿童家庭教育在教育体系中的地位

#### （一）儿童家庭教育是整个教育工作的前提和基础

学前儿童出生后，就开始在家庭接受父母的教育。当儿童在适宜年龄来到幼儿园或学校时，其大脑和心灵并不是一片空白的土壤，可任由老师去栽培，家庭教育已经为每个儿童奠定了不同的人格、能力和知识基础。家庭教育是人最先接触的教育，是最基本的教育。学前儿童正是在家庭中学会了其作为一个正常人的生存和生活的基本能力，如吃饭、穿衣、走路、说话等。孩子来到学校（幼儿园）时已经在家庭中获得了大量的经验，这些经验是儿童接受学校教育的前提和基础。这些经验或积极，或消极，但它是客观存在的。如果教师无视这些基础，将使其对儿童的教育成为无源之水、无本之木。

#### （二）儿童家庭教育是整个现代化教育体系中不可缺少的组成部分

自人类社会诞生以来，就有了家庭教育。学校教育产生于奴隶社会，此后，家庭教育并没有失去其独特的价值和重要的地位。现代社会中，国家的教育体系已经变得更加完善和强大，但是这些都不妨碍家庭教育的存在价值。特别是在学前儿童阶段，家庭是儿童主要的生活场所，父母是儿童天然的教师，家庭教育发挥着不可替代的作用。儿童家庭教育永远都是国家的现代化教育体系中不可缺少的环节和组成部分。儿童的成长是家庭、学校、社会三方面合力教育的结果。正如前苏联著名教育家苏霍姆林斯基所说："应当清楚地认识到，任何没有家庭教育的学校教育或没有学校教育的家庭教育都不能单独承担起塑造人这一细致、复杂的任务。"[①] 其实无论现代甚至未来社会，儿童家庭教育都是学校教育最好的合作者，学校教育失去家庭教育的配合，很难达到预期的教育效果。因此，任何教育制度都不要忽视对儿童家庭教育的重视。

# 第二节　儿童家庭教育的任务、内容与方法

儿童家庭教育是学前教育的重要组成部分。学前儿童家庭教育与幼儿园教育的目的是完全一致的。家长要利用自身、家庭和社会资源，对孩子实施全方位的影响，以促进

---

① 吴航：《家庭教育学基础》，武汉，华中师范大学出版社，2010，28 页。

儿童在体、智、德、美等方面的健康发展，为儿童的终身发展奠定坚实的基础。为此，每个家庭都要在这一教育目的的指引之下，采取多种多样的教育方法，实施一定的教育内容，完成培养儿童的教育任务。

## 一、儿童家庭教育的任务

儿童家庭教育目的的实现，依赖于家庭教育任务的有效实施。所谓家庭教育任务是家长应当承担的教育儿童的责任和工作。由于学前儿童家庭教育的目的是促进儿童身心的全面发展。因此，家庭教育的任务也应是全面的，包括体、智、德、美等各方面。

### (一) 促进儿童身体的健康发展

儿童身体的健康发展是儿童家庭教育的首要任务。儿童身体的健康发展最终体现为体质的增强。"体质即人体的质量。体质是人体在体格、体能、适应能力和心理因素等各方面表现出的相对稳定的特征，是身体发展状况的综合表现。体格是指人体的形态结构，可以用身高、体重、头围、胸围等指标来测评。"[①] 体能包括生理机能（如脉搏、血压、肺活量等指标）、身体素质（如速度、力量、耐力、灵敏、柔韧、协调等）、基本活动能力（如走、跑、跳、投掷、攀登、钻爬等基本动作）、适应能力（指机体对气候、疾病的抵抗力和病后机体的康复能力）。家庭教育的首要任务就是促进儿童在体格、生理机能、身体素质、基本活动能力、适应能力等方面的健康生长、发育与增强，同时还要培养儿童对体育活动的兴趣。

### (二) 促进儿童生活自理能力与良好习惯的养成

新生婴儿没有任何生活自理能力，他的生活完全依赖于父母的照顾。然而家长的责任不是要照顾孩子一辈子，而是要逐渐培养孩子的生活自理能力，以便孩子能早日自己照顾自己，成为一个有独立生活能力的人。学前阶段儿童的生活自理能力主要体现在其吃饭、穿衣、如厕、睡觉、走路、喝水、自我保护等方面，这些能力是作为一个人的最基本要求。学前阶段还是各种习惯培养的关键期，养成儿童的良好习惯也是家庭教育的重要任务。学前阶段的良好习惯主要包括饮食习惯、卫生习惯、饮水习惯、睡眠习惯、活动习惯、学习习惯、交往习惯等。

---

① 刘焱：《幼儿教育概论》，北京，中国劳动社会保障出版社，1999，95 页。

### （三）促进儿童认知能力的发展

国内外的多项研究证明，学前期是儿童智力发展的关键期。美国心理学家布卢姆早在 1964 年就对约一千位婴幼儿进行过追踪研究，并根据研究提出"5 岁前是儿童智力发展最为迅速的时期"的重要假设。因此，家庭教育的重要任务就是抓住学前阶段这一关键期，采取适宜的方法，促进儿童认知能力的发展。认知能力包括语言能力、观察力、记忆力、注意力、思维能力、想象力、动手能力等。这些能力是家长在引领孩子认识外部世界的过程中逐步发展起来的。同时，这些能力的发展也促使儿童对外部世界产生更广阔、更深入的认识。

### （四）促进儿童情绪、情感的发展

学前期是儿童健康情绪、情感的奠基期，是情感教育的黄金期。情绪、情感的健康发展对儿童的心理健康具有十分重要的影响。儿童最初是通过自己的情绪来建立与外部世界的联系的，例如，哭是婴幼儿表达感受的常用手段。随着儿童不断长大，儿童的情绪逐渐丰富起来，并且开始用高兴、愤怒、悲伤、生气等情绪来表达自己对外部世界的感受。在情绪逐渐丰富的基础上，幼儿的道德感、理智感、美感也开始发展。学前家庭教育的主要任务是帮助儿童认识不同的情绪以及产生情绪的原因，掌握保持积极情绪、缓解消极情绪的方法，维护儿童的心理健康。

### （五）促进儿童良好个性的形成和社会性的发展

个性包括需要、兴趣、动机以及气质、性格和能力。个性在孩子心理发展过程中起动力源的作用，孩子个性形成的关键期在 2～7 岁。2 岁左右，儿童的个性逐渐萌芽；3～6 岁时，儿童的个性开始形成。[①] 这个时期儿童的个性心理特征和自我意识已经初步发展起来，同时，各种心理活动不仅已经结合成为整体，而且表现出明显的稳定倾向性，形成个性的独特性。每个儿童在各个不同场合、不同情景中，对于不同事件，都倾向用一种自身独有的方式去反映，表现出自己所特有的态度与行为方式。学前阶段是儿童个性可塑性最大的时期，这说明学前家庭教育应当将促进儿童个性的健康发展作为一项长期的、艰巨的任务。

人的社会性是人作为集体活动的个体（或作为社会的一员而活动）时所表现出的特性。儿童出生时只具有人的生物特性，其后的成长过程就是儿童不断社会化并获得社会性的过程。学前阶段是儿童最初接触社会的阶段，家庭是儿童最初接触的小社会。儿

---

① 彭建兰，胡小萍：《学前儿童家庭教育》，南昌，江西高校出版社，2009，183 页。

童要在家庭中逐步学会与人交往，学会遵守规则，学会亲社会的行为。学前儿童家庭教育应当担负起发展儿童的社会性这一任务。

### （六）促进儿童审美能力的发展

学前儿童对外部世界的认识方式可以分为科学地认识和审美地认识两种方式。学前儿童其实从很小就开始用审美的眼光去看待外部世界了。发展儿童的审美能力也是家庭教育必不可少的任务。它有助于陶冶儿童的性情，开发其智力，培养其意志，增进其健美。审美能力包括发现美、感受美、理解美、表现美以及创造美的技能和能力，当然也包括向儿童传授浅显的审美知识，培养儿童对审美的兴趣。

总之，学前儿童家长要担负起孩子身心全面健康发展的任务，全面关心孩子，教育孩子。

## 二、儿童家庭教育的内容

为了完成上述教育学前儿童的任务，有必要在家庭中开展对儿童的健康教育、语言教育、社会教育、科学教育和艺术教育。通过这些教育的实施才能保障促进儿童全面健康发展任务的顺利完成。家庭在促进儿童健康的身心素质、正常的语言能力、良好的行为习惯、优秀的个性等方面具有独特的优势。因此，家长应当在全面关注儿童成长的同时，重点实施健康教育、语言教育、社会教育等。

### （一）健康教育

健康教育是促进儿童身心健康发展，培养儿童基本的生活自理能力和良好生活习惯的主要途径。所谓家庭健康教育，就是家长按照幼儿身体生长发育的基本规律，以促进幼儿身体正常生长发育、增强体质、提高幼儿健康水平为目的所采取的一系列措施。在家庭中健康教育应当包括以下内容：婴幼儿的生活护理及教育、卫生保健、体育锻炼、健康知识教育、安全教育等。

1. 婴幼儿的生活护理及教育

对婴幼儿的生活护理是延续儿童生命的必要措施。家长对婴幼儿精心的生活护理及教育是家庭教育的首要内容。生活护理的内容非常广泛、细致、琐碎，大致可以分为饮食营养的保证、生活起居的照顾、生活制度的安排等。其中科学、合理的饮食安排，能够保证婴幼儿身体生长发育所需要的各种营养物质，是最重要的生活护理内容。通过给孩子提供适宜生活的环境和衣物，生活起居的照顾可以保证孩子少生病，提高其对外部环境的适应力、抵抗力。婴幼儿在家庭中的生活制度是家长不断帮助其建立起来的，它有助于幼儿适应生活的节奏，产生愉快的情绪和安全感。其中，保证孩子足够的睡眠是十分重要的。在护理幼儿的生活过程中，家长要注意逐步培养幼儿的生活自理能力，鼓励幼儿做力所能及的事情，逐步减少幼儿在生活上对父母的依赖，如尽量让幼儿自己吃饭、穿衣、穿鞋，走路，喝水，等等。对于孩子已经有能力做的事情，家长不要包办代替，同时还要对孩子自己做事的愿望和行为多加鼓励。

2. 卫生保健

卫生保健是儿童身体健康发展的必要保障。卫生保健方面的内容主要有盥洗、如厕、疾病预防与治疗、计划免疫等。盥洗是保证儿童免受病菌侵蚀和伤害的必要环节，包括如何洗脸、洗手、刷牙、洗澡等，儿童都要从头学起。家长在帮助儿童保持个人卫生时，要教给孩子相应的技能。如厕是每个人生活中必不可少的环节，培养孩子良好的如厕习惯，掌握必要的如厕方法，也是家庭教育不能忽视的部分。年幼儿童总是会受到疾病的打扰和侵袭，家庭教育要注意锻炼儿童的体质，杜绝病菌对环境的污染，在儿童生病时及时就医和进行正确的护理。计划免疫是帮助孩子抵御疾病的重要手段，家长的任务是牢记各项计划免疫的时间，按时带孩子去接种疫苗，细致地观察孩子接种疫苗后的反应。

3. 体育锻炼

体育锻炼是促进儿童动作发展，增强儿童体质的有效手段。家长应当每天带孩子在室内、室外进行适宜的体育锻炼，如开展丰富多彩的体育游戏，进行走、跑、跳、爬等基本动作的练习，做操，等等。家长的任务是合理安排孩子每一日的生活，保证其有足够的体育活动（特别是户外活动）时间，提供适宜的活动环境和器材，保护孩子体育活动中的安全，培养孩子对体育活动的兴趣。

4. 健康知识教育

健康知识教育也是保证孩子身体健康发展的必要措施。随着孩子年龄的增长，拥有一些健康知识有助于增强孩子在健康行为方面的主动性。家长可以在日常生活中不失时机地教给孩子一些人体器官和功能的知识，以及营养知识、卫生知识、自我保护的知识等。儿童获得这些知识后，会产生更多的健康行为，增强维护自身健康的主动性和自觉性。

5. 安全教育

安全是儿童生命的守护神。儿童年龄小，缺乏生活经验，很容易产生安全事故。家庭安全教育应从小开始，反复强调，其内容主要包括：安全环境的创设和维护，安全知识的传授，安全规则的建立和督促，安全事故的预防和排除，等等。这些措施不仅可以保证孩子的生命安全，还可以培养孩子的自我保护能力。

### （二）语言教育

学前阶段是儿童口头语言发展的关键期。家庭中拥有与儿童进行语言交流的天然机会，家长可以利用一切机会培养幼儿语言交往的兴趣和技能。家长既要重视幼儿叙述性语言能力的培养，也要重视幼儿对话性语言能力的培养。在语言教育方面，家长有以下5个任务：第一，给幼儿创造一个带有丰富语言刺激的环境，这种环境包括视觉的和听觉的，如图书、录音带或父母与孩子面对面的交流。第二，对幼儿运用语言表达的愿望给予鼓励，不要总是纠正孩子语言中的错误，给孩子一个宽松的精神环境，鼓励孩子每一次的语言表达。第三，与孩子一起阅读，培养孩子对阅读图书的兴趣。第四，在生活中抓住机会培养儿童对文字的敏感性。第五，要特别注意培养儿童的倾听别人说话的能力。

此外，语言教育中包含文学教育。家庭文学教育的主要内容包括对儿歌、诗歌、童话和故事的倾听、阅读、欣赏、讲述、朗诵和表演等，目的是培养儿童对文学的热爱，丰富幼儿的情感，积累其书面语言的经验。

### （三）社会教育

社会教育是社会性教育与个性教育、社会常识教育的总称，其目的是培养儿童既有自己独特的个性，同时又符合社会要求。儿童家庭社会教育的主要内容包括文明礼貌教育、爱的教育、亲社会行为教育、社会规则教育、个性品质培养、社会文化教育等方面。文明礼貌教育主要培养幼儿待人接物的文明行为，包括掌握礼貌用语、礼貌倾听、文明进餐、社会公德等；爱的教育是培养儿童爱父母、爱家人、爱同伴、爱家乡、爱祖国等品质；亲社会行为教育主要是培养儿童在与同伴互动过程中能掌握合作、谦让、助人、等待、轮流等技能，与同伴友好相处；社会规则教育是向幼儿传达各种社会规则，如安全规则、交往规则、学习规则等；个性品质培养是围绕儿童的自我意识，培养儿童坚强、乐观、自信、开朗、诚实、善良等品质；社会文化教育是向儿童介绍传统文化知识、现代生活知识、社会常见机构及其功能等。

### （四）科学教育

家庭科学教育是儿童认识大自然、探索大自然的主要手段。孩子天生具有好奇心，大自然的一切事物都是孩子感兴趣的探索对象，可以说孩子是天生的科学家。在家庭科学教育中，可以利用儿童生活中的各种机会，对孩子开展科学教育，其主要内容包括生活中的数学教育、科学兴趣培养、科学知识教育、科学方法教育。生活中的数学教育主要涉及 10 以内的数的概念及数的组成与分解、数的读写，量的基本知识和测量的初步技能，三角形等常见几何图形，时间和空间概念等内容。科学教育主要是利用儿童生活中能接触到的各种自然界的动物、植物、天气、星空，以及各种物理和化学现象等来培养孩子对科学的爱好，获得简单的科学知识，体验科学探究的基本过程，最终达到促进儿童智力发展的目的。

### （五）艺术教育

家庭艺术教育是培养儿童审美能力和素养的主要途径，其主要内容涵盖家庭音乐舞蹈教育、家庭美术教育等几个领域。家庭音乐舞蹈教育的主要内容是向幼儿传授简单的音乐舞蹈知识、教幼儿唱歌跳舞、教幼儿欣赏音乐和舞蹈等，主要目的是培养幼儿对音乐舞蹈的兴趣、感受力和表现力。家庭美术教育的主要内容包括绘画、纸工、泥工、美术欣赏等，主要目的是培养孩子的观察力、动手能力、想象力和创造力。

## 三、儿童家庭教育的方法

学前儿童家庭教育要想取得良好的效果，家长必须在教育方法上下工夫。根据学前儿童的身心发展特点，常用的家庭教育方法有以下几种。

### （一）兴趣诱导法

兴趣诱导法是指在家庭教育中，家长善于发现、利用孩子的兴趣，引导孩子对周围事物进行深入探究和学习的方法。著名心理学家维果斯基曾说："童年早期儿童是按照'自己的大纲'学习的，学龄儿童按照'教师的大纲'学习，而学前儿童的学习则是将'教师的大纲'变成儿童'自己的大纲'的程度而定的。3 岁前儿童教学的特点是这一年龄阶段儿童是按照他们自己的大纲进行学习的。"[①] 所谓儿童自己的大纲就是儿童自己感兴趣的事情，这说明儿童的学习在很大程度上是受兴趣支配的。学前儿童对感兴趣的事情（如游戏），会特别投入；相反，对不感兴趣的事情却很难表现出投入和坚持。人们常说兴趣是最好的老师，兴趣可以带领儿童去探索无穷的未知世界。

儿童的兴趣有消极兴趣和积极兴趣之分，家长要善于利用儿童的积极兴趣，引导儿童的学习向有益的方向发展。例如，儿童喜欢动物，家长就可以经常带孩子去动物园了

---

① 余震球：《维果斯基教育论著选》，北京，人民教育出版社，1994，379 页．

解动物的知识，或为儿童购买关于动物的图书，并在家中和孩子一起阅读，有条件的家庭还可以鼓励孩子饲养一些小动物。对于孩子的消极兴趣，如喜欢喝碳酸饮料，家长要给儿童讲明不能喝的道理，并在生活中坚持不给孩子喝碳酸饮料的原则。

每个孩子的兴趣是不同的。孩子的兴趣也有先天和后天之分，有些兴趣可能是孩子天生的，有些兴趣是可以通过后天去培养的。孩子先天的兴趣需要家长的及时发现和栽培。家长要经常与孩子一起生活、游戏，要耐心细致地观察孩子的行为意向，看孩子在做哪些事情和游戏上更专注，更爱提问题，更善于动手、动脑。一旦发现了孩子的兴趣或爱好，家长要注意保护和提供及时的、有针对性的帮助，才能有效地保持、深化孩子的兴趣。例如，家长发现孩子对绘画感兴趣时，就要鼓励孩子，并给孩子的绘画活动提供时间和空间以及物质材料上的支持。

虽然我们支持让孩子根据自己的兴趣来学习，但儿童仅凭自己的兴趣无法获得全面的发展。因此，孩子对某些事物的不感兴趣，就须要家长通过后天去改变。这就需要家长了解儿童不喜欢做某些事情的原因，为儿童提供丰富多彩的生活环境，鼓励儿童的各种各样的探索活动，让儿童在活动中体验到成功和自信。例如，针对儿童不喜欢运动，家长要了解儿童不喜欢运动的原因，是胆子小、怕失败，还是没有掌握方法。根据不同的原因，家长可采取不同的鼓励手段，同时要多给孩子创造运动的机会，让孩子体验到运动的快乐和成就感，这样就能逐渐培养孩子对运动的兴趣。可见，在家庭教育中，借助孩子的兴趣、培养孩子的兴趣都是十分必要的。

### （二）游戏活动法

喜爱游戏是儿童的天性，儿童以游戏为生命。游戏既是孩子的一种必不可少的生活需要，也可以成为家长教育孩子的有效手段。所谓游戏活动法，就是家长利用儿童喜爱游戏的特点，给幼儿提供游戏的机会，让幼儿在游戏中学习生活所需的知识和技能的方法。游戏对儿童的发展价值是全面的，不同的游戏可以促进儿童不同方面的发展。例如，户外体育游戏有利于儿童体能和大肌肉动作的发展，角色游戏有利于儿童对社会职业的认识，等等。儿童在游戏中可以体验到多种多样的角色身份，遵守不同的游戏规则，这都有利于孩子的社会性发展。同时，游戏是孩子自主选择的感兴趣的活动，在游戏过程中孩子的智力、主动性、独立性、创造性、专注力等都能得到充分的发展。游戏也有助于促进孩子的心理健康。游戏对儿童发展的价值不可限量。因此，家长一方面要鼓励孩子进行多种多样的游戏，另一方面要为孩子游戏提供时间和空间、材料上的支持，同时还要鼓励孩子多与同伴一起游戏。最后，家长也应抽时间参与孩子的游戏。

### （三）实践操作法

实践操作法是指在家庭教育中，家长借助于儿童参与的各种动手、动脑的操作活动，来促进儿童发展的方法。皮亚杰的认知发展理论告诉我们，活动是儿童联结主客体的桥梁，儿童只有通过活动才能与周围环境产生相互作用，才能达到认识周围环境的目的，正如陈鹤琴先生所说——儿童生来就是好动的。"这个好动心于儿童有什么好处呢？我们晓得一个儿童生来是无知无识的，试问他怎样能有知识呢？他生来并不知冰是冷的，火是热的，铁是坚的，水是弱的。——这些就都是他的好动心的功劳。——他摸着铁，就觉得铁的坚性；他吃了冰，就知道了冰的冷性；他玩这样弄那样，就渐渐从无知无能的地步，到有知有能的地步。"① 因此，对于学前儿童来说，没有活动，就没有发展。

所谓实践，就是活动，就是"做"；实践操作法意味着让儿童凡事"从做中学"，儿童只有通过实践，才能获得各种直接经验。因此，家长首先要让孩子参与力所能及的家务劳动和自我服务实践，如摆放、收拾碗筷，自己吃饭、穿衣，自己洗漱，等等。其次，家长要鼓励孩子进行各种科学探究实践，如饲养小动物、种植花草、进行科学小实验等，并给孩子提供进行探索活动的工具和指导，如显微镜、放大镜、烧杯等。再次，家长要鼓励孩子参加各种游戏活动，如结构游戏、角色游戏、表演游戏、规则游戏等，并提供相应的游戏材料。最后，家长要鼓励儿童参与社会交往活动，如针对现在的孩子都是独生子女的状况，家长可以定期请同事和孩子到家里来玩，也可以带孩子到别人家去做客，以增进其交往的技能。总之，孩子通过实践操作法不仅可以获得数理逻辑经验、物理经验和社会经验，同时还可以增强做事的动手能力。

### （四）环境熏陶法

环境熏陶法是指在学前儿童家庭教育中，家长有意识地通过创设良好的家庭环境和氛围，对孩子施加潜移默化的影响的教育方法。有研究表明，家庭学习环境是影响儿童发展的最重要的因素。因此，为儿童创设有利于其学习的环境，是家长的重要任务。环境熏陶法可以在家庭教育的各方面运用。特别是在社会教育、艺术教育等方面，环境熏陶法将发挥重要的作用。这种方法主要运用了孩子容易接受无意识影响的特点。老一辈革命家恽代英同志曾指出：父母对子女的教育，"不必耳提面命、横施夏楚，全在以潜移默化为唯一手段"，他认为："潜移默化四字在教育中为最高法门，而家庭教育尤以

---

① 北京教育科学研究所：《陈鹤琴全集（第一卷）》，南京，江苏教育出版社，1987，2 页。

此为主要手段。"①

家庭环境主要包括家庭物质环境和家庭精神环境。

1. 家庭物质环境

对于物质环境的创设，家长应注意以下几点：第一，应注意为儿童准备丰富的玩具和操作材料，玩具和操作材料可以激发孩子游戏的兴趣，促进孩子智慧以及独立性、主动性、创造性的发展。第二，家长要注意保持家庭环境的干净、整洁，这对培养孩子良好的生活卫生习惯具有暗示作用。第三，家长应注意运用音乐、美术作品和自然物等美化家庭环境，这对孩子的艺术品位和修养有良好的熏陶作用。

2. 家庭精神环境

家庭精神环境的创设在某种程度上说，比物质环境更为重要。人们都知道，一个家庭的幸福不在于其多么富有，而在于家庭中的每个人能相亲相爱。

家长在进行精神环境创设中应做到以下几点：第一，和谐的家庭氛围是孩子健康成长的必要条件，家长应为儿童创造和谐的家庭氛围。这就要求家庭中的所有成员要相互尊重、相互理解、相亲相爱。联合国《儿童权利公约》中指出："为了充分而和谐地发展个性，应让儿童在家庭环境里，在幸福、亲爱和谅解的气氛中成长。"② 不良的家庭氛围，不仅不利于儿童身体的发展，而且可能会造成儿童严重的人格缺陷。第二，尊重孩子的人格、主体性和自由。儿童虽为父母所生，但儿童无论其年龄的大小，他都是一个具有独立人格的个体，他有自己的思想，有自己的个性，家长不能把孩子仅仅当作私有财产，为所欲为，蔑视儿童的人格和主体性，限制其活动的自由和权利，体罚、打骂儿童，这些行为都将严重阻碍学前儿童的健康发展。家长应当将儿童视作与自己平等的个体，在尊重儿童的基础上教育儿童，给儿童创设民主、宽松、自由的环境，允许孩子在错误中成长，才能最大限度地激发儿童成长的动力。第三，注重家长的榜样示范作用。家长的言行也是家庭环境的组成部分，对儿童也有潜在的影响。家长在儿童心目中具有权威的地位，儿童特别容易模仿家长的行为。在学前儿童尚无辨别是非善恶的能力时，家长自身的言行对儿童具有榜样示范的作用。因此，要想给儿童带来正面积极的影响，家长要注意提高自身的文化修养和情趣，事事做到以身作则。正如陈鹤琴先生所说："小孩子是好模仿的，家中人之举动言语他大概要模仿的。若家中人之举动文雅，他的举动大概也会文雅的；若家中人之言语粗陋，他的言语大概也是粗陋的。所以，做

---

① 吴航：《家庭教育学基础》，武汉，华中师范大学出版社，2010，120 页。

② 李生兰：《学前儿童家庭教育（修订版）》，上海，华东师范大学出版社，2006，27 页。

父母的不得不事事谨慎，务使己身堪有作则之价值。"①

### （五）赏识鼓励法

赏识鼓励法是指家长在家庭教育中，用欣赏的眼光看待孩子的优良行为，并对孩子的优良行为给予积极正面的评价的方法。对孩子的赏识意味着要多看到孩子的优点，这样才能确立孩子的自信和自尊。家长对孩子某种行为的鼓励和表扬，可以使孩子明白什么才是家长认可和提倡的、合理的、优良的言行。家长的鼓励可以起到强化的作用，可以巩固孩子的优良言行。孩子都喜欢被称赞。但是，对孩子的赏识和鼓励也应当是有技巧和方法的。正如陈鹤琴所说："这种赞许心，是我们做父母的教育小孩子时应当利用的，然而不可用得太滥，一滥就失掉它的效用，反不若不用为妙。"②

首先，家长对孩子的鼓励和赏识要与儿童的具体行为和进步相联系，不要只对儿童进行笼统的表扬。例如，家长只是对孩子说"宝贝，你真是好孩子！"这样的话并不能让孩子明白什么是正确的行为，也无助于其良好行为的再次出现。家长在表扬孩子时如果说："宝贝，你今天真有礼貌，主动叫了叔叔、阿姨。"这样的表扬就能取得很好的教育效果。

其次，家长要把握好表扬、鼓励孩子的度，表扬孩子不能太过频繁。有的家长每天把"宝贝乖、宝贝棒"之类的词挂在嘴上，反而可能助长孩子的骄傲、自满倾向。家长应只表扬孩子新出现的良好行为，对于已经成为习惯的良好行为，就要尽量减少表扬的次数，对于新出现的良好行为，家长要及时表扬。同时，家长对孩子的表扬要实事求是，不要太夸大。

最后，家长对孩子的鼓励方式尽量以精神鼓励为主，少承诺物质奖励。精神奖励的方式其实很多，如口头表扬、提供活动和游戏机会等。物质奖励应以奖励书籍、学习用品、体育用品等为主。家长在表扬儿童的积极行为时，也要对其不良行为采取除打骂、体罚以外的，适当的教育措施。

### （六）榜样示范法

榜样示范法是指在家庭教育中，家长利用具有示范作用的各种榜样教育孩子，使孩子学习榜样的良好行为的教育方法。榜样的特点是直观形象，榜样的运用避免了对儿童的说教。生活中，儿童的榜样来源很多，其中最重要的榜样是儿童的父母，其次是老师

---

① 陈鹤琴：《家庭教育——怎样教小孩》，北京，中国致公出版社，2001，25 页。
② 陈鹤琴：《家庭教育——怎样教小孩》，北京，中国致公出版社，2001，30 页。

和同伴，还有文学、艺术作品中孩子喜爱的人物。要想给儿童起到好的榜样作用，父母和老师要以身作则，不希望孩子去学和做的事情，自己也不要去学和做。家长要注意给孩子树立一个好学、开朗、坚强、善良、智慧、勇敢、诚实、民主的形象。在孩子还没有是非辨别能力前，同伴的榜样作用对儿童的影响可能是积极的，也可能是消极的。近朱者赤，近墨者黑，这就需要家长为孩子选择合适的同伴。文学作品是孩子榜样的重要来源，其中有的是文学艺术形象（如孙悟空），有的是历史人物（如司马光），有的是现实人物（如邓亚萍），等等。家长平时要注意积累相关的文学知识，多给孩子讲英雄人物的故事，用榜样的形象感化孩子的思想，启迪孩子的心灵，引导孩子的行为。

### （七）暗示提醒法

暗示提醒法是指在家庭教育中，家长运用含蓄、间接、简化的方式和方法对孩子的心理实施影响的教育方法。有一次，陈鹤琴先生与儿子一鸣玩游戏，一鸣拿了一块破烂的棉絮裹着身体当毡毯玩。陈鹤琴没有直接命令一鸣将破棉絮拿掉，或是自己去夺过破棉絮，相反，他采用了积极暗示的方法对一鸣说："这个破棉絮是很脏的、很有气味的。我想你一定不要的，你要一块干净的，你跑到房里去问妈妈拿一块干净的。"[①] 一鸣听从了爸爸的暗示。陈鹤琴的做法既没有伤害孩子的自尊心，又没有打扰孩子游戏的兴致，这是非常巧妙的办法。只要是孩子特别熟悉的人发出的暗示，孩子都比较能心领神会，起到意想不到的效果。

暗示可以分为语言的暗示、动作的暗示（含眼神、手势、表情、暗号等）。暗示法的根本目的是为了保护孩子的自尊心、不影响孩子活动的兴致。暗示法经常被用于一些不便家长直接指出孩子错误的场合，如在公众场合、在别人家做客等。暗示提示法可以分为直接暗示（如前例所示）、间接暗示（如家长用童话故事暗示孩子要诚实）、反暗示（如当孩子不愿意完成妈妈交给的读书任务时，妈妈故意说："我就知道你今天肯定看不完这本书。"孩子通常会说："我能看完的。你不信我读给你看。"其实，孩子的话，正是妈妈想要的结果）。暗示提醒法的使用，需要家长的教育智慧。

可见，儿童家庭教育是为人父母者必须努力去钻研的一门学问和艺术。家长首先要通过各种学习途径，了解儿童家庭教育的常用方法，同时还须要结合孩子的情况灵活、正确地使用。2004 年 10 月，中华全国妇女联合会（简称全国妇联）、教育部颁发了修订后的《家长教育行为规范》（其基本要点如资料卡片 1 - 1 所示），家长应当自觉遵守

---

① 陈鹤琴：《家庭教育——怎样教小孩》，北京，中国致公出版社，2001，40 页。

这一规范，并根据该规范的要求，创造性地教育儿童。

## 资料卡片1-1

### 家长教育行为规范

一、树立为国教子、以德育人的思想，自觉履行抚养和教育子女的法律责任和道德义务。

二、培养子女的爱国情感，从小树立民族自尊心、自信心和自豪感。

三、教育子女树立正确的理想观念，为担负起建设祖国、振兴中华的光荣使命做好准备。

四、培养子女良好的道德品质和文明行为，学会处理人与人、人与社会、人与自然等的基本关系。

五、培育子女正常的劳动意识、科学精神和法制观念，帮助子女增强自学、自理、自护、自强、自律能力。

六、确保子女接受义务教育，鼓励子女参加健康有益的文化体育活动，促进子女身心健康全面发展。

七、树立正确的家庭教育观念，掌握科学的教育知识和方法，针对子女年龄、个性特征实施教育，与子女互动互学，共同提高。

八、举止文明，情趣健康，敬业进取，言行一致，以良好的品行修养，为子女做表率。

九、建立民主、平等、和睦的家庭关系，形成有助于子女健康成长的良好家庭环境。

十、主动配合学校教育、社会教育，支持子女参加学校活动和社会实践，保持教育的一致性。

（以上是全国妇联、教育部2004年10月25日对原《家长教育行为规范》进行修改、补充、完善的新《家长教育行为规范》）

（彭建兰，胡小萍：《学前儿童家庭教育》，南昌，江西高校出版社，2006，305页）

# 第三节　儿童家庭教育指导

　　20 世纪 90 年代初，"家庭教育指导"这个概念被正式使用。儿童家庭教育指导，是指由家庭以外的社会组织和机构组织，以儿童家长为主要对象，以提高家长的教育素质、改善教育行为为直接目标，以促进儿童身心健康成长为目的的一种教育过程。[①] 没有谁生来就会做父母，懂得如何教育子女，所有的父母都需要不断地学习。特别是在孩子年幼的阶段，父母更需要得到相关的育儿指导。可以说，儿童家庭教育指导是一项功在当代、利在千秋的事业。社会是由单个的人所组成的，每个人的良好发展将为社会的进步提供前提和基础；而儿童人生的良好开端主要是由家长提供的，儿童家庭教育指导有助于提高儿童人生开端阶段的发展水平。儿童家庭教育指导会为和谐社会的发展奠定重要的基础。

　　为此，我国政府在《九十年代中国儿童发展规划纲要》中明确指出，到 20 世纪 90 年代末期，要"使 90% 儿童（14 岁以下）的家长不同程度地掌握保育、教育儿童的知识"[②]，各地要"因地制宜，采取多种形式，通过多种渠道，广泛深入地宣传、普及家庭优生、优育、优教的基本知识。在城市，以社区为依托，举办新婚夫妇学校、孕妇学校和婴幼儿、小学生、中学生的家长学校，向不同年龄阶段儿童的家长提供较全面的家庭教育知识和方法；在农村，通过广播父母学校与县、乡、村的家长学校、家庭教育辅导站、辅导员相结合的方式，推广正确的保育、教育方法。利用各种大众传播媒介和群众喜闻乐见的形式，开展全国性家庭教育宣传、咨询、服务工作，层层培训家庭教育工作骨干"[③]。在《中国儿童发展纲要（2001—2010 年）》中，也继续强调重视和改进家庭教育，加强家庭教育知识的宣传和理论研究，办好各类家长学校，帮助家长树立正确的保育、教育观念，掌握科学的教育知识与方法。[④] 2010 年 2 月，全国妇联与教育部、中央精神文明建设指导委员会办公室（简称中央文明办）、民政部、卫生部、国家人口和计划生育委员会、中国关心下一代工作委员会（简称中国关工委）联合印发《全国

---

　　① 彭建兰，胡小萍：《学前儿童家庭教育》，南昌，江西高校出版社，2006，279 页。

　　② 中国学前教育研究会：《中华人民共和国幼儿教育重要文献汇编》，北京，北京师范大学出版社，1999，328 页。

　　③ 中国学前教育研究会：《中华人民共和国幼儿教育重要文献汇编》，北京，北京师范大学出版社，1999，332 页。

　　④ 国务院妇女儿童工作委员会：《中国儿童发展纲要（2001—2010）》，2011 - 02 - 20，http：// baike. baidu. com/view/3161346. htm。

家庭教育指导大纲》，意在进一步加强家庭教育理论体系建设，规范家庭教育指导内容和要求，提高家庭教育的科学性、针对性、实效性。[①]

## 一、儿童家庭教育指导的性质与目的

　　儿童家庭教育指导是社会终身教育体系的一个有机组成部分，其目的是提高家长的科学育儿水平，指导的对象主要是幼儿父母，或经常带孩子的祖父母及其他看护人。儿童家庭教育的指导者，通常是来自学校、幼儿园、社区、卫生保健部门、企事业单位等具备相关教育知识的专家、教师、社区工作者、医生、公务员、志愿者等。儿童家庭教育指导的根本目的是通过为家长提供指导，提高家长的教育水平和家庭教育质量，促进儿童健康成长。家庭教育指导是社会为家庭教育提供的一种公益性的支持活动，它不是要替代家长教育孩子的责任，而是要让家长在接受指导后，能够更好地教育自己的孩子。因此，家庭教育指导的重点或者说核心是"助其自助"。[②]

## 二、儿童家庭教育指导的内容

　　"家庭教育指导内容是家庭教育指导者开展家庭教育指导活动的实施载体，是家庭教育指导目标的具体化，是实现家庭教育目的的重要保证。"[③] 要想将家长的育儿技巧从经验水平提升到科学水平，儿童家庭教育指导的内容应该是非常全面、科学的，同时也应该是有针对性、有重点的。当代学前儿童心理学、教育学、保健学、营养学等相关学科的快速发展，为儿童家庭教育指导提供了坚实的理论基础。其具体指导内容，从面上指导来说，包括以下内容：① 教育观念的更新。② 儿童身心发展知识。③ 儿童卫生保健知识、营养知识、常见疾病的防治知识。④ 胎教知识和孕期营养保健知识。⑤ 家庭教育的内容与方法。⑥家庭中评价儿童发展的知识与方法。⑦ 儿童家庭教育中的一些常见问题及对策。指导的重点应当在教育观念更新和家庭教育内容与方法等方面。从针对性方面来看，首先要了解当前家庭教育的突出问题、家长的需求等；其次是家庭教育指导的内容和方法要与儿童的年龄阶段相适应；最后还应当考虑儿童的个体差异，根

---

① 全国妇联：《全国家庭教育指导大纲》，2011 - 02 - 12，http：//baike. baidu. com/view/3299451. htm。
② 常瑞芳：《幼儿家庭教育与指导》，北京，高等教育出版社，2005，149 页。
③ 吴持瑛，沙江：《现代家庭教育指导策略》，杭州，杭州出版社，2009，60 页。

据不同的需求和问题为家长答疑解惑，才能使指导更有实效性。

## 三、儿童家庭教育指导的渠道

"社会对家庭教育的指导主要通过两条渠道进行，一条是社会机构对家长的直接指导，另一条是通过大众传播媒介对家长的影响。"[①] 社会机构的指导又可以分为幼儿园、社区、机关和企事业单位、社会团体的指导等。

### （一）幼儿园的指导

幼儿园是根据社会的要求，有目的、有计划、有组织地对 3~6 岁幼儿进行专门教育的机构。目前在我国，幼儿园是进行学前儿童家庭教育指导的主要力量。因为，幼儿园有具备专业素养的合格的幼儿教师和工作人员，还有场地、设备、器材等相关辅助条件，通常幼儿园举办的家庭教育指导的受益对象是本园孩子的家长，他们往往对园方各种形式的指导都抱有较高的热情。当然，他们会认为个别指导更能解决问题。幼儿园指导要避免把自己放在权威的地位，避免对家长发号施令，而应与家长保持平等合作的关系，才能赢得家长的信任。

### （二）社区的指导

当前，社区已经成为每个人生活中重要的社会环境，社区作为社会基层组织的地位与作用日益显著。近年来社区教育蓬勃发展，对学前儿童的家庭教育指导就是社区教育的重要组成部分。社区的指导是指由街道、乡镇或小区组织，由街道、乡镇干部，区内社会工作者，幼儿园教师或其他志愿者担负指导者角色，对社区学前儿童家长进行的指导。社区综合利用教育资源，开展儿童家庭教育指导，具有就近性、便利性的特点，既可以提高家长的育儿水平，也可以和谐社区邻里关系。当前社区的指导须要有创新的思路、政府的大力支持和社区工作者相关素质的提高，才能使社区指导更有水平。

### （三）机关和企事业单位的指导

机关和企事业单位的指导是指机关、企事业单位通过工会组织为本单位已经为人父母的职工提供的家庭教育指导。这种指导的提供往往是职工福利的一种体现，是单位为职工解决生活问题和后顾之忧的一种措施，这种指导的提供也可以起到凝聚人心、留住人才的作用。企事业单位也可以把这种指导当作一种社会责任，但由于单位通常要以生

---

① 李洪曾：《幼儿家庭教育指导》，北京，北京师范大学出版社，2001，20 页。

产、科研等任务为重，工会组织所提供的家庭教育指导可能并不是非常系统和有针对性的，有时它可能只起一种锦上添花的作用。

### （四）社会团体的指导

实施儿童家庭教育指导的社会团体主要有：各级妇联、关心下一代工作委员会、各地学前教育研究会等热心学前教育事业的团体。在这些团体中，妇联始终将妇女的发展与儿童的健康成长密切联系起来，各级妇联对学前儿童家庭教育指导工作发挥了重要的领导和示范作用。关心下一代工作委员会的成员通常是一些离退休的老同志，他们退而不休，心系祖国和儿童教育事业，把自己的满腔热情播撒在儿童家庭教育指导上，开展了许多有益的活动。学前教育研究会是我国学前教育工作者的群众性学术团体，他们具有专业上、学术上的巨大优势，他们不仅将学前家庭教育和学前家庭教育指导作为研究的重要课题，各地学前教育研究会也开展了多种形式的家庭教育指导工作。例如，1997年6月，中国学前教育研究会学前社会专业委员会成立，挂靠在上海教育科学研究院；同年9月，上海教育科学研究院成立家庭教育研究与指导中心，此后进行了大量的幼儿家庭教育研究和指导实践。[①] 社会团体的指导须要解决的问题是如何协调各团体的力量，成为一种更专业的合力去指导家长。

### （五）大众传播媒介的指导

社会对家庭教育产生影响的另一条重要渠道是大众传播媒介，它包括广播、电视、电影、网络、报纸、杂志、图书、录像等具体形式。新时代的家长越来越不满足于邻里间教子经验的口耳相传，而是更为主动地从多种多样的媒体中获得相关的育儿知识。这一渠道具有受众面广、信息量大，快捷、便利的特点。这种指导存在的问题是如何提高信息的科学性、权威性。

## 四、儿童家庭教育指导的形式与方法

"家庭教育指导的形式，是指指导者有目的、有计划地直接指导家长，影响家庭教育的做法。家庭教育指导的常用形式有个别指导、集体性指导活动和介绍、推荐、提供文字音像资料等三类。"[②] 所谓个别指导，是指对某一个家庭的家长，根据其具体问题

---

① 李洪曾：《幼儿家庭教育指导》，北京，北京师范大学出版社，2001，21 页.
② 李洪曾：《学前儿童家庭教育》，大连，辽宁师范大学出版社，2008，287 页.

由相关机构或人员提供的指导。这种指导可以是面对面的、进入家庭的，也可以是家长自己到相关机构咨询的，还可以是通过电话、网络、书信、便条、家园联系册等方法进行的。这种指导通常是针对家庭提出的具体家教问题而进行的。所谓集体性指导，是针对家长群体的需要而展开的。这种指导可以采取家教讲座、家教经验交流会、家长学校、教育开放活动、亲子活动等方法。"文字音像资料的介绍推荐和提供包括介绍、组织订阅家庭教育专业报刊和家庭教育普及读物，出版自编的家庭教育小报、墙报、黑板报，组织观看幼儿园自摄的幼儿园活动、家庭教育知识和家庭教育指导活动的录像，介绍组织观看现成的家庭教育电影、电视、录像、广播和录音，建立幼儿园家庭教育网站与推荐有关网站，等等。"① 无论哪种形式的家庭教育指导，都应当遵循一些基本原则，只有坚持这些原则才能保证家庭教育指导的科学性和质量。2010 年 2 月，全国妇联联合多部门印发的《全国家庭教育指导大纲》中对家庭教育的指导原则作了详细的表述（如资料卡片 1 – 2 所示），这应当成为当前及今后开展儿童家庭教育指导工作的基本原则和依据。

## 资料卡片1-2

### 《全国家庭教育指导大纲》中的指导原则

　　家庭教育指导应注重科学性、针对性和适用性。一是坚持"儿童为本"原则。家庭教育指导应尊重儿童身心发展规律，尊重儿童合理需要与个性，创设适合儿童成长的必要条件和生活情景，保护儿童的合法权益，特别关注女孩的合法权益，促进儿童自然发展、全面发展、充分发展。二是坚持"家长主体"原则。指导者应确立为家长服务的观念，了解不同类型家庭之家长需求，尊重家长愿望，调动家长参与的积极性，重视发挥父母双方在指导过程中的主体作用和影响，指导家长确立责任意识，不断学习、掌握有关家庭教育的知识，提高自身修养，为子女树立榜样，为其健康成长提供必要条件。三是坚持"多向互动"原则。家庭教育指导应建立指导者与家长、儿童，家长与家长，家庭之间，家校之间的互动，努力形成相互学习、相互尊重、相互促进的环境与条件。

　　（全国妇联：《全国家庭教育指导大纲》，2011 – 02 – 12，http：//baike. baidu. com/view/3299451. htm）

---

① 李洪曾：《家庭教育指导工作的对象、内容、形式》，载《幼教园地》，2004，1 – 2（下旬）：7 页。

　　总之，从20世纪90年代以来儿童家庭教育指导越来越受到社会的重视，许多学前专业人员投入儿童家庭教育指导这项利国利民的工作中。越来越多的家庭因为受到相关的指导而重视儿童家庭教育，形成了正确的育儿观念和实践。在所有的指导渠道中，幼儿园作为对儿童实施学前教育的专业机构，理应承担更多的儿童家庭教育指导责任，发挥更大的作用。

# 本 章 回 顾

## ⊙内容小结

- 学前儿童家庭教育是0~6岁儿童在家庭中接受的教育。学前儿童家庭教育具有奠基性与终身性、亲情性与权威性、随机性与针对性等特点。

- 学前儿童家庭教育是整个现代化教育体系的不可缺少的组成部分，是整个教育工作的前提和基础。

- 家庭教育对学前儿童发展的奠基作用主要体现在：提供儿童身体和心理发展的先天条件，奠定儿童身体发展的基础，启迪儿童语言和智慧的萌芽，培养儿童基本的生活习惯和能力，帮助儿童适应最初的社会。

- 学前儿童家庭教育的目的是家长通过家庭教育活动，把孩子培养成自己所希望的人。家庭教育的目的既有家庭层面的，也有国家层面的。家庭层面的目的呈现出个别化的特点，家庭层面应与国家层面的学前教育目的保持一致。

- 学前儿童家庭教育的任务有促进儿童的身体健康发展，促进儿童生活自理能力与良好习惯的养成，促进儿童认知能力的发展，促进儿童情绪、情感的发展，促进儿童良好的个性与社会性的发展，促进儿童审美能力的发展。

- 学前儿童家庭教育的内容包括健康教育、语言教育、社会教育、科学教育、艺术教育，儿童家庭教育的方法有兴趣诱导法、游戏活动法、实践操作法、环境熏陶法、赏识鼓励法、榜样示范法、暗示提醒法等。

- 家庭教育指导是带有师范教育性质的成人业余教育，根本目的是提高家长的教育水平和家庭教育质量，促进儿童健康成长。儿童家庭教育指导的渠道包括幼儿园、社区、机关和企事业单位、社会团体、大众媒介等。

- 家庭教育指导的常用形式有个别指导、集体性指导活动和介绍、推荐、提供文字音像资料等3类。

## ⊙ 关键词

| | | |
|---|---|---|
| 儿童家庭教育 | 儿童家庭教育特点 | 儿童家庭教育作用 |
| 儿童家庭教育目的 | 儿童家庭教育任务 | 儿童家庭教育内容 |
| 兴趣诱导法 | 游戏活动法 | 实践操作法 |
| 环境熏陶法 | 赏识鼓励法 | 榜样示范法 |
| 暗示提醒法 | 儿童家庭教育指导 | 儿童家庭教育指导内容 |
| 儿童家庭教育指导渠道 | | |

## ⊙ 思考与练习题

### 一、简答题

1. 简要分析儿童家庭教育的特点。

2. 儿童家庭教育对儿童发展的奠基性作用主要表现在哪些方面？

3. 简述儿童家庭教育的目的与任务。

4. 简述儿童家庭教育指导的内容、渠道和方法。

### 二、论述题

1. 试论述适宜幼儿的家庭教育内容有哪些？

2. 根据儿童家庭教育方法，阐述儿童家庭教育应当坚持的原则有哪些？

### 三、案例分析题

小红的妈妈在洗菜，小红说："妈妈，我来帮你洗菜。"妈妈说："去去去，你洗不干净，别捣乱，去看电视吧！"

小红坚持说："妈妈，我能洗干净，您让我洗吧，我保证给您洗干净。"说着就把小手伸到了洗菜的盆子里，不小心衣服袖子还湿了一点儿。妈妈非常生气，打了一下小红的小手说："你看你，说你不会洗，你不信，把衣服弄湿了吧，走，赶紧给你换衣服去，真是给我添乱。"小红委屈地掉了眼泪。

4 岁的东东见妈妈做饭，也想帮妈妈洗菜，东东的妈妈说："宝贝真懂事，来，你洗这个西红柿吧。西红柿好洗。"东东高兴地洗起来，还试图用小手把西红柿的绿色蒂叶揪下来。妈妈看见东东那么努力，高兴地夸奖道："宝贝，你真棒！西红柿洗得真干净。下次东东还帮妈妈洗啊。"东东高兴地跑开了。

请用本章的相关知识分析评价两位妈妈的行为。

## ⊙参考文献

［1］路书红，乔资萍. 中外家庭教育经典案例评析100篇［M］. 济南：山东人民出版社，2010.

［2］李生兰. 学前儿童家庭教育：修订版［M］. 上海：华东师范大学出版社，2006.

［3］王浩，丁浩海，顾晓敏. 家庭教育现代化发展战略［M］. 北京：中国商业出版社，2010.

［4］吴航. 家庭教育学基础［M］. 武汉：华中师范大学出版社，2010.

［5］戴自俺，龚思雪. 陶行知幼儿教育的理论与实践［M］. 成都：四川教育出版社，1987.

［6］朱智贤. 心理学大辞典［M］. 北京：北京师范大学出版社，1989.

［7］彭建兰，胡小萍. 学前儿童家庭教育［M］. 南昌：江西高校出版社，2009.

［8］中国学前教育研究会. 中华人民共和国幼儿教育重要文献汇编［M］. 北京：北京师范大学出版社，1999.

［9］刘焱. 幼儿教育概论［M］. 北京：中国劳动社会保障出版社，1999.

［10］余震球. 维果斯基教育论著选［M］. 北京：人民教育出版社，1994.

［11］北京教育科学研究所. 陈鹤琴全集：第一集［M］. 南京：江苏教育出版社，1987.

［12］陈鹤琴. 家庭教育——怎样教小孩［M］. 北京：中国致公出版社，2001.

［13］彭建兰，胡小萍. 学前儿童家庭教育［M］. 南昌：江西高校出版社，2006.

［14］常瑞芳. 幼儿家庭教育与指导［M］. 北京：高等教育出版社，2005.

［15］吴持瑛，沙江. 现代家庭教育指导策略［M］. 杭州：杭州出版社，2009.

［16］李洪曾. 幼儿家庭教育指导［M］. 北京：北京师范大学出版社，2001.

［17］李洪曾. 学前儿童家庭教育［M］. 大连：辽宁师范大学出版社，2002.

［18］李洪曾. 家庭教育指导工作的对象、内容、形式［M］. 幼教园地，2004：1-2.

# 第二章

## 家庭因素对儿童家庭教育的影响

⊙学习目标

　　理解家长素质、家长教育观念和教育方式以及家庭环境对儿童家庭教育的影响；能引导家长不断提高自身素质，树立正确的教育观念，运用正确的教育方式，改善家庭环境。

⊙学习建议

　　本章的学习重点是理解家庭中诸因素是如何影响儿童家庭教育并最终影响儿童发展的，思考如何引导家长不断提高自身素质，树立正确的教育观念，运用科学的教育方式，提供适宜的家庭环境。

⊙引　　言

### 爸爸，我买你一个小时的时间

　　一位父亲下班回到家已经很晚了，他的工作压力很大，心里有点烦，他想休息一下。而这时，他发现自己5岁的儿子靠在门旁等他。

　　"爸，我可以问你一个问题吗？"

　　"什么问题？"

　　"爸，你一小时可以赚多少钱？"

　　"为什么问这个问题？"父亲问道。

　　"我只是想知道，请告诉我，你一小时能赚多少钱？"小孩哀求。

　　"我一小时赚20美金，这有什么问题吗？"父亲没好气地说。

　　"哦，"小孩低下头，接着又说："爸，可以借我10美金吗？"父亲有些生气了："别想拿钱去买那些毫无意义的玩具，给我回到你的房间去，上床睡觉。你为什么这么自私呢？我每天都在辛苦地工作，这你根本无法体会，我没有时间和你玩小孩子的游戏。"孩子安静地回到自己的房间并关上门。父亲生气地坐在客厅里。过了一会儿，他心里平静了下来，觉得刚才对孩子太凶了——或许孩子真的很想买什么东西，再说他平时很少要过钱。

父亲走进孩子的房间，发现孩子正躺在床上，他悄悄地问道："你睡了吗，孩子？"

"爸，还没，我还醒着。"孩子回答。

"对不起，我刚才对你太凶了，"父亲边说边将钱递给孩子，"这是你要的 10 美金。"

"爸，谢谢你。"小孩欢叫着从枕头下面拿出一些被弄皱的钞票，慢慢地数着。

"你已经有了钱，为什么还要？"父亲又有些生气，他不知道这个孩子今天是怎么了？

"因为在这之前不够，但我现在够了，"小孩说："爸，我现在有 20 美金了，我可以向你买一个小时的时间吗？明天请早一点回家——我想和你一起吃晚餐。这是我盼望已久的事情，可以吗？"

（路书红，乔资萍：《中外家庭教育经典案例评析 100 篇》，济南，山东人民出版社，2010 年，14 ~ 15 页）

同学们，看了这个让人略感酸涩的故事，你有什么想法？你觉得家庭对孩子的成长具有怎样的影响？父母在孩子成长过程中发挥怎样的作用？作为父母，应该树立怎样的教育观念，形成怎样的教育行为，为孩子营造怎样的家庭环境？这些实际都涉及家庭因素对儿童家庭教育及儿童发展的影响问题。

# 第一节　家长素质对儿童家庭教育的影响

在实施家庭教育的过程中，家长常常处于主导地位。家长的素质如何，直接关系到家庭教育的质量和效果，决定家庭教育的成败。那么，具体而言，家长的素质是如何影响儿童家庭教育的呢？在家长的素质构成当中，家长的文化素质和道德素质对孩子的教育观念和行为等具有十分重要的影响，本节我们将主要探讨这两种素质对儿童家庭教育的影响。

## 一、家长文化素质对儿童家庭教育的影响

家长文化素质对整个家庭生活及家庭教育的影响是巨大的，是决定家庭教育优劣的一个重要因素。家长文化素质的高低决定家长的知识水平、品德修养，家长对早期教育的重视程度以及家庭教育方式和方法的运用等。

### （一）家长的文化素质高对家庭教育具有促进作用

家长的文化素质高，会对家庭教育起到巨大的推动和促进作用。

首先，文化素质较高的家长往往比较注重对孩子的早期教育和智力投资。他们会比较认可早期教育对儿童发展的作用，善于主动了解和掌握各种科学的育儿知识和育儿方法，能经常带孩子去各种书店和图书馆选择他们喜爱的图书，给孩子购买各种益智玩具，带孩子参加各种文化、娱乐和亲子活动，这样做将十分有利于扩大孩子的视野，丰富孩子的生活经历，促进他们获得各种有益的学习经验。

其次，文化素质高的家长一般会比较注重自身修养的不断提升。他们会不断进取，积极追求和掌握各种新知识，不断更新观念，采用较为民主、科学的教育方式，为孩子营造宽松、自由、具有丰富刺激的环境氛围，积极影响孩子的学习与发展。

最后，文化素质高的父母往往比较热爱学习、善于学习，这就可以给孩子树立学习的榜样，潜移默化地熏陶和影响孩子，让他们也认为学习是一件快乐和重要的事情，从而激发他们的学习兴趣，学会学习。而且，文化素质高的家长还可以更好地解答孩子在探索和学习过程中遇到的各种疑惑和问题，满足孩子的好奇心和求知欲。

### （二）家长的文化素质低会阻碍家庭教育的正常进行

如果家长文化素质低、知识贫乏，那么在对孩子进行教育时，就会存在很多的盲点，不利于对孩子进行教育，具体体现在以下几方面：

首先，文化素质低的家长常常比较容易忽视对孩子的早期教育，采取放任自流、听之任之的方式，同时，他们在教育内容的选择、教育方式方法的运用上也会有所欠缺，从而弱化了其在家庭早期教育中的主导作用，影响家庭教育的良好效果。

其次，文化素质低的家长往往缺乏必要的育儿知识，这对其实施家庭教育来说是致命的硬伤。在对孩子进行教育时，家长必然要充分了解和掌握有关儿童身心发展的特点、教育教学方法、卫生保健和生活护理等方面的知识。而家长的文化素质低对掌握这些知识是十分不利的，会导致家长的育儿知识匮乏，教育没有根据，比较盲目。

最后，家长文化素质低，往往会导致家长在实施家庭教育时产生不科学的教育观念，采用不科学的教育方式。文化素质低的家长往往会思想保守，觉悟性差，不崇尚科学，盲目迷信。比如，一些农村或偏远地区存在虐待孩子、重男轻女的现象。还有一些农村地区依然盛行父母带孩子去算命，算命算得好父母就对孩子比较上心，算得不好就会对孩子产生不满，甚至任意打骂孩子，这样的父母不可能为孩子提供优质的教育。

综上所述，在家庭教育日益被重视的今天，家长不断提高自身的文化素养是非常重要的。家长应当通过多种途径，加强文化知识的学习，树立科学的教育观念，掌握科学的教育方法，不断提高自身的教育能力。当然，要注意的是，前面提到的家长文化素质高低对家庭教育的影响，涉及的是一般规律，在现实生活中也不乏有一些家长文化素质不高，但却培养出了品德良好、能力出众的高素质人才的个案。

## 二、家长道德素质对儿童家庭教育的影响

家长的道德素质是指家长思想道德发展的方向和水平，它决定家长为人处世的方向和原则，影响家庭道德教育的质量，并最终影响儿童的道德素质。家庭教育实践证明，家长的道德素质是孩子道德品质形成的重要条件，制约着孩子道德认识的提高、道德情感的陶冶、道德意志的锻炼和道德行为的养成，关系到是否能教会孩子做人、要把孩子培养成什么样的人等根本问题。而且，这种影响往往是在孩子与父母经常的接触过程中，通过耳濡目染、潜移默化地受到熏陶和影响的。具体而言，家长的道德素质对儿童的影响主要体现在以下几方面：

### （一）家长的社会道德影响儿童的文明意识

学前期的孩子最爱模仿，父母的一言一行都会潜移默化地影响和熏陶孩子。如果父母与邻居友好相处，讲究社会规范，遵守交通规则，在爱护环境、爱护公物等方面有良好的意识，那无疑会对孩子的发展和成长产生正面的影响。在这种环境下成长起来的孩子会自觉遵守规则和社会规范；反之，就会对孩子的发展产生负面的影响，使他们的行为有违社会公德。例如：暑假时父母带孩子出去旅游，有的孩子文明意识强，不在景区乱扔垃圾，不在公物上乱刻乱画；但是有些孩子文明意识淡薄，不但随手丢弃废物，在公众场合大吵大闹，甚至还会在文明古迹上刻上"某某到此一游"等字眼。孩子这种文明意识的高低在很大程度上是学习和模仿父母的结果。

### （二）家长的传统美德影响儿童为人处世的态度

我国自古以来就以礼仪之邦著称，热爱祖国、文明礼貌、敬老爱幼、团结友爱、知

恩图报、勤劳勇敢、相互谦让、先人后己等都是中华民族的传统美德。在家庭教育过程中，父母若具备了这些美德，就能以身作则，给孩子树立良好的榜样。相反，父母若不能以良好的美德对孩子进行言传身教，就无法使这些美德在孩子身上得到很好的体现。

### （三）家长的婚姻道德观影响儿童的心灵健康

良好的家庭教育是在团结和睦的家庭中才能够进行的，父母婚姻的和谐与否直接决定了家庭是否和睦。父母为了家庭琐事和情感纠葛，相互争吵打闹甚至离婚，这对孩子的发展极其不利，往往会给孩子的心理造成难以弥补的伤害，也容易使孩子产生行为上的偏差，对这样的孩子进行家庭教育往往是非常困难的。所以，家长应该树立正确的婚姻道德观，给孩子营造一个良好的家庭氛围。

### （四）家长的人生信仰影响儿童的人生观和价值观

父母的人生信仰是父母对所要追求的生活的态度。如果父母的人生信仰是积极的、乐观的、向上的，也会潜移默化地影响孩子，使孩子也形成一种积极乐观的人生态度，对生活和未来充满希望。相反，如果父母的人生信仰是错误的、功利的、消极的，这同样也会给孩子造成一种压力，使其对生活和未来失去信心。

总而言之，家长道德素质的高低是影响儿童行为的重要因素，如果家长有良好的道德素质，就能给孩子以正确的榜样，塑造他们的灵魂，让他们在与家长的相处中懂得什么是真善美，什么是假丑恶，并能够有一个良好的意识，使自己的行为符合社会的要求。相反，家长的道德素质低，就会对孩子的发展产生极其不利的影响，在这种环境中成长起来的孩子，往往是人们厌恶和讨厌的对象，有的甚至走向犯罪的道路。因此，家长作为孩子的榜样，要切实提高自身的道德修养，努力改正自身的不良品行，努力让自己成为孩子学习的正面的、积极的榜样。

# 第二节　家长教育观念对儿童家庭教育的影响

家庭是儿童最早的学校，父母是儿童最早的老师。父母作为家庭教育的主导者，其教育观念的正确与否直接影响儿童家庭教育质量的好坏，也直接决定儿童发展的方向和水平。具体而言，家长的教育观念由哪些部分组成？家长的教育观念是怎样影响家庭教育的实施并最终影响儿童的健康成长的？家长应树立怎样的教育观念？本节将分别从家长的儿童观、亲子观、人才观以及教育观四方面来分别论述家长教育观念对儿童家庭教育的影响。

## 一、家长的儿童观对儿童家庭教育的影响

### （一）家长的儿童观的含义

儿童观是人们对儿童的看法、观念和态度的总和，主要涉及对儿童期的意义、儿童发展的特点与规律、儿童生长发展的原因及影响因素以及儿童的权利与地位等的看法。家长的儿童观就是指家长对儿童的看法、观念和态度，其内容自然也就涉及家长对儿童期的意义、儿童发展的特点与规律、儿童生长发展的原因及影响因素以及儿童的权利与地位等问题的看法。

### （二）家长的儿童观对儿童家庭教育的影响

儿童观是家庭教育的指导思想，有什么样的儿童观就有什么样的家庭教育，儿童观决定家庭教育的质量，并最终影响儿童身心的健康发展。一般而言，家长的儿童观不同，其对教育的任务、内容的选择以及所采取的方式和方法也就不同，因而就形成了不同的教育观和教育方式。

有些家长认为，儿童发展是一个被动发展的过程，儿童自己没有什么主动性，儿童就如同容器一样，父母灌输什么，他们就接受什么，没有自己的权利、地位和自主意愿。在这种儿童观的影响下，家长在实施家庭教育时，往往无视儿童发展的规律及儿童在自身发展过程中积极主动性的发挥，对儿童干涉、限制过多，强迫儿童完全按照父母的意愿来发展，结果导致儿童的自由个性、积极性、主动性和创造性被压抑，儿童没有任何自尊、自信可言，缺乏主见和独立判断能力，思想保守、封闭，性格内向，心智得不到充分发展。

另一些家长则把儿童的发展完全看成是遗传因素决定的，是自然成熟的过程，认为家长在儿童发展的过程中起不了什么作用。这种家长在实际实施教育时，往往显得过于消极、冷漠，忽视自身在儿童发展过程中的作用，忽视对孩子的教育，经常采取放任自流的方式，不能根据儿童的发展特点和要求及时有效地创造条件并适时给予引导和启发，其结果就是导致儿童的学习与发展无人问津，心智能力得不到有效提升。

当然，还有一些家长能充分意识到儿童具有发展的主动性，同时环境和教育也是影响儿童发展的非常重要的因素，儿童是社会的一员，有自己独立的人格、思想，享有独立的社会地位和权利，能根据自己的想法和意愿做事。这类家长在教育儿童时，往往态

度积极，能时刻关注孩子的发展，了解他们的想法和需求，并能根据孩子的特点以及他们遇到的问题，进行有针对性的、适时和适当的引导。

### （三）树立科学的儿童观

应积极引导家长充分意识到不科学的儿童观的弊端，包括它给家庭教育行为以及儿童发展所带来的负面影响，帮助家长逐渐摒弃不科学的儿童观，树立科学的、正确的儿童观，具体内容包括：儿童是人，但不是小大人，不是成人的简单复制；儿童期不只是为成人期做准备，而是有其独立存在的价值；儿童并不是依附于父母，而是独立的社会个体；每个儿童都是独立的个体，具有独特个性；儿童具有巨大的发展潜力，是在不断发展着的，教育应该遵循儿童的发展规律；儿童是自身发展的主体，具有主观能动性；儿童的发展是生物遗传、环境、社会、教育以及儿童自身等因素多层次相互作用的结果；儿童通过活动，在活动中获得发展，游戏是学前儿童的主要活动，成人应当尊重和珍视；不应将成人文化无条件地强加给儿童；儿童应获得全面发展，其身心发展的各方面是一个统一的整体；儿童的生存权、发展权、受教育权及其他一切权利都应受到尊重和保护；等等。

## 二、家长的亲子观对儿童家庭教育的影响

### （一）家长的亲子观的含义

家长的亲子观就是指家长对子女和自己关系的基本看法，也可以说是教养动机。[①]

### （二）家长的亲子观对儿童家庭教育的影响

儿童早期唯一的社会联系就是与父母的关系，父母如何看待自己与子女的关系是其进行家庭教育的根本所在，决定其家庭教育的动机，影响其教养态度和教育方式。

家长对子女与自己关系的看法多种多样，因此教养动机也就各不相同。有的家长将孩子看作自己的私有财产和附属物，把孩子的成长和自己的命运紧紧联系在一起，其教养动机往往是为了光宗耀祖、传宗接代，实现自己没有实现的理想。有的家长在处理自己与孩子之间的关系时，态度比较漠然，因而在教育孩子时，往往没有明确的教养动机，忽视对孩子的教育。还有一些家长则非常看重孩子自身的发展，认为孩子是独立的个体，不是父母的附属物，因而其教养动机主要是为了孩子自身发展和将来的幸福。

---

① 陈帼眉：《家长的教育观念》，载《父母必读》，1992（11），4 页。

不同类型的亲子观还会导致不同的教养态度和教育方式。如果家长认为孩子是自己的附属品，是自己生命的延续、日后生活的希望，那么在教育孩子时，往往就会让孩子一切都听自己的，按照自己的意愿行事，这种教养方式导致孩子过于顺从、缺乏独立性和自主能力。如果家长在处理自己与孩子之间的关系时态度比较漠然，那么就比较容易忽视对孩子的教育。而如果家长比较注重孩子自身发展，注重孩子的独立性和自主性，那么在教育孩子时就比较容易采取民主、科学的教育方式。

**（三）树立科学的亲子观**

科学的亲子观应该是一种民主型的亲子观。采用这种亲子观的家长能正确把握自己与子女之间的关系，把儿童看作独立的个体，注重培养儿童的主动精神和独立自主能力，注意调动儿童积极的情绪；他们较少给予儿童某种直接的、严厉的控制，更多是在寻求理解的基础上对儿童提出合理的要求和期望；他们能及时协调自己对子女的期望，以及子女自身的兴趣爱好，无论是在给儿童奖励、表扬还是惩罚、批评时，他们都能做到恰如其分、拿捏得当，从而有利于儿童形成健全的人格，发展良好的心理素质。这种类型的亲子观是最值得提倡的。


## 三、家长的人才观对儿童家庭教育的影响

### （一）家长的人才观的含义

家长的人才观主要是指家长对子女成才的价值取向，即家长对什么是人才以及期望子女成为什么样的人的认识和期望。[①]

### （二）家长的人才观对儿童家庭教育的影响

家长的人才观会影响他们对子女的期望，并进而影响家庭教育的目标定位、内容选择、投入重点及教育方式。

持有不同人才观的家长，对孩子的期望不一样，因而其培养孩子的目标定位、内容选择和投入重点也不尽相同。一般而言，家长的人才观可以分为知识型、技能型、品德型、社交型、创造型和普通型等。崇尚知识技能型人才的家长，更多情况下希望孩子聪明；追求品德高尚型人才的家长，最重视对孩子诚实品质的培养；注重社交型人才的家长，会把活泼开朗看作孩子最重要的品质；侧重创造型人才的家长，更愿意鼓励孩子尝

---

① 陈帼眉，何大慧：《家长的人才观》，载《家庭教育》，1994（2），36 页。

试、探索、发挥想象力；而普通型的家长则不会刻意追求孩子学业上的"成功"，而是更多教育孩子要踏踏实实、正常发展。

另外，家长的人才观不同，对孩子的期望水平不同，也会影响他们所采取的教育方式。一般而言，对子女的期望过高容易产生"专制型"的教育方式，家长对子女的要求过于苛刻和严厉，从而使儿童产生不愉快的童年经历。而期望过低则容易造成"忽视型"的教育方式，家长对子女的一切都不了解，对他们取得进步或是犯了错误都不闻不问，使得一些儿童甚至为了引起父母的注意而采取错误的行为，从而阻碍儿童的健康发展。

### (三) 树立科学的人才观

引导家长树立科学的人才观，关键是应注意帮助家长在了解自己孩子的基础上，建立对孩子的合理期望，并进而制定合理的、适宜于自己孩子特点、发展水平和兴趣需求的培养目标，最终通过因势利导、循循善诱等方式，促进孩子在自身发展水平的基础上向前发展。

## 四、家长的教育观对儿童家庭教育的影响

### (一) 家长的教育观的含义

家长的教育观主要表现为家长对教育在儿童发展中的作用和家长在教育中的角色和职能的认识，它影响家长教育方式和家长在家庭教育中作用的发挥。[1]

### (二) 家长的教育观对儿童家庭教育的影响

家长的教育观直接影响其教育方式和教养行为。目前在家庭教育中存在几种错误的教育观，影响了儿童家庭教育的有效进行。

比如，一些家长认为"树大自然直"，孩子的发展是遗传决定的，教育对孩子来说作用不大，因而对孩子的行为放任不管，任其发展。尽管我们崇尚儿童的自由发展，但这并不意味着可以忽视和放任。在儿童成长的过程中，总会遇到各种各样的问题，父母应成为儿童成长过程中的"舵手"，在孩子成长发生偏离时给予正确的指导，这样才能使儿童的发展轨道不至于偏离正确的方向。

还有一些家长认为，我不是老师，不懂得教，所以我们只管生孩子、养孩子，至于

---

[1]　邓佐君：《家庭教育学》，142 页，福州，福建教育出版社，2008。

教孩子，那是学校的事。这是一种"只养不教"的观点，是一种极为不负责任、推卸责任的做法。实际上，家庭教育先于学校教育，父母要为孩子的成长和发展负责，从而使得他们将来入学乃至于以后整个人生的发展都能有个良好的开端。

### （三）树立科学的教育观

实践中，家长应该充分认识到家庭教育对儿童发展的重要作用，明确自身在儿童成长中的作用和应承担的角色，克服"树大自然直"、放任自流、推卸责任等错误观念和错误做法。同时，也要认识到教育并不是万能的，不应过分夸大教育的作用。具体而言，科学的教育观的内容包括：尊重儿童的本能、兴趣和需要；注重儿童发展的自然速率、规律和水平；对儿童实施全面发展教育；因人而异，因材施教；认识到儿童是学习的主体；寓教育于活动之中，以游戏为主导活动；等等。

# 第三节　家长教育方式对儿童家庭教育的影响

家长教育方式是指父母在抚养、教育儿童的活动中通常使用的方法和形式，是父母各种教育行为的特征概括，是一种具有相对稳定性的行为风格。[①]家长的教育方式直接作用于孩子，他们通过自身的行为，对孩子的性格形成、心理健康、认知发展以及人际交往等方面的发展产生直接而深刻的影响。本节将主要探讨家长教育方式的类型、特点及其对儿童家庭教育的影响。

## 一、家长教育方式的类型

家长教育方式的类型多样，划分的维度也各有不同。根据国外学者的观点，比较有代表性的家长教育方式有3类：一是鲍姆琳德提出的养育三型说，即权威型、专断型和宽容—放纵型；二是斯特内伯格等提出的权威、专制、放任和溺爱四型说；三是由麦考比和马丁提出的权威型、专断型、放纵型和忽视型的教育方式四型说。[②] 而国内关于家庭教育方式的划分也是不尽相同。比如，根据黄河清的划分，家庭教育方式可分为溺爱

---

① 陈陈：《家庭教养方式研究进程透视》，载《南京师大学报（社会科学版）》，2002（6），95 页。

② Steinberg, L. Lamborn, etc: Over – time changein adjustment and competence among adolescents from authoritative, authoritarian, indulgent, and neglectful families, Child Development, 1994, 65 页.

型、专断型、纵容型和民主型①，林磊把家长教育方式分为极端型、严厉型、溺爱型、成就压力型、积极型 5 种②。综合以上学者对家长教育方式的理解与划分，我们将家长教育方式划分为以下几种类型。

### （一）专制型

专制型的家长，在家庭教育的实践中总是以一种不可反抗的身份出现，对于孩子的一切都是在发号施令。他们对孩子的要求过于严格、严厉，教育孩子时的语言和方法简单，态度生硬，缺少宽容，有太多的限制。他们经常无视孩子的正当要求，即使自己的决定有时候是错误的，但为了维护自己的权威，也要强迫孩子执行，孩子能做的只是绝对的服从。对于孩子所犯的错误，他们的解决办法通常是惩罚、打骂。

### （二）溺爱型

溺爱型的家长，在进行家庭教育时总是以孩子为中心，他们视子女为掌上明珠，采用一种用爱过度的教育方式。日常生活中，他们处处袒护，事事包办，使孩子过着"衣来伸手，饭来张口"的生活。他们把孩子的话当成"圣旨"，对孩子的要求都尽量满足。这种类型的父母对子女的爱往往缺乏理智，对孩子所犯的错误也常常采取听之任之的态度。

### （三）放任型

这种类型的父母，一般情况下都是由于实施其他类型教育方式失败，或者是由于父母工作较忙、没时间照顾孩子等原因，因而对孩子采取放任不管的态度。他们往往无视孩子的存在，采取不管不问、放任自流、任其发展的做法，无论对孩子的优点、取得的进步，还是缺点和遭受的失败，他们都不予关注，不予反应，态度十分冷漠、冷淡。

### （四）矛盾型

这是家长教育方式中一个比较特殊的类型，常常表现为父母不知道怎么与孩子相处。对孩子严厉，害怕孩子会有反抗情绪；对孩子宠爱，又怕养成孩子骄纵放肆的性格。所以这种类型的父母的教育方式比较复杂。还有一种表现是父母双方对孩子的态度不一致，并常常因态度上的不一致而造成教育上的分歧，遇到问题时，双方也总爱互相推诿，推卸责任，结果造成孩子无所适从，不知所措。有些孩子会向父母双方当中支持

①　黄河清：《父母的教养方式与子女的心理健康》，载《教育评论》，1998（2），41~43 页。
②　林磊：《幼儿家长教育方式的类型及其行为特点》，载《心理发展与教育》，1995（4），43 页。

和袒护自己的那一方寻求保护伞，养成过分依恋、逃避责任或问题的不良习惯。

### （五）民主型

这是一种积极的教育方式。这种类型的父母总是采取民主、平等的态度对待孩子，表现出一种冷静的热情和有克制的疼爱。他们能够充分理解子女的兴趣和要求，经常向子女提供足够而有效的信息，并且言传身教，引导子女自己作出选择和决定。他们尊重孩子的想法，使孩子能够自由表达自己的想法和愿望。他们对孩子的要求不会过于严厉，但也不是特别娇惯，该表扬就表扬，该批评就批评，既不随心所欲地支配，也不放任自流，对孩子的爱总能够适度地把握。在家庭中，孩子和父母是朋友的关系，地位是平等的。他们之间能够相互交流，相互指正。父母把孩子当成是独立的人，赋予他们同等权利和义务。孩子可以根据自己的兴趣和爱好来选择自己所要学习的内容。父母对孩子取得的进步给予积极的肯定，而对孩子遭受的挫折又能进行合理的鼓励。

## 二、家长教育方式的特点

家长教育方式的特点主要表现在以下几方面：

### （一）情境性

家长的教育方式总是在一定的家庭情境中形成，在具体事件和情境中表现出来。一般而言，家庭情况不一样，具体情境不同，所形成的教育方式也不尽相同。比如，对于孩子经常提问这一行为，不同家庭中的父母所表现出的态度和回应方式往往不同。平时性格容易急躁、对孩子不耐心的家长，往往会表现得很不耐烦，懒得搭理孩子；而平时办事稳妥、较为开明的家长，则可能会细心解答，鼓励孩子提问。长此以往，就会形成一种固定的、每个家庭所特有的教育方式。

### （二）情感性

在家庭中，父母与孩子之间形成的是基于血缘关系的亲子关系。这种血脉相连的情感使得父母和孩子的交往、父母对孩子的教育总是印刻着强烈的情感印记。家长在教育孩子时，不是像教师看待学生那样的师生关系，而是以情感为驱动力，带有更多情感成分、主观因素，甚至很多时候会出现很不客观、不理智的做法。

### （三）稳定性

家长的教养言行一旦成为一定的方式就会内化为个人意识，外显为习惯行为，不会轻易改变。①一方面，这种稳定性可以促进家庭教育质量的提高。因为一旦家长形成了比较适宜的、良好的教育方式，并且以这种教育方式教育孩子，坚持长久不变，那么就极易对孩子的健康和谐发展形成持续和长久的促进作用。但同时，这种稳定性也有消极的一面，它使得家长很难轻易改变一些不良的或者不适宜的教育方式。

### （四）整合性

家长教育方式的形成是多方面因素综合作用的结果，既与父母自身的性格特征、行为方式、受教育程度和职业特点有关，也受孩子个性特征的影响，更与整个社会的文化、传统密不可分。它是父母教养观念和教养行为的综合体现。家长要改变教育方式必须从多方面进行调节与提高。②

## 三、家长教育方式对儿童家庭教育的影响

良好的教育方式是家庭教育的关键，选择恰当的教育方式是家长教育智慧的集中体现。家长教育方式对孩子的发展产生直接而具体的影响。在家庭教育过程中，家长教育方式的影响一般包括积极的影响和消极的影响两大方面。其中，专制型、溺爱型、放任型以及矛盾型的教育方式对家庭教育可能产生负面影响，而民主型的教育方式则是公认的较为科学的教育方式，对家庭教育影响的积极作用较大。

### （一）专制型、溺爱型、放任型和矛盾型的教育方式易产生消极影响

教育方式偏向于专制型的家长，常常会采取独断专行的方式，否认孩子的一切。用这种方式教育出来的孩子会有几种截然不同的性格：一种是过于敏感，易受暗示，盲目服从，胆小、畏缩、害羞和自卑，优柔寡断，犹豫不决，不能很好地表现自己，缺乏主动性；二是反抗性强，行为粗暴，言语过激，喜怒无常；再有一种就是自私自利，对别人的意见不予理睬，麻木不仁，没有人缘，不能很好地与别人相处，容易成为家长和老师眼中的"问题儿童"。对这样的儿童进行家庭教育总是非常困难的。

溺爱型的教育方式容易使孩子形成一些不良的行为习惯和性格特征，比如什么都依赖父母，独立性差，懒惰、自私、任性、撒娇、为所欲为，缺乏耐心，缺乏责任感，攻击性强，做事粗心大意，固执己见，意志力薄弱，等等。这种类型的孩子经常对父母的

---

① 王素华：《家长的教养方式探析》，载《桂林师范高等专科学校学报》，2009（1），143 页。

② 王素华：《家长的教养方式探析》，载《桂林师范高等专科学校学报》，2009（1），144 页。

话毫不在意，对父母的教育更是会反抗。

放任型的教育方式是一种冷漠型的教育方式。一般而言，家庭教育更多提倡了解儿童、关心儿童，进而才能对儿童进行正确的教育，促进其发展。而放任型的教育方式正好违背了这种原则，采取的是一种放任自流的态度。在这种教育方式下成长起来的孩子，由于缺乏正确的引导，身心发展的各方面都存在滞后的现象。同时，由于父母和子女接触的机会较少，彼此不了解，与子女产生代沟和分歧，所以容易造成孩子出现一些反社会行为倾向。家庭教育的基本前提是要爱孩子、关心孩子，同时也要了解孩子，这样才能对孩子进行正确的教育。显然，采用放任型的教育方式是不利于家庭教育的进行以及孩子的发展的。

矛盾型的教育方式是一种比较特殊的教育方式，父母由于不懂得与孩子的相处之道，对孩子的教育往往反复无常。比如平时父母对孩子的期望较高，或者孩子较为优秀，父母对孩子宠爱有加，而当孩子犯错误时就对孩子进行严厉的批评甚至出手打骂。还有一种就是父母双方不能坚持一致的原则，即父母的教养观念存在分歧，双方意见不统一。比如，母亲一般都比较疼爱孩子，而父亲对孩子往往比较严厉，于是在孩子出现问题时就出现一种父打母护的局面。以这种教育方式教育孩子，往往容易使孩子过分依赖父母当中的某一方，做事没有责任心，遇到问题常选择逃避责任，平时行事缺乏安全感，不知所措，等等。

## （二）民主型教育方式的积极影响

民主型的教育方式不仅有利于家庭教育的进行，同时也能够促进孩子身心健康的发展。儿童家庭教育实践证明，在民主型教育方式下成长起来的孩子，往往会表现出以下特征：性格开朗活泼，积极向上，情绪稳定，思想健康；为人善良，人缘极佳，与人相处和谐，不与别人争吵、打架，与父母的关系良好；宽容大方，懂事讲理；在遇到困难时不骄不躁，从容面对，在生活中所表现的态度是自信、独立；能站在别人的立场为别人考虑，不自私，不骄傲；等等。采用民主型的教育方式，父母与孩子之间很容易沟通，相互理解；父母比较尊重孩子，支持孩子的兴趣爱好，总是能以平等的方式来对待子女，从而使得家庭教育的内容能为孩子更好地接受，也能为孩子的成长提供更好的服务。同样，孩子对父母也是尊重的，对于父母合理的期望以及自己力所能及的事情，孩子总能尽力完成，能够体会父母对自己的良苦用心。对这样的孩子进行家庭教育时，总是事半功倍，省心省力。

最后需要强调的是，虽然专制型、溺爱型、放任型以及矛盾型的教育方式在家庭教育的影响上消极成分较大，但这种类型的划分是相对的，很多时候在家长身上同时存在多种教养方式，或者说实践中家长对孩子的教育往往是多种方式综合作用的结果，并不能明确界定属于哪一种，只能说倾向于哪一种。作为家长，要想更好地实施家庭教育，就要摒弃错误的教育方式和不适宜的教养行为，化不利因素为有利因素，用民主的方式去教养孩子，用心去爱孩子，从而使得家庭教育能顺利进行，积极推动和促进孩子的健康、全面发展。

# 第四节　家庭环境对儿童家庭教育的影响

家庭环境是父母或家长与儿童共同生活，对儿童施加影响的具体场合。家庭环境是儿童最早接触的环境，家庭环境质量的好坏直接决定家庭教育的优劣，进而影响儿童能否全面、健康地发展。

家庭环境包括家庭物质环境和家庭精神环境两方面。家庭物质环境主要是指家庭物质生活条件，包括家庭的经济状况、家庭物理环境（如居住条件、生活设施）等。家庭精神环境主要指家庭的心理氛围，包括家庭结构，家庭成员之间的关系，家庭情感氛围，父母的性格、兴趣、爱好、生活方式、教育观念和教育方式等。家庭物质环境影响教育的条件、设施及手段等方面，而家庭精神环境则影响家庭教育的方式、态度、氛围等方面。家庭物质环境是儿童发展的物质基础，而精神环境则是儿童得以发展的精神"食粮"。在家庭教育中，这两种环境分别在不同方面，对儿童的成长和发展发挥各自不同的作用。

## 一、家庭物质环境对儿童家庭教育的影响

家庭物质环境是家庭成员生活的基础，良好的家庭物质环境是确保儿童接受适宜的、高质量的教育的前提和基础。如今，大多数家庭在子女的教育问题上都能提供良好的物质环境和生活条件，只是在一些农村或是偏远地区，生活条件仍然很艰苦。一般而言，物质环境好的家庭在儿童教育方面往往占有很大优势，而物质环境差的家庭在家庭教育上常存在很大缺陷或不足。

### （一）良好的物质环境可以为儿童接受高质量教育提供保障

首先，物质环境好的家庭可以给孩子提供良好的生活和成长环境。比如，居住条件

好的儿童有自己游戏、学习和生活的空间，如单独的小房间、小床、小桌椅、小书柜以及游戏区域等，并且孩子的房间干净整洁、光线充足，这对孩子的成长与发展是非常有利的。

其次，物质条件好的家庭可以为孩子提供丰富的学习资源。当今世界发展迅速，孩子的教育已不再是局限于父母或是学校的范围内，电视、电影、网络、多媒体设施等，都可以辅助孩子的教育。同时，孩子的学习材料已不再局限于传统的书本，各种各样的玩具材料或多媒体视听资料都可以作为儿童学习的手段和内容。这些对于经济条件好的家庭来说，非常容易就能得到，家长不会因为费用问题而迟疑，可以最大限度地满足孩子的各种需要，比如带孩子参加各种夏令营、兴趣班、亲子游园活动，或是经常带孩子去看看电影、木偶剧，听听音乐会，给孩子买各种最新的图书、玩具等。

最后，家庭经济条件优越的父母无须考虑经济压力，对孩子的教育能更好地投入。有了良好物质条件的支持，家长无须整日为生计而奔波辛苦，也无须为孩子的教育费用问题而东拼西凑，更不用担心无法满足孩子最基本的学习需求。他们可以更大限度地满足孩子的兴趣和要求，并且花更多时间关心孩子，关注孩子的教育问题。

### （二）物质环境匮乏不利于家庭教育的进行及儿童的身心健康发展

在物质条件较差的家庭，居住空间往往比较拥挤、狭小、光线昏暗、声音嘈杂，孩子也很少能有自己独立的生活空间，这是非常不利于孩子的身心健康发展的。同时，如果家庭当中的物质环境刺激贫乏、单调，不仅不能为儿童提供丰富的感性经验，还极容易限制和阻碍儿童的智力发展。比如，我国一些地区有"沙袋育儿""篓筐、背巾育儿""船舱养育"的育儿风俗。[①] 这些家庭由于家庭物质环境和条件有限，不能为孩子提供舒适的家庭环境和良好的早期教育，导致家长只能采取一些极端的方式来养育孩子，从而阻碍了孩子智力的正常发展。研究发现，沙袋中养育的儿童智力测验结果明显低于一般方式养育的儿童；船舱中长大的儿童智力比陆地养育的儿童要低，且差异显著；在篓筐和背巾中长大的儿童智力发展比一般方式养育的儿童差，但没有达到差异显著的水平。[②]

另外，在经济条件较差的家庭，父母为了生活得更好，要不断奋斗，努力工作，从而使他们无暇顾及子女，造成与子女之间的隔阂与代沟。

---

① 刘焱：《幼儿教育概论》，北京，中国劳动社会保障出版社，1999，17 页。
② 刘焱：《幼儿教育概论》，北京，中国劳动社会保障出版社，1999，17 页。

### （三）辩证看待物质条件优越对家庭教育及儿童发展的影响

前文提及，物质条件好、经济条件优越的家庭可以为孩子的成长提供更优越的条件，但并不能因此而片面地认为物质条件优越，对孩子的影响就全都是好的，或者只要是提供好的物质环境，孩子就一定能发展得更好。良好的物质条件如同一把双刃剑，既可以发挥正面积极的促进作用，也可能阻碍儿童的身心健康发展，具体表现在：

一方面，物质条件过于优越，孩子的什么需要都予以满足，往往容易使孩子养成养尊处优，遇事不努力、不独立，总爱依赖父母，想要什么父母就必须满足等不良的行为习惯。

另一方面，一些经济条件好的家庭往往对子女的期望更高，因此造成"专制型"或是"溺爱型"的家庭教育方式，这对孩子的发展是非常不利的。而另一些经济条件好的家庭父母可能会由于工作非常忙，对子女的关心也不够，由此形成"放任型"或"冷漠型"的家庭教育方式。

相比较而言，那些经济条件不好的家庭，如果家长非常重视教育，也能抽出时间照顾孩子，愿意接受科学的教育理念，积极引导孩子自立、自强，努力奋斗，克服经济条件不利等因素，最终仍然可以将孩子引向成功的道路。

因此，有必要辩证地看待家庭物质环境条件对孩子发展的影响，认识到凡事都要有个"度"，物质条件好只是孩子成长的一个必要基础，但绝不是唯一的决定性因素，更多还要通过家庭环境当中的"软件"，即通过家长的适当引导和教育，才能真正有效地促进孩子的发展。

## 二、家庭精神环境对儿童家庭教育的影响

与物质环境相比，家庭中的精神环境对家庭教育的影响更为巨大。精神环境主要指家庭的心理氛围，包括家庭结构，家庭成员之间的关系，家庭氛围，父母的性格、兴趣、爱好、生活方式、教育观念和教育方式等。这里重点论述家庭结构、家庭氛围以及父母自身的一些特点对儿童家庭教育的影响。同时，有关父母教育观念和教育方式的问题，前文已经论述过，这里不再赘述。

### （一）家庭结构对儿童家庭教育的影响

家庭结构对儿童家庭教育的影响是不可忽视的。现在的家庭结构多种多样，包括健康家庭、单亲家庭、再婚家庭、失和家庭、离异家庭、隔代家庭等，不同的家庭结构对

家庭教育的影响也是不同的。

在健康家庭中生活的孩子接受到的更多是父母良好的教育，父母对子女的教育既有热情，也有耐心，同时还能正确把握子女身心的发展规律和兴趣爱好，采取更正确的教育方式，与子女的关系一般非常融洽。

生活在单亲家庭中的孩子，心理承受着父母离异给他们带来的伤痛与阴影，也得不到父母完整的爱，因而时常情绪状态低落，缺乏安全感，不自信，也容易出现反叛行为。对于父母来说，完全由一方去抚养或教育孩子也是非常困难的。而再婚家庭中的孩子对继父或继母的加入往往表现出强烈的抵触情绪。他们在自己的亲生父母面前往往会表现出非常乖巧懂事的一面，而在继父继母面前则表现出不满排斥的心理。一般情况下，再婚家庭中要使孩子改变对继父继母的看法，适应新的家庭教育方式比较困难。

失和家庭中的人际关系较为复杂，家庭成员之间缺乏尊重、理解和信任，家长之间时有分歧却又互不相让。这对孩子会造成很大的影响，使孩子的精神经常处于十分敏感、紧张和超负荷的状态，很难得到良好的发展。离异的家庭从夫妻感情破裂开始，人际关系失和，父母整天为了离婚争吵不停，对孩子的心灵造成严重的创伤。同时，这样的孩子有些会为父母的离婚感到羞耻，觉得低人一等，经常远离群体，孤独一人，生活、学习受到严重的影响。

隔代家庭中的孩子常常是被父母忽视的孩子，他们的大部分时间与爷爷、奶奶或姥姥、姥爷生活在一起，与父母见面的时间和机会很少，从祖辈那里受到的教育远不及应当从父母那里得到的教育。而且通常在思想、文化、教育态度和教育方式等方面，老人和年轻的父母之间常存在很大差距。这样的孩子对父母的概念淡薄，也由于得不到良好的教育而出现各种各样的问题。

当然，需要指出的是，不同家庭结构对孩子产生的影响往往不是绝对的、一成不变的。比如，对于单亲家庭、离异再婚家庭而言，只要家长处理得当，用心去爱孩子，教育孩子，努力挽回不良的影响，积极帮助孩子疏导、调整心态，排解不愉快的情绪，引导他们积极、乐观地面对生活，同样也会收到较好的教育效果。实践证明，有些单亲家庭的孩子，往往比正常家庭的孩子更加坚强，也更加努力。

## （二）家庭氛围对儿童家庭教育的影响

家庭氛围是一种以家为中心的情调和气氛，是家庭中长期积累的精神状态和情感意向，它在儿童家庭教育的过程中不易被察觉，是一种隐形但却十分重要的影响因素。

良好的家庭氛围对家庭教育有积极的推进作用。比如，父母的关系和谐、相互尊重、相互关心，父母与孩子之间相处融洽，能及时沟通，而且在沟通时父母不以长辈自居，而是以一种平等的方式与孩子沟通，这些都十分有利于孩子养成懂事、热心、自尊、自主等良好的性格特点和行为习惯。

和谐的家庭气氛还要求父母对孩子建立合理的期望。期望是一种很微妙的力量，它可以给孩子鼓励，使孩子不断努力。同时期望过高也会给孩子造成一种压力，使他们总是感觉力不从心，从而产生自卑、不自信的心态。其实，期望影响的好与坏完全取决于父母的心态，过高、过低的期望都不利于孩子的发展。家长的任务是要掌握这个和谐的"度"，给孩子创造一种轻松自如的生活状态。

另外，家庭氛围是一种潜移默化的力量。在家庭中，父母是否善于学习，也与子女的学习态度密切相关。父母可以营造"学习型"的家庭氛围，以自己热爱学习的心态去影响子女，以实际的行动去做孩子的榜样，在这样的氛围中教育是非常容易进行的。

### （三）父母的性格对儿童家庭教育的影响

父母的性格也会影响到父母教育孩子时所持有的态度和具体方式。性格开朗的父母对子女总是表现出积极的关心和爱护，总是能与孩子打成一片，与孩子之间能形成良好的亲子关系。另外，父母的一些性格特征还会潜移默化地影响孩子。比如，自信乐观的父母教育出来的孩子，性格一般也比较积极、乐观和自信。而相反，父母的性格孤僻、内向，那么孩子所表现出来的性格也不可能是积极、乐观、外向的。

### （四）父母的生活方式对儿童家庭教育的影响

父母的生活方式对孩子的影响也很大。在家庭教育的过程中，孩子主要跟父母学习，模仿父母也是儿童获取知识的一种方式，所以在家庭教育过程中，父母的言行举止、生活方式都会影响到子女。比如，父母经常用语粗俗，说一些脏话，孩子常是父母坏脾气和坏性格的主要受害者。父母这种反常的心理状态，对长期生活、成长在自己身边的子女，影响甚深。此外，父母的不良习惯和不良嗜好也会使孩子受到错误影响，如父母懒惰、贪睡、不讲卫生等不良习惯都会影响到孩子，赌博、吸烟、酗酒等不良嗜好更是家庭教育的主要绊脚石。

因此，在实施家庭教育时，父母应尽力为孩子营造良好的家庭环境，确保孩子在良好家庭环境与氛围的影响和熏陶下，获得良性、健康的发展。

# 本章回顾

## ⊙ 内容小结

- 家长的素质主要涉及家长的文化素质和道德素质两方面。文化素质的高低决定了家长育儿知识的掌握水平以及对儿童学习的指导等方面的优劣。家长道德素质的高低主要从社会道德、传统美德、婚姻道德观、人生信仰等方面影响儿童的文明意识、为人处世的态度、心灵健康以及人生观和价值观方面的发展。

- 家长的教育观念包括家长的儿童观、亲子观、人才观及教育观对儿童家庭教育的影响。家长的教育观念决定家长的教育方式，是家庭教育的指导思想。

- 家长教育方式主要有专制型、溺爱型、放任型、矛盾型及民主型5种类型。家长教育方式的特点主要体现为情境性、情感性、稳定性及整合性。正确的、适宜的教育方式是家庭教育成功的前提，为家庭教育的成功提供了保证；而错误的或不适宜的教育方式会阻碍家庭教育的有效进行，成为家庭教育成功的绊脚石。

- 家庭环境包括家庭的物质环境和精神环境。其中家庭的物质环境影响家庭教育的教育条件、设施和手段等，家庭的精神环境则主要涉及家庭结构、家庭氛围、父母的性格和生活方式等对家庭教育的态度、方式等方面产生的影响。

## ⊙ 关键词

| | | |
|---|---|---|
| 家长文化素质 | 家长道德素质 | 家长教育观念 |
| 儿童观 | 亲子观 | 人才观 |
| 教育观 | 家长教育方式 | 家庭的物质环境 |
| 家庭的精神环境 | | |

## ⊙思考与练习题

### 一、简答题

1. 家长的文化素质对儿童家庭教育具有怎样的影响？

2. 简要分析家长的教育观念对儿童家庭教育的影响。

3. 简述家长教育方式的类型和特点。

### 二、论述题

1. 论述不同的教育方式对儿童家庭教育及儿童发展的影响。

2. 试述家庭环境因素在儿童家庭教育中的作用。

### 三、案例分析题

幼儿陶某，男，5岁，父母两年前离婚，法院将陶某判给母亲。由于母亲工作忙，无暇顾及孩子的学习，陶某由外公和外婆照料。经过一段时间的观察发现，这个孩子身上集中出现了以下问题：

（1）行为习惯差。个人卫生差，上、下课都特别好动，无法克制和约束自己的言行。

（2）懒惰心理。学习上有三怕：怕用功、怕动脑、怕发言，只想在家随心所欲地玩。

（3）缺乏良好的班级意识。小到一次发言，大到学校组织的活动，都显得没热情，总想逃避，参与意识淡薄。

（案例来源：http://www.xzedu.net.cn/ktoblog/9008/archives/62507.aspx）

请根据本章所学内容，对上述案例中涉及的家庭教育问题进行分析，并提出相关教育建议。

## ⊙参考文献

［1］李生兰. 学前儿童家庭教育：修订版［M］. 上海：华东师范大学出版社，2006.

［2］邓佐君. 家庭教育学［M］. 福州：福建教育出版社，2008.

［3］周立凯，张双文，等. 21世纪怎样做家长［M］. 北京：清华大学出版社，2003.

［4］吴奇程，袁元. 家庭教育学［M］. 广州：广东高等教育出版社，2006.

［5］陈帼眉，何大慧．家长的儿童观［J］．家庭教育，1994（5）：44．

［6］王丹，李蓉研．家长的教育观念与家教误区［J］．幼儿教育，1997（5）：30－31．

［7］陈帼眉．家长的教育观念［J］．父母必读，1992（11）：4．

［8］陈帼眉，何大慧．家长的人才观［J］．家庭教育，1994（2）：36．

［9］陈帼眉，何大慧．家长的教子观［J］．家庭教育，1994（6）：37．

［10］侯爱民．近十年亲子关系与儿童行为关系研究综述［J］．滨州教育学院学报，2000（3）：37－38．

［11］邓丽群．论和谐亲子互动关系的构建［J］．四川理工学院学报：社会科学版，2008（5）：53－55．

［12］宋戈．试论家庭人际关系与家庭教育［J］．天津市教科院学报，2000（1）：62－64．

［13］李东．现代社会亲子关系面临的问题与对策［J］．江西青年职业学院学报，2007（6）：47－48．

［14］王文婷，徐寅．亲子关系研究综述［J］．校园心理，2009（5）：331－333．

［15］李萍．亲子关系与儿童行为关系的研究综述［J］．重庆文理学院学报：社会科学版，2010（1）：134－136．

［16］刘晓梅，李康．亲子关系研究浅识［J］．贵州师范大学学报：社会科学版，1996（3）：74－76．

［17］许潮．家庭教育现状及趋向［J］．内蒙古教育学院学报，1998（5）：69－71．

［18］杨延从．家长教育观念更新对孩子全面发展影响的行动研究［J］．福建基础教育研究，2009（12）：122－125．

［19］王丹，张骅骅．浅谈中美家庭教育观念之异同［J］．当代学前教育，2007（5）：42－44．

［20］刘秀丽，刘航．幼儿家长家庭教育观念：现状及问题［J］．东北师大学报：哲学社会科学版，2009（5）：192－195．

［21］王雁．转变家长教育观念的探索［J］．中国德育，2007（2）：47－51．

［22］李锦英．我国家庭教育问题探析［D］．华中师范大学，2006．

［23］李晓华．城市家庭生活方式变迁下的家长育儿观念探析［D］．华中师范大学，2007．

[24] 王勋，程利国．父母教育方式研究综述 [J]．当代教育论坛：学科教育研究，2007 (7)：32 - 33.

[25] 李彦章．父母教育方式影响因素的研究 [J]．健康心理学杂志，2001 (2)：106 - 108.

[26] 张爽．家庭教养方式对儿童发展的影响 [J]．通化师范学院学报，2009 (1)：112 - 113.

[27] 刘美丹，刘美艳．家庭教育方式对儿童心理发展的作用及影响 [J]．边疆经济与文化，2007 (6)：112 - 113.

[28] 王素华．家长的教养方式探析 [J]．桂林师范高等专科学校学报，2009 (1)：143 - 145.

[29] 王红艳，王洋．论家庭教育方式与儿童社会化 [J]．太原师范学院学报：社会科学版，2006 (2)：159 - 160.

[30] 张莉．家庭教育环境与儿童心理素质发展 [J]．科教文汇，2008 (2)：34 - 35.

[31] 鲍立铣，魏龙华．家庭环境对儿童社会影响研究的综述 [J]．社会心理科学，2001 (4)：16 - 22.

[32] 杨鲁静，徐勇，李学来．家庭环境对学龄儿童行为的影响 [J]．中国公共卫生，2002 (11)：1 356 - 1 358.

[33] 王爱玲．家庭环境：重要的教育资源 [J]．教育理论与实践，2008 (28)：9 - 12.

[34] 王成勋．浅谈家长素质对孩子成长的影响 [J]．成功（教育），2008 (11)：72.

[35] 王凤仙．浅谈家长素质对家庭教育的制约作用 [J]．前沿，1999 (7)：42 - 43.

[36] 李青茹．家长的修养及文化素质对子女的影响 [J]．中国教育技术装备，2010 (2)：116.

# 第三章

## 0～3岁儿童家庭教育指导

⊙**学习目标**

　　了解0～3岁儿童身心发展的特点；掌握对0～3岁儿童实施教育的目标；理解并学会应用0～3岁儿童身体发展和心理发展的指导策略；了解0～3岁儿童游戏发展的特点，玩具和游戏材料的配备要点，并能针对亲子游戏提出指导建议。

⊙**学习建议**

　　本章的学习重点是在明确0～3岁各年龄阶段儿童发展的总体特点及发展目标的基础上，把握0～3岁儿童身体发展和心理发展的教育指导要点，并能灵活地将理论应用于实践，指导实践。

⊙**引　言**

　　图图的妈妈最近很苦恼，因为她发现周围邻居家的小孩自出生起都非常忙，每天都"赶场"，去参加亲子课程班、语言基础兴趣班、感觉统合训练班、多元智能开发班、音乐启蒙班、绘画启蒙班、双语（英语）课程班等。而且别人家的孩子看起来都特别聪明，都很有特长，比如有的孩子很小就能数到100，能认很多字，还有的孩子不到3岁就能听懂英语单词了。图图今年2岁了，却什么班也没有上过，图图的经历和别的小朋友比起来是那么的黯淡。但是图图妈妈又觉得自己小时候也没有受到什么专门的训练，每天就知道玩，现在也不比别人落后。为此，图图的妈妈很苦恼。她常常想，自己是不是也应该给孩子报个什么亲子班，是不是也应该让孩子多学点东西，有点什么特长，否则自己的孩子就该落后了？

　　同学们，你们能不能为图图妈妈出谋划策，为图图在这一阶段的发展提供科学的指导？

# 第一节　0～3岁儿童身心发展特点

如果生命的历程开启于母亲受孕的瞬间，那么人生的旅程则开始于那声响亮的啼哭。这声响亮的啼哭，宣告了婴幼儿"寄居"生活的结束，也就是从这一时刻起，婴幼儿开始与外部世界零距离接触，开始更多地依靠自我的力量与成长维持生命，适应新的环境。人从出生后到3岁，是一生发展变化最为迅速的时期。作为教养者，首要的任务就是了解此时期儿童身心发展的特点和规律，这样才能在照顾和抚育儿童的过程中，做到心中有数，有的放矢。

## 一、0～1岁儿童身心发展特点

从出生到1岁，是儿童身心各方面发展开始萌芽、起步及逐渐发展的阶段。下面，我们分别从儿童身体和心理发展两方面来介绍此阶段儿童发展的主要特点：

### （一）身体发展特点

1. 身体发展变化迅速

首先，身高和体重发展变化快。一个正常的新生儿出生时身高在50厘米左右，体重约2.5～3.5千克。而生命的最初两年是一个人身体生长发育的第一个高峰，在该期间身高和体重成倍增长，如出生后头几个月，身高平均每月增长3厘米以上，半年后虽然增长速度减慢，但是每月增幅还在1～1.5厘米之间。到1岁时，儿童身高可达70～75厘米，体重约为出生时的3倍，即可达到9～10千克。资料卡片3-1是推算婴儿体重正常值的办法。

## 资料卡片3-1

**推算婴儿体重正常值的办法**

1～6个月：体重（克）＝ 出生体重＋月龄×600

7～12个月：体重（克）＝ 出生体重＋月龄×500

1岁以后：体重（千克）＝ 8＋年龄（岁）×2

（庞丽娟，李辉：《婴儿心理学》，杭州，浙江教育出版社，1993，88页）

其次，身体比例变化明显。新生儿出生时，呈现"头大身子小"的身材比例，小腿约为身长的1/5，头的长度约为身长的1/4。到了2岁左右，婴幼儿的头只有身长的1/5，之后随着年龄的增长逐渐接近于成人的身高比例。

最后，神经系统发育迅速。从神经系统结构的发展来看，新生儿在出生时头围约为34厘米，1岁时可达46厘米左右。婴幼儿在出生时的脑重约为250~400克，是成人脑重的25%，而1岁时脑重可达800~900克，接近成人脑重的60%。另外，婴幼儿的大脑皮质兴奋机能逐渐增强，其明显表现为睡眠时间逐渐减少，清醒时间不断增加。

**2. 身体各部位和各器官发育尚不成熟，发展水平较低**

以新生儿为例，新生儿的皮肤比较嫩，很容易受损伤；新生儿骨骼软弱，所含无机盐少、水分多、血管丰富，因而造成骨骼的弹性较强、强度不足，容易弯曲，很难支持身体动作。比如，在出生的第一个月内，他们甚至都支撑不住头的质量。新生儿的内脏器官也没有发育成熟，呼吸微弱，心跳很快，消化与体温调节机能也不完善。另外，从神经系统的机能来看，神经系统的忍受性较差，来自外界的刺激对于他们来说往往是超负荷的，因而会引起一种保护性抑制（睡眠）发挥作用。一般而言，0~1岁婴幼儿睡眠时间都要在14~21小时范围之内。新生儿神经系统的调节功能也很差，表现为动作混乱，没有秩序；有些新生儿的两只眼球的运动也不协调，有时一只眼看左，一只眼看右。

**3. 身体行为以无条件反射行为为主，条件反射行为慢慢出现**

根据心理学家和医学工作者的研究，0~1岁的婴幼儿主要存在以下几种无条件反射。

（1）觅食反射：又被称为定向反射，这种反射包括觅食、吸吮、吞咽反射。当乳头或类似乳头的东西碰到新生儿的面颊或嘴唇时，他就会转头张嘴，做吸吮动作，食物进入口里就会咽下去。

（2）无条件防御反射：当强光刺激眼睛时，新生儿会自动闭上眼睛或将头转向背光处；当刺激物触及眼睑或睫毛时，新生儿的头会向后仰并眨眼。另外，打喷嚏、呕吐也是一种无条件防御反射。

（3）无条件定向反射：当新异刺激（如大的声音或鲜艳的物体）出现时，儿童会自动把头朝向它或停止正在进行的活动，好像在探究"这是什么?"。

以上几种无条件反射对新生儿具有明显的生物学意义，但除此之外，新生儿还有一些特殊的、无明显生物学意义的无条件反射，比如抓握反射——当其他人以手指或小棍触及新生儿的手心时，他的手会立即紧握不放，其力量之大甚至可以将整个身体吊起来。巴宾斯基反射——触摸新生儿的脚底时，脚会向里弯曲，脚趾会成扇形张开。惊跳反射（又称搂抱反射）——一种全身动作，即当新生儿感到身体突然失去支持，或突然受到强声刺激时，会先仰头，挺身，双臂伸直，手指张开，然后弯身收臂，紧贴胸前，做搂抱状。强直性颈部反射——婴儿平躺时，把他的头转向一侧，此时他就会出现"以击剑姿势躺着，与头所转方向同侧的手臂伸直，对侧手臂弯曲"的现象。行走反射——双手托住新生儿腋下，使其光脚板触地，此时，他会做出迈步动作。

除了上述无条件反射之外，近些年来，心理学家和生理学家的一些研究认为，新生儿也会出现条件反射。这种条件反射大约在出生后几天到两周之内，但这种最先形成的条件反射大都是在无条件反射的基础上建立起来的。新生儿的条件反射具有以下特点：条件反射的形成速度较慢，要经过多次的刺激与反应的练习；条件反射形成之后不稳定，如不继续练习，则易消退；不易分化，容易对相似刺激都作出同样反应。

4. 动作发展跨度较大

0～1岁婴幼儿动作发展的跨度较大，从最初无法支撑头部，到可以挺胸抬头，直至1岁左右可以独立行走几步，这期间几乎每个月婴幼儿的动作发展都表现出明显的变化，具体内容请见表3-1。

表3-1　婴幼儿从出生至1岁动作发展过程

| 月龄 | 动作表现 |
| --- | --- |
| 出生时 | 动作行为极为变化无常，醒与睡无显著区别，姿势随时变化，表现出一些反射行为，如仰卧时头会左右转动，俯卧时会抬头片刻，但是无人扶着时，头就会自然下垂 |
| 1 | 头仍不能竖直，会注视周围事物，眼睛略能盯住移动物体，俯卧时能抬起下巴 |
| 2 | 能挺胸，抱着时头能竖直 |
| 3 | 头能竖直，能伸手抓球，但拿不住，能从侧卧翻到仰卧 |
| 4 | 头能平稳竖直，俯卧时能抬头，抱着时头部能保持平稳，手会张开合拢，能扶着坐，眼睛能盯住较远的物体，会玩手和衣服，能挺起胸脯，会摇动和注视手中的拨浪鼓 |
| 5 | 会坐在大人的膝上，会抓住东西，能从仰卧到侧卧（不是偶然性的） |
| 6 | 坐着时能前倾，并会用手支撑，大人扶着站立时两腿能承受重量，但还不能自己扶着站立，能用一只手抓东西，握物时还不会使用拇指 |
| 7 | 能独立坐，试着爬行，能从仰卧翻到俯卧 |
| 8 | 扶着能站，匍匐爬行，腹部贴地，用手臂带动身体前进，握物时能使用拇指 |

续表

| 月龄 | 动作表现 |
|------|----------|
| 10 | 能用手和膝盖爬行，能毫不费力地站起，能自己站起 |
| 12 | 能扶着行走或独走几步，扶物能蹲，能自己坐到地上 |

【（美）D. E. 帕普利，（美）S. W. 奥尔兹：《儿童世界——从婴儿期到青春期（上册）》，华东师范大学外国教育研究所《儿童世界》翻译组，译，北京，人民教育出版社，1981，200~202 页】

### （二）心理发展特点

1. 感知觉的发展

（1）各种感觉在胎儿阶段逐渐形成，出生后得到迅速发展。

感觉具体包括视觉、听觉、味觉、嗅觉和触觉。

视觉：视觉最初大致发生在胎儿中晚期。新生儿已经具备一定的视觉能力。出生几天，新生儿就可以有效使用自己的眼睛，他们对眼睛的控制要比对其他身体部位的控制更好一些，视觉适应调节能力发展较早，速度也较快。新生儿出生 10 天左右，会出现明显的视觉集中（注视近物）的能力，而且注视的时间也越来越长。3~5 周的新生儿能注视 5 秒钟，3 个月时可达 7~10 分钟。同时，视觉集中物的距离也越来越远，3~5 周的新生儿能注视距离 1~1.5 米，3 个月时则能注视距离 4~7 米的物体。从 5~6 个月开始，他们不仅会注视远距离的物体，还能进行追视，视觉会跟着活动的物体移动，如看天上的飞鸟或地上行驶的车辆。另外，有研究者总结，婴儿出生后颜色感知即已发生，新生儿已经开始能够分辨简单的颜色刺激；4 个月前，婴儿的颜色感知能力已经接近成人水平。

听觉：5~6 个月的胎儿已经开始建立听觉系统。新生儿阶段，其听觉发展迅速，能表现出明显的听觉集中。如果在新生儿的耳朵附近摇铃或拨浪鼓，他会以某种方式活动他的身体或转过头，以表示他听到了这些声音。新生儿不仅能听见声音，而且还能区分声音的音高、音色等。比如出生不久的婴儿，一听见熟人的说话声，尤其是母亲的声音，就能停止哭声，安静地入睡；突然听到歌声或音乐声就会停止哭声，并试图寻找声音。8~9 个月时，婴儿开始能分辨各种声音，并作出不同的反应。

味觉：味觉是新生儿最发达的感觉，此时的味觉发展速度较快、感觉敏锐，且表现出非常明显的味觉偏好。他们喜欢奶味和甜味，不喜欢过咸、过酸或者过苦的味道。出生 2~3 天的婴幼儿在吸吮浓度为 15% 的蔗糖溶液时，停顿的时间和次数比起其他溶液要少得多，吸吮的速度变慢、变稳而且心跳加快。1 岁以内的婴幼儿能精确分辨同一味道的不同浓度，如能分辨食盐量为 0.2% 和 0.4% 的两种盐水，能分辨含糖量为 1% 和 2% 的两种糖水。

嗅觉：胎儿在妊娠末期已经具备初步的嗅觉反应能力。新生儿能对各种气味作出不同的反应。出生 6 天时，新生儿就有了嗅觉偏爱，比如喜爱好闻的气味，躲避不好闻的气味，而且他们对剧烈气味的反应非常敏感和强烈。2~3 个月时，他们能分辨两种不同气味；4 个月后，则能稳定地区分好闻与不好闻的气味。

触觉：触觉是婴儿认识世界的主要手段，他们依靠触觉或触觉与其他感知觉的协同活动来认识世界，而依恋关系的建立主要依赖身体的接触。胎儿在 4~5 个月的时候已经初步建立了触觉反应。试验表明，新生儿一出生就能对高于或者低于他自己身体的温度作出反应，尤其对非常低的温度会表现出很高的敏感性。2 个月时，婴儿已经能够在食物性或防御性的无条件反射的基础上，形成皮肤机械刺激的条件反射；3~4 个月时，这种反射就比较稳定和明显了；1 岁时，反射将达到相当发达的程度。此外，婴儿对外界事物的触觉探索主要包括口腔触觉和手的触觉。1 个月的婴儿已经能够凭借口腔触觉辨认不同软硬性的奶嘴，4 个月的婴儿则能同时辨别不同形状和软硬程度的奶嘴。口腔触觉在很大程度是婴儿的一种学习方式，他们通过口腔触觉探索和了解世界。手部的本能性触觉反应在婴儿刚出生时就可以表现出来。0~3 个月的婴儿存在无意识的、原始的够物行为（视觉和触觉的协调配合），4~5 个月以后，视觉和触觉协调配合起来，能够有意识地根据视觉信息指导自己的手臂动作。

（2）知觉有了初步发展，图形知觉和深度知觉较早显现。

婴儿的图形知觉和深度知觉发展较早。3 个月的婴儿已经具备分辨简单形状的能力，5~6 个月以后，婴儿逐渐可以感知物体各方面的属性。新生儿自出生时，就存在视觉偏好，如果给他一个带图案的视觉刺激和一个简单的视觉刺激，他们会更喜欢前者。他们更喜欢看曲线而非直线。8~9 个月的婴儿就获得了形状恒常性，不会因为物体忽远忽近就觉得它忽大忽小。婴儿出生后立即就能辨别视觉深度。在婴儿 2~3 个月时，就有了对物体远近深浅的认识，吉布森的经典试验"视崖试验"就证明了这一点。

2. 注意的发展

1~3 个月时婴儿的注意选择性呈现以下特点：偏好曲线多于直线，偏好不规则的图形多于规则图形，偏好轮廓密度大的图形，偏好集中的刺激物多于非集中的刺激物，偏好对称的刺激物多于不对称的刺激物，从只注意形体外周向注意形体内部因素发展。3~6 个月时，婴儿对外界事物的探索活动更加积极主动，看得见的和可操作的物体更能引起他们特别持久的注意和兴趣；6~12 个月时，婴儿选择性注意发展中最为显著的变化就是越来越受知识和经验的支配。

3. 记忆的发展

婴幼儿以短时记忆为主,长时记忆时间不断增长。3 个月左右时,如果注视的物体从视野中消失,他们就会用眼睛去寻找,这表明儿童已经有了短时记忆。而且,这种短时记忆会随着月龄的增加而不断发展。3 个月的婴幼儿对操作条件反射的记忆能保持 4 周。3 ~ 6 个月时,婴幼儿长时记忆有了很大发展,他们学习、掌握的知识和技能已可以保持数天甚至数周。6 ~ 12 个月时,婴幼儿长时记忆的保持时间继续延长。12 个月以前,婴幼儿对成人的面部表情已经有了大量的模仿表现,由此也可以看出其中包含的记忆因素。

4. 思维的发展

此时的婴儿,思维发展处于感知运动阶段,他们对客观世界的认识主要依赖于自己的感官和动作。从 4 个多月开始,到 9 ~ 10 个月时,婴儿进入有目的的动作开始形成阶段。8 ~ 9 个月时,"手段"与"目的"之间开始分化,其中,手段是儿童自身的动作,而目的是通过动作获得感兴趣的印象。9 个月到 11 ~ 12 个月时,婴儿的动作开始明显地表现出他是用其来达到目的。6 个月之前,婴儿已经能够模仿;12 个月时,能够利用工具解决问题。

5. 语言的发展

婴儿出生不到 10 天就能区别语音和其他声音,大约在 5 个月时候进入牙牙学语阶段。所谓牙牙学语,就是对类似于成人语言中所使用的那些音节的重复。比如,发出 ba – ba、ma – ma(类似于爸爸妈妈)的声音,其实这些声音对于他们来说毫无意义,他们是以发音游戏而得到快慰。9 个月是牙牙学语的高峰,婴儿最早可以在 9 个月时说出第一个有特定意义的词语,最晚可推迟到 16 个月。9 个月以后,婴儿的语言表达能力以每个月掌握 1 ~ 3 个新词的速度发展。

在语言理解方面,9 个月左右时,婴儿开始能够真正理解成人的言语,并能按照成人的言语指令作出相应的反应。12 个月左右,婴儿对词语的理解和表达开始相互联系起来,并促进了语言的发展。

总体而言,此时是婴儿语言的发生和储备期,他们听得多,积累得多,说得少。

6. 情绪与社会性的发展

情绪是与生俱来的。通过长期的研究和观察发现,胎儿一出生就有情绪,如新生儿时期的哭的表现。至于 0 ~ 1 岁是否有情绪的分化,国内外学者存在不同的意见。但是不可否认的是,生理需要是否得到满足是这一时期影响婴儿情绪的主要因素,如尿布潮湿、饥饿等都会引起婴儿的哭闹。

另外，母婴依恋的形成是婴儿期情绪社会化的一个重要标志。这种依恋是指婴儿与照看者（尤其是母亲）之间形成的亲密、持久的情绪关系。婴儿依恋的发展大致经历了3个发展阶段：① 在0~3个月时，婴儿的交往属于无差别的社会反应阶段，即婴儿对成人的依恋不会因人而异，他们对于任何成人的反应都几乎相同，喜欢和任何人"交往"，没有偏爱；② 3~6个月时，进入有差别的社会反应阶段，即婴儿偏爱母亲，喜欢与母亲交流和共处，对于陌生人则表现出距离感；③ 大约在6个月到2岁之间，是特殊的情感联结阶段，主要表现在特别喜欢与母亲相处，甚至一刻都不能分离，只要母亲在身边，孩子就会表现得愉悦和安心，母亲一旦离开，他们就会出现哭闹状况，其他人无法代替母亲的作用。这种依恋可以一直持续到入园初期，很多儿童都会因为与母亲分离而产生分离焦虑。

0~1岁婴儿的社会交往对象和交往方式都比较单一，主要是与照看者（尤其是父母）之间的交往，交往的方式和内容多以照看者对婴儿实施生活照料和嬉戏行为为主。刚出生时的婴儿带有自发性的微笑，这只是神经性兴奋周期的显现，而非社会性微笑。随着月龄的增加，在1个月左右婴儿开始出现交往行为，即当成人的面孔出现在他们眼前时，婴儿会表现出专注行为，有时会产生微笑。这样的交流方式虽然简单，但是对于增进婴儿与成人之间的关系，尤其是和谐亲子关系起到了重要作用。

## 二、1~2岁儿童身心发展特点

1岁以后，儿童开始学会直立行走，生活范围进一步扩大，社会交往逐渐增多，语言和思维迅速发展。具体而言，此阶段儿童身心发展特点主要体现在以下几方面。

### （一）身体发展特点

1. 身体各方面的发展

1岁后儿童身体发展的速度相比于1岁以前有所放缓，但身体各项器官功能处在继续发展时期，仍须得到保护。首先，从身高方面来讲，此时期的增长速度比起第一年要减缓，到2岁时身高在85厘米左右。其次，他们的心脏承受能力较低，不宜多做剧烈运动。最后，神经系统继续发展，如脑重继续增加，神经元的体积在增大，神经纤维逐渐加长，突触联系不断增多，神经纤维髓鞘化过程也在迅速进行。大脑皮质抑制机能的发展，使得儿童可以较长时间从事某项活动，并开始按照成人的指示支配自己的动作。

但总体而言，婴幼儿大脑的兴奋和抑制过程还是很不平衡的，抑制过程远远弱于兴奋过程，内抑制弱于外抑制。这种不平衡性造成儿童活动的高度不稳定性，导致他们不能长时间从事一种活动，容易被有趣事物吸引。

2. 动作的发展

此时婴幼儿开始练习独立行走，但开始阶段很不平稳。在1.5岁左右，婴幼儿学会随意地、协调地独立行走；爬高、跑跳动作有所发展，但往往是手脚并用；逐渐学会越过小的障碍、上下楼梯等。同时，手的精细动作发展，逐渐学会拿东西做动作，从单纯摆弄物体发展到把物体当工具使用，开始学习使用工具。

表3-2和表3-3为我们揭示了此时儿童行走动作和手部精细动作的发展进程。

表3-2　婴幼儿行走动作发展进程

| 顺序 | 动作项目名称 | 达到月龄 |
| --- | --- | --- |
| 1 | 独走几步 | 15.6 |
| 2 | 自蹲自如 | 16.5 |
| 3 | 独走自如 | 16.9 |
| 4 | 扶物过障碍棒 | 19.4 |
| 5 | 能跑，不稳 | 20.5 |
| 6 | 双手扶栏上楼 | 23.0 |
| 7 | 双手扶栏下楼 | 23.2 |
| 8 | 扶双手双脚跳，稍微跳起 | 23.7 |
| 9 | 扶一只手双脚跳，稍微跳起 | 24.2 |
| 10 | 独自双脚稍微跳起 | 25.4 |
| 11 | 跑，能控制 | 25.7 |
| 12 | 扶双手，单足站不稳 | 25.8 |
| 13 | 一手扶栏下楼 | 25.8 |
| 14 | 独自过障碍棒 | 26.0 |
| 15 | 一手扶栏上楼 | 26.2 |
| 16 | 扶双手双跳好 | 26.7 |
| 17 | 扶一只手单足站不稳 | 26.9 |

续表

| 顺序 | 动作项目名称 | 达到月龄 |
|------|------------|---------|
| 18 | 扶一只手双脚跳 | 29.2 |
| 19 | 扶双手单足跳 | 29.3 |
| 20 | 独自双脚跳 | 30.5 |
| 21 | 扶双手单脚稍微跳起 | 30.6 |
| 22 | 扶一手单足站 | 32.3 |
| 23 | 独自单足站不稳 | 34.1 |
| 24 | 扶一手单脚跳稍微跳起 | 34.3 |

（杨丽珠，刘文，胡金生：《毕生发展心理学》，北京，高等教育出版社，2006，173～174 页）

表 3－3　婴幼儿手的动作发展顺序

| 顺序 | 动作项目名称 | 达到月龄 |
|------|------------|---------|
| 1 | 堆一立方寸积木 2～5 块 | 15.4 |
| 2 | 用匙外溢 | 18.6 |
| 3 | 用双手端碗 | 21.8 |
| 4 | 堆一立方寸积木 6～10 块 | 23.0 |
| 5 | 用匙稍外溢 | 24.1 |
| 6 | 脱鞋袜 | 26.2 |
| 7 | 串珠 | 27.8 |
| 8 | 折纸长方形近似 | 29.2 |
| 9 | 独自用匙 | 29.3 |
| 10 | 画横线近似 | 29.5 |
| 11 | 一手端碗 | 30.1 |
| 12 | 折纸正方形近似 | 31.5 |
| 13 | 画圆形近似 | 32.1 |

（杨丽珠，刘文，胡金生：《毕生发展心理学》，北京，高等教育出版社，2006，174～175 页）

### （二）心理发展特点

**1. 感知觉的发展**

1～2岁儿童感知觉的精细程度得到长足发展，但总体水平不高。2岁时，儿童目测物体大小的准确率可以达到60%，而且他们开始关注体积较小的东西，如在户外活动时，经常会蹲在地上观察蚂蚁或者草地里的小虫子。在颜色知觉方面，1.5岁儿童同色配对的能力很低，只有个别儿童能进行1～2种颜色配对；2岁左右，有30%的幼儿能进行红色、黄色和白色积木的配对。

**2. 注意的发展**

此阶段以无意注意为主，注意的持久性较低（这与整个婴幼儿时期心理活动和行为的不随意性，以及调节和控制心理活动和行为的能力都有密切关系）；能够逐渐集中注意力看图书、图片，听儿歌、故事等；注意的事物逐渐增多，范围也越来越广；注意活动更加具有探索性和积极主动性。

**3. 思维的发展**

此时儿童的思维发展水平仍处于感知运动阶段，认识事物仍大量依靠自己的感官和动作参与。1岁半左右，出现了延迟模仿能力，比如，前一天看到别的小朋友吐舌头，第二天或者过段时间，自己也做出相应的行为。皮亚杰认为，这种延迟模仿能力的出现，才使内部表征系统的运转成为可能；同时，延迟模仿能力的出现也表明儿童头脑中开始形成了最初的表象（事物不在眼前时，头脑中能够形成该事物的形象）。1岁半到2岁时，儿童已经能够运用心理表象（而不再是外显行为）来解决问题。

**4. 语言的发展**

此时，儿童理解成人语言的水平提高，能够逐渐说出一些有意义的词语。研究表明，10～15个月期间，儿童每个月掌握1～3个新词。到15个月左右，能说出一些简单句，但是经常会出现单个字单音重复、一词多义、以音代物、以词代句等现象。在18个月左右，儿童可以理解更多的成人言语，同时开始说出一些有意义的词语。18～24个月期间，双词句、电报句居多，语言形式是断续的、简略的、不完整的。有研究表明，在此期间儿童语言发展有两个加速期：一个是在19～20个月期间，出现了单词句激增的现象，此时儿童已经可以说出50多个词；一个在是24个月左右，双词语（如玩球球、看狗狗，而不仅仅只说球球、狗狗）的数量急速增长，例如，一名男婴在19个月时出现第一批双词句，共14句，20个月时增加到24句，接下来的几个月分别是54、89和250句，但是24个月时，猛然增加到1 400句，25个月时剧增到2 500句。

5. 情绪与社会性的发展

此时期，情绪进一步发展，意志活动萌芽开始出现。1~1.5岁，在熟悉的环境中碰到陌生人时，儿童会做出害羞的表情。1.5岁左右，羞愧、自豪、骄傲、焦虑、内疚以及同情心等情绪逐渐产生。2岁时，婴幼儿已经能认识情绪经验的主观性，即认识别人的内心情绪体验跟自己不同，情绪调节出现。此阶段，儿童的意志活动开始萌芽，1岁开始出现坚持性的萌芽，1.5~2岁已经有了坚持性。

在社会交往方面，父母仍是此阶段儿童主要的交往对象。其中，与母亲的交往占据了最重要的地位，母亲是儿童游戏的主要伙伴。与同伴的交往则逐渐开始出现，1岁4个月到1岁半是个转折点，这之后，儿童的社会性游戏逐渐增多，明显多于单独游戏；1岁半至2岁期间，儿童与同伴交往的频率更高，内容和方式也更加复杂；2岁时，社会性游戏绝对超过单独游戏，社会交往的伙伴主要是同伴，与母亲的交往呈明显下降趋势。

## 三、2~3岁儿童身心发展特点

2岁左右，儿童的自我意识和独立性发展，进入语言发展的关键期，具体发展表现如下。

### （一）身体发展特点

2~3岁这个年龄阶段，儿童身体各部位和各器官仍在发展之中，动作发展的技巧性和难度也进一步增强，前文的表格中对此都有所总结和呈现。下面将综合以往研究，主要就0~3岁这一阶段婴幼儿生理发展的各项指标给出参考数据，如表3-4所示。

表3-4　0~3岁婴幼儿常见生理发展参考指标

| 指标 | 新生儿 | 1岁 | 2岁 | 3岁 |
|---|---|---|---|---|
| 身高/厘米 | 49~50 | 70~75 | 85 | 93 |
| 体重/千克 | 3 | 9~10.5 | 12 | 13 |
| 头围/厘米 | 34 | 45~47 | 47~48 | 46~51 |
| 胸围/厘米 | 32~33 | 45~47 | 48~49 | 49~50 |
| 睡眠时间 | 20h | 白天2~3次，夜晚13~15h | 白天1次，夜晚睡12~13h | 夜晚11~13h |

### （二）心理发展特点

**1. 思维的发展**

直觉行动思维是儿童主要的思维方式，即儿童的思维与自身的感知和动作相伴随，只能在对外界的感知活动中进行，在自身的动作过程中展开，离开感知、动作，思维就停止。这时会出现假想性游戏，即儿童能够拿着物体进行想象，例如，喂布娃娃吃饭，拿着枕头当娃娃抱，等等。思维的自我中心化特点明显，不知道对同一事物还有不同的观点，总是认为自己是对的，以自己为中心思考问题。3 岁左右，直觉行动思维进一步发展，思维的灵活性进一步增强，想象更加丰富。

**2. 语言发展**

2～3 岁是婴幼儿语言发展的关键时期，儿童开始使用合乎语法规则的完整句准确地表达思想，这主要体现在：能说完整的简单句，并出现复合句，如"外面下雨了，不能出去了"；2～3 岁婴幼儿词汇量也迅速增加，几乎每天都能掌握新词，到 3 岁左右已经能掌握 1 000 多个词语。但是这个时期，婴幼儿的言语中带有明显的"童年"特色，如：发音不清楚，与别人的交流就须要妈妈充当翻译；词语的外延性不准确，概括性差；语法经常发生错误。

**3. 情绪、情感的发展**

2 岁以后，儿童已经发展了对人的亲爱、尊敬、同情，对事物的好奇、羡慕、惭愧、失望、厌恶、愤怒以及恐惧等 20 多种情绪反应，可以说此阶段的儿童基本具备各种形式的情绪。情绪、情感的社会性逐渐增加，例如，有关对儿童微笑的研究说明，婴幼儿期儿童的社会性微笑比例是随着年龄而增长的。此时，儿童的情绪常常处于比较激动的状态，往往由于外来刺激而非常兴奋，难以控制，情绪的冲动性和易变性特点非常明显。此时还出现了情绪的自我调节。试验研究发现，2 岁儿童已经具有使用复杂的情绪调节策略的能力，如积极、分心、自我安慰、寻求他人安慰、被动行为和回避等。

**4. 意志行为发展**

1 岁半至 2 岁的婴幼儿已经出现坚持性的萌芽。例如，这时儿童可以借助更高级的手段排除前进道路上遇到的困难：当玩具掉到沙发或桌子下面的时候，会首先趴到地上用手去捡；如果距离太远，会想办法爬到桌子下面；如果不能爬进去，就会利用一些小的工具去取玩具，直到拿出玩具为止。

3 岁幼儿行为的冲动性特点仍十分突出。例如，幼儿园中经常会出现这样的情况，幼儿做错了事情，或者违反了纪律，如果老师询问其原因，幼儿经常回答不上来，而是一脸茫然地望着教师，这说明此时期幼儿行动的目的性较差，行为带有很大的冲动性。

虽然3岁前幼儿已经出现坚持性，但3岁幼儿坚持性的整体发展水平仍然很低，他们常常会因为受其他干扰或者遇到了小困难而半途而废，例如，我们经常会看见幼儿先做一件事情，突然看到一件更有吸引力的事情，就会立刻终止当前的行为，而去投入另外一种活动当中去，从不考虑当前任务是否完成。又如，一个3岁的孩子在玩用线穿珠子的游戏，但是总也穿不进去，不能完成目标，于是该幼儿便经常会主动放弃游戏，而没有克服困难继续练习或者寻求他人帮助的意识。

5. 自我意识和独立性的发展

自我意识的真正出现是和儿童语言的发展相联系的。2～3岁的时候，幼儿掌握代名词"我"，是其自我意识萌芽的最重要的标志。3岁左右，幼儿出现最初的独立性和自主性。这个时期的幼儿走路和用手操作的能力大大增强，获得了影响和操作各种物品的手段，开始学着事事"亲自参与，亲自动手"，哪怕事情是力不能及。例如，很多家长感到幼儿两三岁时，开始变得"不听话"，吃饭不喜欢别人喂，衣服也要自己穿，其实这些现象都是幼儿独立性开始发展的体现。

总体而言，0～3岁这一阶段，婴幼儿身心各方面的发展特点主要包括以下几点：

（1）身体各方面发展变化迅速，但发展尚不成熟，独立的生活自理能力较弱。婴幼儿身体发展遵循4个原则：① 头尾原则，身体发展先从头部和上身动作开始，然后延伸至身体的其他部分；② 远近原则，从身体的中央部位逐渐延伸至外围部位，主要表现为躯干的发展先于四肢末端的发展；③ 等级整合原则，即简单技能先独立发展，然后这些简单的技能逐渐地被整合成更复杂的技能；④ 系统独立性原则，即不同的身体系统有不同的发展速率。

（2）进入语言发展的关键期。思维方式以直观动作思维为主，思维与自身的感知和动作相伴随，出现了表象和想象。

（3）基本具备各种形式的情绪。情绪、情感的社会性逐渐增加，出现了情绪的自我调节。但总体而言，情绪的冲动性和易变性特点非常明显。

（4）自我意识萌芽，出现最初的独立性和自主性。社会性游戏逐渐超过单独游戏，与同伴的社会交往逐渐超过与母亲的交往。

# 第二节　0~3岁儿童身心发展的教育目标与任务

在上面的一节，我们系统地了解了0~3岁儿童发展的特点。作为教养者，在照顾和教育0~3岁婴幼儿的时候，要充分地考虑这些特点，制定出既符合婴幼儿年龄特点，又能促进他们向更高水平发展的教育目标和任务要求。

## 一、0~3岁儿童身心发展的教育目标

### （一）托儿所的教育目标

我国关于3岁前儿童发展的教育目标，目前主要有1981年卫生部颁发的《三岁前小儿教养大纲（草案）》，其中规定托儿所教育工作的任务或目标是："培养小儿在德、智、体、美各方面得到发展，为造就体魄健壮、智力发达、品德良好的社会主义新一代打下基础。"具体要求包括：

（1）要发展小儿的基本动作，进行适当的体格锻炼，增强儿童的抵抗力，提高婴幼儿的健康水平，促进身心正常发展。

（2）要发展小儿模仿、理解和运用语言的能力，通过语言认识周围环境事物，使小儿智力得到发展，并获得简单知识。

（3）要进行友爱、礼貌、诚实、勇敢等良好的品德教育。

（4）要培养小儿的饮食、睡眠、衣着、盥洗、与人交往等各方面的文明卫生习惯及美的观念。

### （二）家庭教育的目标

家庭教育的目标与托幼园所的教育目标具有一定的一致性，又有一定的不同。因此，结合上述内容以及当前新形势下0~3岁儿童身心发展特点和新时期的要求，可以将此阶段的家庭教育目标具体表述如下：

（1）保护婴幼儿的生命安全，保障他们基本的生存需要，发展婴幼儿的基本动作和各种感官，增强其体格和抵抗力，促进其身体健康成长，引导婴幼儿养成良好的生活习惯、卫生习惯和初步的生活自理能力，促进婴幼儿安全、卫生、快乐地生活。

（2）萌发婴幼儿的智力，发展婴幼儿理解和运用语言的能力，发展婴幼儿的感觉、

知觉和初步的思维能力，促进其对周围环境和事物的探索与认识，培养有益的兴趣。

（3）培养婴幼儿形成安全感和愉快的情绪、情感，形成活泼开朗的性格，发展婴幼儿初步的社会交往能力，养成初步的文明礼貌习惯。

（4）发展婴幼儿对美的事物的初步感受力和兴趣，萌发婴幼儿基本的艺术素养。

## 二、0~3岁儿童身心发展的任务

教育目标是我们实施婴幼儿教育的方向，教育任务则是在基本目标的引领下，针对婴幼儿身心发展的各方面提出的具体要求，是对教育目标的分解、具体化，也是实现教育目标的重要途径和保障。0~3岁儿童身心发展的任务主要体现在以下几方面。

### （一）身体发展和生活习惯的养成

1. 身体动作的发展

动作是婴幼儿身体发展和心理发展的基础，动作的发展具有十分重要的意义。在婴幼儿阶段，动作的发展是婴幼儿空间知觉形成的重要途径，是扩大婴幼儿视野和活动范围的必备手段，也是婴幼儿在心理上获得满足感，推动其更快、更积极发展的助力。0~3岁婴幼儿动作发展的主要教育目标包括：

（1）增强婴幼儿手的灵活性，发展婴幼儿手部精细动作，促进其手部工具使用能力的发展。

（2）引导婴幼儿练习并熟练掌握基本的爬、走、跑、跳、蹲和上下楼梯等动作，促进婴幼儿肢体运动的协调性和对身体的控制能力的发展。

（3）促进婴幼儿参与并完成简单的身体运动游戏，对各种体育活动和游戏感兴趣。

2. 生活习惯的养成

生活习惯的养成方面的具体目标主要包括以下几方面。

（1）培养良好的进餐习惯。这方面的教育目标主要体现在两方面：一方面，要促进婴幼儿养成有规律地、定时定量进餐的习惯。在0~12个月这段时间内，尤其是新生儿阶段，要遵循"按需补给"的原则，给予新生儿生命成长需要的充足营养。但是随着月龄的不断增长，要逐渐过渡，在保证其身体需求的基础上，促进婴幼儿逐渐养成有规律进食、定时定量进餐的良好习惯。另一方面，随着婴幼儿年龄的增长，要逐渐培养他们养成独立进餐的习惯。比如从1岁开始，可以先从培养孩子学习如何使用餐具（如怎样拿勺子、怎样拿碗等）开始，逐渐过渡到让孩子部分时间独立进餐，再到最后完全由孩子独立进餐。这样做不仅有助于孩子养成独立的生活自理能力，而且也有助于他们3岁后进入幼儿园适应幼儿园集体生活。

（2）促进婴幼儿有规律地睡眠。这方面的教育目标重在培养婴幼儿逐渐形成按时睡觉、按时起床，有规律睡眠的好习惯，避免出现黑白颠倒，晚上玩得很兴奋、不睡觉，而白天则睡得很多等不规律、不良的睡眠习惯。尤其是1岁以内的孩子，容易出现黑白颠倒的现象。家长要逐渐帮助孩子纠正不良的睡眠习惯。因为睡眠习惯不好，或者睡眠时间不充分，都会影响婴幼儿身体机能的健康发展。

（3）引导婴幼儿养成良好的卫生习惯。这一目标的实现是分步骤实施的：首先，在新生儿时期，以引导他们愿意接受成人的卫生护理活动为主，之后过渡到能逐渐根据成人的指令和要求配合卫生清洁活动，最后过渡到能够主动从事洗手、洗脸、洗澡、如厕等卫生清洁活动。

（4）增强婴幼儿的生活自理能力。生活自理能力的培养是一种综合能力的培养，它可以贯穿于上述各种能力的培养当中，包括自己进餐、自己洗漱、自己如厕以及自己穿、脱衣服等。

**（二）语言和认知发展**

1. 语言发展

语言发展的具体目标包括以下几点：

（1）发展婴幼儿的听力，引导他们学会注意倾听他人的言语，并能用自己的声音和动作作出应答，能够听懂指令并能按指令完成任务。

（2）发展婴幼儿理解和运用语言的能力，鼓励婴幼儿学会用单词、双词和短句来表达自己的想法和愿望，最后逐渐发展到能用比较完整的句子说话，会使用简单的文明礼貌用语。

（3）培养婴幼儿对阅读活动的兴趣，使其愿意参加阅读活动，喜欢图画书，喜欢听故事，喜欢讲述事情、学念儿歌和讲述简单的故事，会唱简单的儿童歌曲。

2. 认知发展

认知发展的具体目标包括：

（1）引导婴幼儿通过自己的身体活动以及各种感官，逐渐接触并认识日常生活中的物体、情景和人们，增强其探索和了解周围环境的兴趣和好奇心。

（2）发展婴幼儿的感知觉和初步的思维能力，学习辨别周围生活环境中的常见物，对物体的形状、冷热、大小、颜色、软硬以及时间（昼夜）、空间（上下、内外）等明显的不同有初步的感受和认知体验，感知物体的简单的数，开始了解人、物、事之间的简单关系。

**（三）情绪、情感、个性和社会性发展**

1. 情绪、情感发展

情绪、情感的发展对婴幼儿性格的形成、心理健康具有重要的奠基作用。0~3岁是婴幼儿情绪、情感发展的关键时期，教养者应根据婴幼儿情绪、情感发展的特点为其制定合理的教育目标，引导其情绪、情感健康发展。

（1）引导婴幼儿保持情绪的愉快，形成安全感。

（2）引导婴幼儿学会适当地表达和宣泄自己的情绪和情感。比如，用一些行动或者语言表达自己对某人或者某种事物的喜爱，能根据自己的需要表达自己的情绪。

（3）增强婴幼儿情绪、情感的社会性。引导3岁左右婴幼儿建立社会情感，如与同伴建立初步的友谊，与他们愉快相处，等等。

（4）逐渐学会感知他人的情绪，并能够作出相应的反应或者采取相应的策略。1岁左右，婴幼儿开始学会观察别人的情绪，并以此来作为自己行为的参考；2岁左右，婴幼儿能够准确识别别人的情绪，并能够采取相应的回应策略，如看见自己的同伴哭了，能够进行肢体或者语言上的安抚。

2. 个性和社会性发展

针对0~3岁婴幼儿的个性与社会性发展特点，具体的教育目标如下：

（1）引导婴幼儿逐渐了解自己和自己的家人，知道自己的姓名、性别、年龄，知道父母的姓名。

（2）培养婴幼儿的自我意识和独立性，引导婴幼儿由需要成人的细心照料，完全听从父母的安排，到主动表达自己的需求，不断提升婴幼儿的独立性和自我服务的能力。比如，锻炼他们学会自己洗漱、自己吃饭、自己如厕、自己穿脱衣服。

（3）引导婴幼儿由最初的无目的性，发展到做事情具有一定的计划性和坚持性，遇到困难能主动寻求帮助或克服困难完成任务。

（4）帮助婴幼儿建立与父母之间和谐的亲子关系，形成安全的依恋和信赖，培养他们的安全感。

（5）引导婴幼儿逐渐与同伴一起玩耍、友好交往，学会使用基本的文明礼貌用语。

**（四）美感的发展**

具体教育目标主要包括：

（1）发展婴幼儿对美的事物的初步的感受力和兴趣，培养婴幼儿喜欢听儿歌、故事、音乐等，喜欢看各种颜色、线条、图案和形象。

（2）丰富婴幼儿的美术经验。

（3）促进他们学会初步运用各种绘画和手工材料大胆涂画、随意摆弄和创作。

综上所述，0~3岁儿童身心发展的教育目标是一个统一的整体，它涉及儿童在身体、认知、情绪、情感、个性和社会性以及审美能力等各方面的发展。在具体实施教育时，应注意促进儿童在这些方面的协调发展，忽视哪一方面的教育，都不利于实现婴幼儿的全面、健康、和谐的发展。

# 第三节　0~3岁儿童身体发展的家庭教育指导

本节我们主要探讨0~3岁儿童身体发展的家庭教育指导问题，主要涉及食物喂养、生活起居、卫生护理、疾病防治和身体锻炼等方面。

## 一、食物喂养

0~3岁的婴幼儿正处在快速生长发育时期，对各种营养要素的需求相对较高。同时，尽管婴幼儿机体的各项生理功能在逐步发育完善，但总体而言，他们对外界不良刺激的防御能力仍然较差，因此在食物喂养、膳食安排方面，不能完全与成人相同，需要特别照顾。具体而言，婴幼儿的食物喂养应注意以下几点问题。

### （一）由母乳喂养逐渐过渡到食用多种食物

1. 产后尽早开奶，初乳营养最好

对新生儿而言，最好的食物就是母亲的乳汁。在母亲分娩的7天内，乳母分泌的乳汁呈淡黄色，质地黏稠，我们称为初乳。初乳对孩子来说十分珍贵，其特点是包含了营养物的合理组合，脂肪与热量的比例合理，矿物质与维生素的多样性达到了近乎完美的程度。而且，尽早开奶还可减轻婴幼儿生理性黄疸、生理性体重下降和低血糖的发生。此外，研究表明，母乳喂养也有利于增进母婴之间的感情，使母亲能细心护理婴儿，也让小婴儿能够感受到母体的温暖，产生安全感。另外，母乳喂养也可促进母体的恢复。

2. 由母乳喂养逐渐过渡到多种食物喂养

在新生儿出生的初期，母亲给孩子喂奶时，应该按需喂奶，每天可以喂奶6~8次以上，并坚持完全纯母乳喂养6个月。从第6个月开始添加辅食，同时，应继续给予母乳喂养，每日给予不少于相当于350毫升液体奶的幼儿配方奶粉，但是不宜直接用普通液态奶、成人奶粉或大豆蛋白粉等。如果不能摄入适量的奶制品，要通过其他途径补充优质蛋白质和钙质，如可用100克左右的鸡蛋（约2个）经适当加工来代替，如蒸蛋羹等。当幼儿满2岁时，可逐渐停止母乳喂养，但是每天应继续提供幼儿配方奶粉或其他的乳制品。同时，应根据幼儿的牙齿发育情况，适时增加细、软、烂的膳食，种类不断丰富，数量不断增加，逐渐向多样食物过渡。应根据营养全面、丰富，易于消化的原则，充分考虑满足能量需要，增加优质蛋白质的摄入，以保证幼儿生长发育的需要；增加铁质的供应，以避免铁缺乏和缺铁性贫血的发生。鱼类脂肪有利于儿童神经系统发育，可适当选用鱼虾类食物，尤其是海鱼类。注意不宜直接给幼儿食用坚硬的食物、易误吸入气管的硬壳果类（如花生）、腌制食品和油炸类食品。具体1~3岁幼儿膳食要点如资料卡片3-2所示。

## 资料卡片3-2

### 1~3岁幼儿膳食宝塔

膳食宝塔共分5层（膳食宝塔中建议的各类食物摄入量都是指食物可食部分的生重）：

第一层（底层）：母乳和乳制品，继续母乳喂养，可持续至2岁；或供应不少于相当600毫升母乳的婴幼儿配方奶粉或稀释的鲜牛奶，即350毫升的鲜牛奶或幼儿配方奶粉80~100克或相当量的乳制品。

第二层：谷类（包括米和面粉等粮谷类食物）100~150克。

第三层：新鲜绿色、红黄色蔬菜以及菌藻类150~200克；新鲜水果150~200克。

第四层：蛋类、鱼虾肉、瘦畜禽肉等100克。

第五层：烹调油20~25克。

（中国营养学会委托中国营养学会妇女分会制：《中国孕期、哺乳期妇女和0~6岁儿童膳食指南》，2008年，http://baike.baidu.com/view/4013213.html）

### （二）采用适宜的烹调方式，单独加工制作婴幼儿的膳食

婴幼儿的膳食应专门单独加工、烹制，并选用合适的烹调、加工方式。应将食物切碎煮烂，易于婴幼儿咀嚼、吞咽和消化，特别注意要完全去除皮、骨、刺、核等；大豆、花生等硬果类食物，应先磨碎，制成泥、糊、浆等状态再进食。烹调方法上，应采用蒸、煮、炖、煨等烹调方式，不宜采用油炸、烤、烙等方式。口味以清淡为好，不应过咸，更不宜食辛辣的刺激性食物，尽可能少用或不用含味精或鸡精、色素、糖精的调味品。

### （三）健康安全地进食

婴幼儿的饮食，应做到健康、安全、卫生。不食隔夜饭菜和不洁变质的食物；在选用半成品或者熟食时，应彻底加热后方可食用，而且要切忌养护人用口给幼儿喂食食物的习惯。

### （四）每日饮足量的水，少喝含糖高的饮料

水是人体必需的营养素。小儿新陈代谢相对高于成人，对能量和各种营养素的需要量也相对更多，对水的需要量也更高。1～3岁幼儿每日每千克体重约需水125毫升，全日总需水量约1 250～2 000毫升。婴幼儿的最好饮料是白开水。目前市场上许多含糖饮料和碳酸饮料含有葡萄糖、碳酸、磷酸等物质，过多地饮用这些饮料，不仅会影响孩子的食欲，使儿童容易发生龋齿，而且还会造成能量摄入过多，从而导致肥胖或营养不良等问题。

## 二、生活起居

### （一）创造安静、舒适、安全的生活环境，保护婴幼儿正在发育中的身体

在日常的生活中，要尽量为婴幼儿创造安静、舒适、安全的家庭环境。例如，家里的电视或者音响的音量不要过大，以免影响婴幼儿的休息，影响其听觉的发展。不要过早地让婴幼儿看电视或者接触电脑，因为0～5岁时，婴幼儿的视力一直处于发展阶段，还没有达到正常的成人视力，应保护他们正在发展的视力。如果家里刚刚装修过或购置了新家具，一定要先开窗通风，等有害物质完全挥发掉了，房间里没有味道了，再让孩子住进来，否则其中含有的大量有害物质会危害孩子的身体健康。

### （二）在良好环境下规律进餐，注重培养良好的进餐习惯

为婴幼儿营造良好的进餐环境，进餐场所要安静愉悦，餐桌椅、餐具适当儿童化。

帮助婴幼儿养成良好的进餐习惯，有规律地进餐。婴幼儿饮食要一日5～6餐，即一天进主食3次，上下午两主餐之间各安排以奶类、水果和其他细软面食为内容的加餐，晚饭后也可加餐或零食，但睡前应忌食甜食，以预防龋齿。1岁以后应鼓励和安排较大婴幼儿与家人一同进餐，以利于日后能更好地接受家庭膳食。培养孩子集中精力进食，停止其他活动。家长应以身作则，用良好的饮食习惯影响幼儿，使幼儿避免出现偏食、挑食的不良习惯。鼓励、引导和教育儿童使用匙、筷子等，学会自主进餐。

### （三）保证婴幼儿有充足的睡眠时间，有规律地睡眠

睡眠是婴幼儿正常的生理需求，对他们的生长发育十分重要。睡眠不仅可以保证婴幼儿很好地休息，更能促进其身体的发展（比如促进婴幼儿生长的生长激素就是在睡眠时分泌的）。此外，睡眠还能够促进大脑发育，有明显的益智作用。

不同年龄段的孩子对睡眠时间的需求不一致，越小的孩子睡眠时间越长，以后随着孩子年龄的增长，睡眠时间会逐渐减少，尤其是白天的觉醒时间会越来越长。一般来讲，新生儿一天的睡眠时间在20小时左右；到1岁时，白天的睡眠次数可为2～3次，晚上睡眠时间大约为13～15个小时；2岁时，白天的睡眠次数大约为1次，晚上睡眠时间大约为12～13个小时；3岁时，根据具体情况决定白天睡眠的次数，尽可能不要超过1次，夜晚睡眠时间大约为11～13个小时。

需要强调的是，上述时间只是一个参考。婴幼儿之间个体差异较大，不宜对其睡眠时间长短作硬性规定。只要他们白天精力充沛、食欲好，生长发育一切正常，即使每天的睡眠不足上述标准，也属正常，不必太过紧张。但如果出现睡觉时容易醒、总爱翻身、睡得不踏实，以及白天有不明原因的烦躁、食欲不佳等症状，就有可能是睡眠不足，此时应及时查找原因，采取相应的解决策略，以提高宝宝的睡眠质量。

### （四）经常给婴幼儿洗澡、做好身体抚触

婴幼儿的皮肤柔嫩，新陈代谢又十分旺盛，汗液及其他排泄物容易蓄积，因此，洗澡是婴幼儿护理的重要内容。洗澡的过程也是亲子交流的过程，每次洗澡的时候，家长可以一边洗，一边跟孩子对话、交流，还可以给他们说一些与洗澡有关的儿歌。

一般而言，婴幼儿夏季须每天洗澡，甚至一天数次；冬季气温低，出汗少，皮肤不易脏，可适当减少洗澡次数，但至少每周一次。给宝宝洗澡时应注意：

（1）控制水温。夏天水温控制在25～30℃为宜，冬天水温可适当提高，不超过40℃为宜。试水温时，成人可以将自己的肘部伸入水中，不冷不烫即可。

（2）选用合适、刺激性小的沐浴液。婴儿皮肤表面有一层皮脂，对保暖、防止感

染和外部刺激都有很重要的作用。如果使用刺激性强的沐浴露或肥皂擦洗身体，会除去这层皮脂，降低防御能力，长期使用还可能造成孩子长大后成为皮肤敏感者。

（3）洗澡时间不宜过长。长时间泡在水里容易使皮肤脱水，加重皮肤干燥。所以即使孩子很喜欢玩水，一次沐浴的时间最好也不要超过10分钟。

（4）及时补充水分。宝宝洗澡结束5～10分钟后，最好给宝宝喝50毫升左右的水。对宝宝来说，洗澡是一项"大运动"，得及时补充水分。

另外，每次洗澡之后最好给孩子做全身的抚触。研究发现，抚触一方面有助于婴幼儿身体发展，比如经过抚触的健康新生儿奶量摄入高于对照组，抚触可以增加胰岛素、胃泌素的分泌，另外，抚触还有减轻疼痛的作用。另一方面，从心理发展角度看，抚触还可以使孩子产生安全、自信的感觉，进而养成独立、不依赖的个性。抚触能增加机体免疫力，刺激消化功能，减轻婴幼儿焦虑，所以家长在家中应多给孩子做抚触。

### （五）婴幼儿衣物的选择和穿着要合理、适时适当

为婴幼儿选择衣物时，不应该以成人的审美眼光来决定，而是要根据孩子的生理发展特点，选择舒适、宽松，面料柔软、透气的衣物，过紧的衣服不仅裹得孩子难受，而且影响活动，穿在身上久了，会影响血液循环，妨碍骨骼和肌肉的正常生长发育。另外，选择衣物时，面料要有一定的吸水性，纯棉质地的衣物可以作为孩子衣物的首选。

婴幼儿的抵抗力比较差，因此要根据天气的变化及时给他们增减衣物，增减衣物时应遵循适度原则。例如，冬天虽然天气寒冷，但也不要过多地给婴幼儿增添衣物。这样做一方面不利于婴幼儿的肢体活动，不利于他们运动能力的发展，而且还会因为室内外温差比较大，从而引起孩子发生感冒等症状。另外，孩子出汗后，千万不要马上脱衣服，也不宜马上洗澡、吃冷饮，可以让他安静地坐一会儿，或用温水洗脸，让汗自然消下去。

### （六）增强婴幼儿的生活自理能力

对婴幼儿的生活护理，最终要以发展婴幼儿的独立性和生活自理能力为目的，包括自己进餐、自己洗漱、自己如厕以及自己穿、脱衣服等。切不可因为家长的照料过度而让孩子失去学习自我服务、增强独立性的机会。

## 三、卫生护理

### （一）婴幼儿的餐具、玩具等日常生活用品要定期消毒

婴幼儿的餐具、奶瓶、水杯等，用过之后要及时清洗，并做到定期消毒。但消毒时

不宜采用药物消毒，可以采用热力消毒的方法，比如将餐具浸泡在水里，煮沸 10 分钟，或者把餐具放到蒸具里，将水烧开，离水蒸 10 分钟，就可达到消毒的目的。婴幼儿的餐具要选用耐热材料制成，以便热力消毒。玩具的消毒，可适当选用消毒物品，但要严格按照规定比例配置消毒水的浓度。否则，浓度过低，起不到消毒的作用，而浓度过高，则会危害婴幼儿的健康。消毒过后要用清水冲洗多遍，以免消毒物品残留。定期将玩具拿到户外，进行通风和阳光照射，这样也可以起到很好的杀菌灭毒的作用。另外，新玩具在使用之前，一定要用清水冲洗几遍，之后拿到户外进行晾晒，尽量使其中的有毒、有害物质挥发干净，减少对婴幼儿的危害。

**（二）做好衣物的清洗和晾晒**

婴幼儿衣物的清洗，应注意选用婴幼儿专用的洗涤用品，尽量少使用刺激性较大的洗衣粉或成人用的洗涤用品。另外，日光充足时，将婴幼儿的衣服、被褥拿到室外进行晾晒也是一个非常好的选择。这样做不仅可以起到杀毒灭菌的作用，而且无毒无害，晒过的被褥上还会留有阳光晒过的暖洋洋的味道，孩子盖起来会感觉特别舒服、温馨。

**（三）注意婴幼儿个人卫生**

要及时帮助婴幼儿换洗衣物、洗澡，尤其是婴幼儿学会走路之后，其活动的范围大大增加，接触的事物也日益增多，并且由于婴幼儿的好奇心比较强，经常是不顾环境的优劣，出现用手摸、用嘴尝、爬到某个角落等现象，这样的行为容易沾染较多细菌，因此一定要帮助婴幼儿养成勤洗手、洗澡和换洗衣服的好习惯。婴幼儿的口腔卫生也是非常重要的，俗话说"病从口入"，婴幼儿时期由于抵抗力较低，非常容易出现腹泻等肠道疾病。在婴幼儿长牙之前，最好做一些简单的口腔护理，如吃奶后让孩子喝点清水。当孩子 20 颗乳牙长全之后，要开始刷牙，注意口腔的护理。

## 四、疾病防治

**（一）定期检测生长发育状况，定时到医院体检**

体检是及时发现问题的有效途径。身高和体重等生长发育指标反映了婴幼儿的营养状况，定期的体检和测量不仅可以帮助父母更好地了解婴幼儿的生长发育速度是否正常，也可以及时提醒父母注意其喂养婴幼儿的方法是否正确。当然，我们须要注意的是孩子的生长有其个体特点，生长速度有快有慢，只要孩子的生长发育在正常范围内就不必担心。应注意，婴幼儿的年龄越小，检测或测量的间隔时间应越短。

**（二）预备常见药物，按时预防接种，预防婴幼儿常见疾病**

肠道传染病、呼吸系统疾病、皮肤过敏都是婴幼儿常见多发疾病，父母一定要在日常生活中学习一些基本的医疗常识，了解发病的常见原因，及早预防。家中可以预备一些常见的药物，比如调理孩子胃肠和消化的保健性药品，小儿常见感冒类、止咳类药物等。当疾病发生时，要及时做好护理工作，以防手忙脚乱。同时，如果发现病情有所加重，一定要及时就医，千万不要独自在家胡乱用药。及时关注社区医院关于注射婴幼儿常发疾病的疫苗的通知，为婴幼儿及时注射相关疫苗。当然，疾病的发生是多种因素综合作用的结果，生活中的悉心照料也是疾病预防的关键因素。

## 五、身体锻炼

### （一）尽早抱婴幼儿到户外活动，接受阳光的沐浴，呼吸新鲜空气

天气好的时候，多抱孩子到户外活动，每天大约 1～2 个小时。这样做一方面可以锻炼孩子的身体，另一方面也可以让孩子接受阳光的沐浴，呼吸新鲜的空气。所谓要给孩子进行"三浴"，即水浴、空气浴、日光浴。水浴前面已经讲过，要定期给孩子洗澡，大一点的孩子还可以锻炼游泳；空气浴、日光浴就要到户外活动了。户外活动时，适宜的阳光会促进皮肤合成维生素 D，而维生素 D 又是合成钙所必需的营养物质。尤其是在寒冷的北方冬春季和南方梅雨季节，这种补充对预防维生素 D 缺乏以及由此产生的小儿缺钙、佝偻病等尤为重要。

### （二）利用玩具等材料，帮助幼儿随时随地锻炼身体

如果社区中活动场地有限，或者因为各种原因，户外活动条件不是十分便利，家长还可以和孩子一起，利用婴幼儿喜爱的一些玩具等开展游戏活动。如果家庭中活动场地和购买玩具的能力有限，家长还可以和婴幼儿一起去参加亲子课程，这样不仅弥补了婴幼儿在家缺少大型玩具的缺憾，还可以增加与他人的交往，有利于婴幼儿社会性的发展。

### （三）体育锻炼要循序渐进，注意全面性和针对性

要根据婴幼儿年龄发展特点，适当设定婴幼儿体育锻炼的目标。比如，在乳儿期，因为婴幼儿还不具备行走的能力，父母可以多帮助他们进行一些抚触操的练习；在 1 岁左右，主要是练习掌握走路的平衡能力和控制能力，之后才是上下楼梯、跑、跳等复杂

动作。同时，除了婴幼儿的大肌肉动作，还要注意其精细动作的发展，让其从事一些和感知觉能力有关的体育锻炼。这些都与今后婴幼儿进入幼儿园和小学之后的书写、肢体协调能力发展密切相关。

总之，"身体是一切发展的基础"，对于0～3岁儿童身体发展方面的教育指导，要综合从食物喂养、生活起居、卫生护理、疾病防治和身体锻炼等方面予以开展，这样才能为儿童的身体健康发展奠定坚实的基础。

# 第四节　0～3岁儿童心理发展的家庭教育指导

婴幼儿的发展是身、心两方面的和谐发展。上一节介绍了如何指导家长养育孩子，促进孩子的身体健康发展，本节将着重讨论如何促进婴幼儿的心理发展，包括婴幼儿的智力启蒙、语言培养、情意萌发以及习惯养成。

## 一、智力启蒙

在对0～3岁儿童进行智力启蒙时，应重在启蒙，促进孩子玩中学，学中玩，寓教于乐，具体应注意以下几个问题。

### （一）摒弃只重言语智能和数理逻辑智能培养的狭隘思路

根据多元智能理论的观点，智能是指在一种文化环境中个体处理信息的生理和心理潜能，这种潜能可以被文化环境激活，以解决实际问题和创造该文化所珍视的产品。人有8大智能，分别是：言语智能、数理逻辑智能、空间智能、运动智能、音乐智能、人际交往智能、内省智能和自然观察者智能。这8大智能相对独立、互相平等，在每一个个体身上都含有这8种智能，只不过在每个人身上这几种智能的组合结构不同，每个人的智能优势不一样。因此，对0～3岁婴幼儿进行智力启蒙教育时，要摒弃以往智力开发和教育只注重言语智能和数理逻辑智能的思路，注重婴幼儿多方面智能的综合培养。

### （二）注重对婴幼儿基本能力的培养，重在启蒙

3岁之前婴幼儿各方面的能力都处于不断完善和发展的过程中，此阶段的智力开发以启蒙为主，重在基本能力的培养而不以学习知识为主要目标。因此，教养者应善于抓住日常生活中的各种机会对孩子进行智力启蒙，注重对婴幼儿基本能力的培养，鼓励孩

子自由、自主探索、发现，培养孩子好奇、好问、爱思考。千万不要以为有什么特长（如数数能数到100、能认很多字、听懂英语单词）就是智商高了。这样的教育只能是一种违背孩子自然发展规律、抹杀儿童天性、剥夺儿童自由游戏权利的"揠苗助长"式的教育。

### （三）充分利用婴幼儿的基本活动——游戏在智力启蒙中的作用

游戏是婴幼儿的基本活动。孩子喜欢游戏，游戏是始于娱乐而终于智慧的一种最佳的学习方式。在游戏中学习，在学习时享受快乐，符合婴幼儿好学、好动、好玩的特点，所以应该多让孩子玩游戏。平时，家长可以和孩子玩一些简单、好玩的智力启蒙游戏，这样做既可以开发孩子的智力，又可以促进亲子交流，增进亲子之间的关系。比如，可以跟孩子玩一些手指游戏，让孩子练习抓、拿、捏各种物品，从拿捏大一点的物品到拿捏一些小的物品；练习撕纸，区分不同厚薄、大小以及不同颜色的纸；用手做各种动作、手势，灵活弹动手指，等等。正所谓"心灵手巧""儿童的智力发展体现在手指尖上"，手的动作越复杂，手指越灵活，就越能积极地促进大脑的思维功能。再比如，玩搭积木、套环、套杯游戏，培养孩子认识大小、颜色、形状，理解逻辑关系和空间组合关系。另外，很多孩子都爱玩球，家长就可以跟孩子玩扔球、踢球、拍球、运球等游戏；玩藏猫猫、找玩具、手中藏物、涂鸦、盖瓶盖、捡豆豆、照镜子、敲敲打打等。这些游戏都可以开发孩子的智力，促进孩子多方面能力的发展。

### （四）切忌攀比，要善于挖掘每个儿童的独特性

婴幼儿在发展过程中呈现出发展的多样性和个体差异性，尤其是3岁前的孩子，可塑性极强，发展速度和表现千差万别。在婴幼儿早期的智力开发过程中，教养者切忌产生急躁和攀比的心理，总拿自己的孩子和别人的孩子比，觉得自己的孩子不如别人，要善于发现每个儿童自身独特的发展特点、兴趣、学习方式和风格特征等，允许婴幼儿以自己的速度和自己的认知风格来发展。

## 二、语言培养

3岁前正是婴幼儿掌握本民族语言的关键时期，父母和托儿机构的老师应该把语言教育放到重要位置，创造各种条件，把握各种机会促进婴幼儿语言能力的发展。对于0~3岁婴幼儿的语言教育，可以采取如下措施。

### （一）创造条件，诱发孩子发出声音

新生儿在来到这个世界时的第一声啼哭并没有一定的社会意义，只是正常的生理反应，但第二个月以后的哭声便开始代表一定的意义，比如以哭表示饿了、尿布湿了等意思。在这个阶段，父母不要怕孩子哭，如果孩子一哭就喂，就等于剥夺了孩子练习发声和呼吸配合的机会，因为孩子哭时，吸气短，呼气长，正好和说话时的呼吸状况相同。当然，在日常生活中，成人还应注意创造各种条件，诱发孩子自动发声。比如，在孩子视野范围内悬挂一些彩色饰物、发响的玩具，以吸引婴幼儿的注意力和对声音的敏感。成人还应该经常用亲切、爱抚的言语逗引孩子，引发其关注各种声音，尝试发声。经常为孩子播放优美动听的音乐，以发展他们的言语听觉和方位知觉。

### （二）多和孩子说话，创造说话、交流的氛围

婴幼儿在生命的第一年之中，还没有完善的生理机制支持他们模仿成人的话语，但他们可以听和看成人说话。成人如能用丰富的面部表情、富有变化的语调对着孩子说话，让他们看清说话的口形和嘴的动作，那么就可以加深他们对语音和语调的感受，这些对他们以后学习说话是很有好处的。所以，成人应不管孩子对你说的话有无反应，都要抓住日常生活中的一切机会和孩子说话，为孩子创造良好的语言表达和交流环境。同时为了增强直观性和形象性，可以采用动作伴随语言的形式。比如，在照顾孩子生活时，最好是边做、边说，可以在起床时，边换尿布边说"现在我们要穿衣服起床了，先穿上衣，然后再穿裤子和鞋子"等。这样边说边做不仅能创造一个良好氛围，而且能通过多次重复，让孩子自然地在语言与相应的物品、动作之间建立联系。另外，还可以注意用言语指导孩子的行动——孩子近1岁时已能听懂一些话，成人要多注意发挥语言的作用，如给孩子穿衣服时，拿着衣领说"伸出小胳膊"，刚开始时，孩子可能没有反应，但是重复几次后，言语就能起到指挥的作用了。

### （三）教孩子说话与认识周围事物同步进行

1岁前孩子已经开始接触很多生活用品和玩具，在他们吃饭、洗澡、玩耍、外出时，成人要有意识地告诉他们一些常见物品的名称，让语音与物建立固定的联系，为以后理解词语、说出词语打下基础。在日常生活中，成人还应注意让孩子熟悉并确认自己的名字，尽管1岁以内的孩子能确认自己名字的还不多，但是成人还是应该坚持叫他的名字，以引起他对这个固定词语的注意。

### （四）训练孩子的听力

良好的听力与良好的听觉习惯是婴幼儿语言发展的重要条件。平时成人应注意利用

各种条件训练孩子的听力。比如，可以有意识地制造一些声音（如开门、关门的声音），让孩子听出这是什么声音；用录音带记录日常生活中的一些声音，如汽车声、水声、切菜声，某个熟悉的人的说话声、笑声，让孩子分辨它们；让孩子闭上眼睛，成人在一个角落摇铃或者拍手，让孩子指出声音来自何方；让孩子听不同的音乐拍手，训练孩子识别声音的变化。

### （五）在游戏中练习说话

在游戏中练习说话具有很多优势。比如游戏是幼儿喜爱的活动，在游戏活动中可以自然地激发孩子说话、与人交往。还可以专门设计一些练习发音、练习听力的游戏。此外还可以运用儿歌、故事发展孩子的语言。

## 三、情意萌发

培养 0～3 岁婴幼儿良好的情绪、情感，可以从如下方面入手：

### （一）创设一个关爱、接纳和尊重的心理环境

婴幼儿具有获得安全、关爱、尊重及自我实现的心理需求。只有当这些需求得到满足时，他们才会产生积极的情绪体验和心理感受。如果经常身处一个不受关爱、经常被批评指责的环境中，他们往往很难产生积极的心态和情绪。特别要注意的是在 2 岁左右，婴幼儿要经历人生的第一个反抗期，主要表现为"不听话"，凡事即使自己能力不及，都要亲自尝试。在这个时期，也是婴幼儿情意发展的关键时期，因此被关爱、被接纳的环境显得尤为重要。成人也可以利用这一时期，给予适时的引导，满足婴幼儿探索世界的心理需要，促进其心理愉悦感和成就感的提升。

### （二）安排合理的生活作息制度和丰富的生活内容

合理的生活制度有利于婴幼儿的身体健康和良好行为习惯的养成，更有助于婴幼儿的情绪稳定，使婴幼儿感到安全和愉快。所以家长应尽可能为婴幼儿营造良好的生活环境，合理安排好婴幼儿的一日生活，使他们的一日生活时时处在充满欢乐和愉快的环境中。

### （三）引导婴幼儿学会表达、宣泄自己的不良情绪

日常生活中婴幼儿难免会遇到不愉快的事情，从而产生消极的情绪体验，如自己的愿望没有被满足，遇到了小挫折，等等。遇到这些问题时，家长应设法引导婴幼儿学会调节自己的情绪，将消极的情绪体验表达和宣泄出来，从而帮助其消除不良情绪，恢复

愉快心境。例如，可以通过言语表达、运动调节、唱歌、画画、跳舞等，让婴幼儿找到表达自己的情感、宣泄消极情绪的途径。

## 四、习惯养成

习惯是一种长期形成的思维方式、处世态度，是由一再重复的思想行为形成的。良好习惯的养成对人的一生发展都至关重要，好的习惯将会使人受用一生。那么具体如何指导0～3岁婴幼儿养成良好的习惯呢？

### （一）教养者言传身教、以身作则，为孩子树立良好的榜样

婴幼儿的学习很多时候是一种模仿学习，尤其是模仿身边的成人，习惯的养成更是如此。作为教养者，要让孩子养成良好的行为习惯，自己就要首先以身作则，给孩子树立良好的学习榜样，以通过自己的言传身教潜移默化地熏陶、感染孩子。比如，日常生活中生活习惯的养成，成人要首先做到并严格遵守，这样婴幼儿看在眼里，记在心里，自然在潜移默化中受到影响。在日常生活中，我们经常会看到父母对孩子说"如果你今天完成了某件事情，我就奖励你"，但是在具体执行过程中，当孩子还没有完成预定目标时，往往因为家长的不耐心或者溺爱，就会让孩子终止行动，而且仍然会得到奖励。这对于孩子养成好的习惯是百害而无一利的，因为好习惯的养成是须要坚持的，是需要家长和孩子一起努力的。

### （二）充分发挥图书、电视等媒体的作用

故事是每个人在童年时期最深刻的回忆，在婴幼儿的教养中起潜移默化的教育作用。我们经常会听到2～3岁的婴幼儿说"我要像白雪公主那样""故事里面就是这样讲的"。在婴幼儿习惯养成的过程中，我们可以充分利用婴幼儿的这一特点，如在讲述《老狼拔牙》的故事中，我们就可以借助讲解老狼因吃糖过多，而导致牙齿坏掉，需要拔牙的故事，教育小朋友养成少吃甜食、爱刷牙的好习惯。与此同时，媒体对于现如今婴幼儿的影响也不容忽视，比如电视中，一些婴幼儿食品的广告，经常也通过一些幼儿的表演插播育儿的小知识，那么在看电视的过程中，家长就可以引导婴幼儿"宝宝吃饭的时候，一定要像电视里面的宝宝一样不能挑食，这样才能身体棒棒"，从而帮助婴幼儿养成不挑食的好习惯。

### （三）好习惯的养成要循序渐进、循循善诱

习惯的养成是一个循序渐进的过程，教养者要充分尊重婴幼儿的成长需要。婴幼儿

是一个正在成长的个体，他们有时候会因为成长的需要，在短时期内无法养成一些好的习惯，作为教养者，一定要充分尊重婴幼儿的这些发展特点，不要揠苗助长，强迫（甚至强制）婴幼儿养成一些习惯。比如，孩子两三岁时，家长要求孩子独立完成吃饭，但是作为此时期的婴幼儿，由于手部精细动作发展的局限性，不可能做到像成人那样吃得非常干净、利落，饭菜撒到桌子上面的情况往往在所难免。遇到这种情况，成人一定要理解，并及时清扫饭菜，或者教给孩子一些技巧，切忌着急，或者批评、谩骂孩子。

总体而言，婴幼儿良好心理的发展，离不开成人的引导、教育。在这一过程中，成人应在充分尊重婴幼儿认知、情绪、情感、个性和社会性等方面的发展特点和发展规律的基础上，树立科学的教育观念，采用科学的、适宜的教育方法，循循善诱、循序渐进地引导和促进婴幼儿的发展。

# 第五节　家庭游戏指导

游戏是婴幼儿最喜爱的活动，因此，在家庭中开展游戏无疑是实施家庭教育的一个重要手段和途径。家庭游戏的种类很多，包括儿童与父母之间的亲子游戏，儿童单独操作摆弄实物所进行的实物游戏，等等。这其中，亲子游戏是家庭游戏的核心。婴幼儿在家庭当中开展的游戏都离不开父母的支持，同时父母又是婴幼儿最亲近的人，与父母一起做游戏，既可以让孩子在玩的过程中，获得潜能的开发，同时又能增进亲子之间的感情，收到事半功倍的效果。本节将重点探讨 0~3 岁儿童游戏的发展特点、0~3 岁儿童玩具和游戏材料的选择和配备以及如何指导家长开展亲子游戏。

## 一、0~3 岁儿童游戏发展特点

在家庭当中，儿童与父母之间的亲子游戏以及儿童操作摆弄实物所进行的实物游戏是两种主要的游戏形式。以下将重点探讨这两种类型游戏的特点。

### （一）亲子游戏的特点

在出生后的最初两年之中，亲子游戏是婴幼儿游戏的主要形式。当婴幼儿用社会性的微笑回应成人时，最早的社会性游戏就发生了。

在亲子游戏发生的初级阶段，亲子互动的方式主要表现为观察和模仿。尤其是1岁之前的这段时期，婴幼儿在亲子游戏的过程中，经常表现为先观察，然后面露喜悦的表情，或者开始模仿成人的动作。如在日常生活中，我们经常看见成人向一个七八个月大的婴幼儿做鬼脸、吐舌头，婴幼儿在被这种新奇的表情吸引的同时，也试图吐舌头，做出同样的表情。

在与成人的亲子游戏中，婴幼儿的主动性不断增强。在生命初期，由于生理机制的影响，婴幼儿在游戏中往往处于比较被动的位置，如语言和动作都处于发展的起始阶段时，游戏中主要表现为"对成人发起的游戏、提供的游戏材料，只能表示微笑和接受"。直到1岁左右，婴幼儿才可以主动发起游戏，然后慢慢地发展为可以自主选择游戏材料，选择游戏类型。

亲子游戏中，婴幼儿游戏的水平也不断提高，从之前的模仿游戏，到后来的象征性游戏、假装游戏，再到建构游戏的发生。模仿游戏发生在生命之初；在2岁左右，婴幼儿便开始学会模仿成人的动作，把自己的玩具当作抚养的对象和伙伴，与之进行游戏；2~3岁的时候，婴幼儿能根据日常的生活经验，开始模仿小动物的叫声，与成人之间相互比赛，而且这种假装游戏他们往往玩得不亦乐乎。2~3岁的婴幼儿也开始了最初的建构游戏。

### （二）实物游戏的特点

对于1岁以下的婴儿来说，他们对与父母的互动游戏要比自己玩玩具更有兴趣。以后随着年龄的增长，婴幼儿开始逐渐能够将注意力转移到自己的身体和周围环境中的玩具、游戏材料等物品。

婴幼儿最初的实物游戏是玩弄自己的身体，比如啃咬手中的物品、啃自己的脚丫等，这是婴儿探索外部世界的一种方式。到了1岁之后，随着婴儿行走动作的发展，他们可以将一些物品作为游戏的材料。在他们眼中，任何物品都可以成为游戏的材料。他们常常是看见一件稀奇的物品就会拿走玩一会儿，直到看见下一件自己感兴趣的物品，才会把之前的物品丢掉。到1.5岁时，他们摆弄操作物体的目的性增强，出现了假想游戏，他们喜欢抱着自己的玩具（如娃娃）到处走，喜欢"照顾"他们，他们会经常拿一个小杯子，假装喝水，拿一个小碗和一个小勺子，假装炒菜做饭，或者拿一把笤帚假装扫地，拿一块抹布抹来抹去假装在擦桌子。2岁时，他们喜欢拿着小棒到处敲敲打打，喜欢将积木搭好，然后毁掉重搭，还喜欢将串珠反复装入盒子，再倒出来。

## 二、玩具和游戏材料配备

玩具是游戏的工具和物质支持，对于年龄越小的儿童来说，开始游戏时，玩具的重要性就越显著。目前市场上的玩具种类十分丰富，质量也参差不齐。那么，面对如此繁多的玩具，家长该如何为婴幼儿选择适宜他们的玩具和游戏材料呢？

### （一）玩具选择时应避免的误区

为婴幼儿选择玩具材料时，经常会出现一些问题，产生一些误区，我们应积极避免。

误区一：玩具越多越好。现在很多家长在购置玩具的过程中，都出现跟风现象，觉得"别人孩子有的，我们家孩子必须有"，并且觉得"反正也浪费不了，玩具数量多了，种类齐全了，可以帮助幼儿尽可能地开发智力"。其实不然，婴幼儿发展中好奇心强，非常容易被一些新鲜的刺激而吸引，如果玩具过多，反而会分散他们的注意力，导致每种玩具都是玩得浅尝辄止，不能充分发挥玩具自身的功能。从一定意义上来讲，这不但没有起到教育的作用，反而造成了资源的浪费，而且过多的选择也不利于婴幼儿坚持性的发展。

误区二：玩具越贵越好。为了追求办学"现代化"，教育"国际化"，很多家长都会倾囊购买一些所谓的"进口"玩具，盲目相信"最贵才是婴幼儿的最爱"，其实在很多时候，大可不必。我国的一些民间游戏材料，一些日常生活中的常见物品，甚至一些生活中的废旧材料都可以起到相同的教育效果，有时候甚至会因为游戏材料的生活化，反而能引起婴幼儿的兴趣。比如我们都非常熟悉的"轮胎秋千"，利用一些废旧轮胎制作的秋千，只要安全性够好，同样可以起到娱乐和教育效果。再比如，在一次全国玩教具制作大赛中，有一项获奖作品——青花瓷乐器引起了广泛的关注，这是河北省某幼儿园教师利用一些废旧瓶子和方便面桶等材料做成的，这样一套乐器既可以达到音乐教育的效果，又没有花费昂贵的材料费，且制作过程中，婴幼儿还可以参与材料的搜集和制作，这套乐器对于他们的意义已经超出了一件普通的玩具。

误区三：玩具越复杂越好。为了开发婴幼儿智力，提高他们的想象力和创造力，玩具制作者、家长和教师们都是挖空心思，提高玩具的"智力因素"和"操作难度"。殊不知，玩具的选购也要遵循幼儿发展特点和发展水平。过难操作的玩具，不易引起婴幼儿的兴趣，在一定程度上属于揠苗助长的行为，这样会使婴幼儿在发展过程中产生严重的挫折感，不利于他们的健康成长。

### （二）玩具选择指导建议

在玩具和游戏材料的选购和配置方面除了要注意避免以上的误区外，还要注意以下几点建议：

1. 注意玩具的安全卫生

玩具的安全和卫生涉及很多方面，例如，选购玩具时，尤其是选购颜色鲜艳的玩具时，要警惕玩具材质的安全性，警惕婴幼儿成长中的隐形杀手——铅等重金属；还要注意玩具的安全性能，如不易被摔坏，不会因为损坏存在伤害婴幼儿身体的潜在因素；0~3岁婴幼儿的玩具不应该过小，避免婴幼儿误食口中；玩具和游戏材料要定期清洗和消毒，避免婴幼儿细菌感染，引起疾病。

2. 玩具配置要与儿童年龄及发展特点相匹配

不同年龄的婴幼儿对于玩具体积的大小、玩具的逼真性、玩具的操作难易程度等都存在不同的要求，因此选取玩具时，要充分考虑婴幼儿的年龄特点和发展特点，选择适宜的玩具，表3-5和表3-6中的选择建议可供大家参考。

表3-5　0~3岁婴幼儿玩具选购建议

| 月龄 | 选购建议 |
| --- | --- |
| 0~6 | 婴幼儿活动范围比较有限，但是具有视觉偏好和颜色知觉能力，为此可以为婴幼儿选择一些促进视觉和听觉发展的玩具，如色彩艳丽、对比鲜明的玩具，书籍（布书），带有声音的玩具 |
| 7~12 | 此时期是婴幼儿发展的前语言时期，可以选择一些带声音的玩具，或者一些经典乐曲和儿歌的CD |
| 13~16 | 此时期婴幼儿正是练习走路的关键时期，可以选取一些需要行走才能玩耍的玩具，如球类、会走动的动物玩具 |
| 17~24 | 此时期婴幼儿学会独立行走，自主活动的范围日益增大，但是手部控制能力还不够完善，可以选取一些锻炼精细动作的玩具，如彩色串珠、简单乐器 |
| 25~31 | 这个时期肢体协调性仍然是发展的重点，可以为婴幼儿选购脚踏车等运动玩具。此外，此时期也是语言发展的关键时期，可以适当购买一些带有乐器和声音指挥功能的玩具 |
| 31~36 | 此时期，婴幼儿问题解决能力和认知能力都得到了提高，可以购买一些建构玩具、拼图和卡片 |

表 3-6    婴儿适用的玩具和游戏材料

| 出生后第一年 | |
| --- | --- |
| **发展特点** | **适宜的玩具和材料** |
| （1）新生儿眼睛的调焦能力尚未充分发展，听到声音会有反应而且能辨别声音的方向<br>（2）对缓慢移动并且发出柔和声音的物品比较感兴趣，喜爱注视人的脸和听人的声音<br>（3）抓握能力逐渐发展，喜欢把抓到的物体放到嘴里 | （1）发展视听觉的玩具：能缓慢移动、声音柔和、色彩明亮、设计简单、线条和造型清楚的玩具。玩具应置于婴儿的右边（在 80% 的时间里婴儿的眼睛是看右方的，因此玩具放在右边比较能引起其注意）；放置玩具的地方距婴儿的眼睛最好是在 8～14 寸（1 寸 = 0.033 米）<br>（2）发展手的动作的抓握玩具，如摇铃、拨浪鼓等或大小适宜、安全的日常生活用品。玩具质地应柔软、有弹性、耐咬、耐洗，造型应简单、色彩明亮、适宜于婴儿手的操作，如套叠玩具、推拉玩具、球、软塑料玩具等<br>（3）发展幼儿自我意识的玩具或材料，如镜子 |
| **出生后第二年** | |
| 学习走路，但走路时步伐不很平稳。喜爱推着或拉着物品到处走 | 能发出声响、增进感知觉发展和大肌肉动作发展的玩具或材料，如推拉玩具、木马、球等 |
| 将物品堆高—推倒，将物品从容器中倒出又放入 | （1）建构玩具（如积木、拼图）。积木以小而轻的为宜，数量不必多，因为学步儿只是堆叠积木而不会建构模型。一般一个学步儿以 20～30 块积木为宜<br>（2）拼图以 2～3 块的为宜，18 个月以后可增至 3～5 块 |
| 为了看到动作的结果而作用于物体 | 桶、塑料玩具等玩水的材料是婴儿喜爱的玩具。蜡笔等可以刺激婴儿涂鸦的兴趣 |
| 开始理解常见物品（如碗和勺）的社会性用途和方法 | 大小适宜、安全的家庭生活用品、空盒子、罐子等是学步儿感兴趣的游戏材料。可以准备录音带、简单的图画书等，开始亲子共读的活动以培养对阅读的兴趣 |
| 表征功能开始发展 | 玩具电话、杯、盘等可以促进幼儿的象征性游戏的发展。造型简单、质量较轻的玩偶、填充玩具 |

（刘焱：《儿童游戏通论》，北京，北京师范大学出版社，2004，275～276 页）

### 三、亲子游戏指导

#### (一) 亲子游戏指导原则

亲子游戏是指婴幼儿和父母或者其他教养人共同参与的互动性游戏活动。行动源自观念，要指导好亲子游戏，必须对亲子游戏有一个正确的认识。同时，行动中获得的收获又可以促进观念的转变。因此，对亲子活动的指导要从树立正确的观念和实施适宜的行为两方面着手。具体而言，在开展亲子游戏时，应注意以下几个问题：

1. 明确亲子游戏的重要性，其作用是其他任何游戏都无法代替的

由于当前社会发展的需要，父母双方都要外出工作，与婴幼儿在一起的时间较少，有些父母不得不请祖辈或者保姆来照管孩子，但是祖辈和保姆因受传统育儿观念的影响，且出于看护的责任重大及体力、精力有限等众多原因，经常会认为让孩子"吃饱、穿暖、不哭不闹"就行。儿童父母下班后，由于身心疲惫，无暇顾及婴幼儿的生活，就更不用说游戏了。久而久之，就会造成很多婴幼儿出现不自信、怯懦、焦虑、爱发脾气等特点。其实在婴幼儿期，甚至是整个童年、青少年期，父母对于孩子的成长都起无可替代的作用，尤其是母亲与婴幼儿之间的特殊联系和感情，更是无可替代的。父母与孩子之间进行亲子游戏，不仅可以刺激、激发孩子各种能力的发展，而且更为重要的是，它能够增加亲子之间的交流与沟通，增进彼此之间的感情，让婴幼儿体会到家庭的温暖，获得一种安全感、信任感。因此，家长应该首先认识到亲子游戏的重要性，并努力抽出时间，积极与孩子游戏。

2. 认识到亲子游戏中父母的角色是观察者、引导者和游戏伙伴而非替代者

在亲子游戏中，父母的角色定位也是一个非常重要的问题。在婴幼儿早期，由于发展的局限性，父母通常是亲子游戏的发起者，是促进亲子游戏进行的主导者。随着年龄的增长，父母要逐渐放弃这一角色，转变为观察者、引导者和游戏伙伴，在观察和参与的同时，了解婴幼儿的发展水平和不足，引导其向更高水平发展。

在亲子游戏中，尤其是一些早教中心、亲子班的亲子课程中，我们经常会看见"亲子游戏"变成了"父母游戏"，父母总是试图强制婴幼儿像小学生那样听从教师的安排，顺利完成游戏，实现目标。实际上，父母这样做是把亲子游戏看成了"竞技"的舞台，觉得自己的孩子到处走动或者没有按照教师的要求完成指定的目标就是一种"丢人"的行为，从而出现游戏过程中父母代替婴幼儿完成各项游戏任务的情况。可以说父母的这一做法忽略了亲子游戏的首要目标"和谐亲子关系，促进婴幼儿发展"，父

母的角色定位出现了偏差，由指导者、引导者变成了替代者。

3. 意识到亲子游戏是引导婴幼儿发展的游戏，要充分尊重婴幼儿的兴趣

亲子游戏五花八门，种类丰富，但是并不是每一个游戏都是婴幼儿的最爱，毕竟每个人都有其独特的发展特点和兴趣爱好，成人的眼光和标准并不能代表婴幼儿的兴趣。比如，乳儿时期，成人做出的丰富的表情或者鬼脸会比为幼儿读一个冗长的、有教育意义的故事效果要好得多。为此，成人在为孩子选择游戏时，不能太过主观，应适当征求孩子的意见，了解他们的想法。

同时，为了使亲子游戏能够达到促进婴幼儿各方面协调发展的目的，平衡教育目的和婴幼儿自身兴趣需求之间的关系，可以借鉴多元智能理论中的"优势智能带动劣势智能发展"原则。比如，婴幼儿对一些运动游戏非常感兴趣，但对一些数字认知方面的内容和游戏特别反感，那么成人就可以利用参与运动游戏的机会，发展婴幼儿数字认知能力，如成人提出在竞技中赢得比赛一次，就可以获得一次奖励，请婴幼儿自己记录赢得比赛的次数。再如，小女孩非常喜欢洋娃娃，但是对建构游戏不是很感兴趣，那么成人就可以提出为自己的洋娃娃建一个漂亮的家的活动。这样做，既可以达到引导的效果，又充分尊重了婴幼儿的兴趣。

4. 记录亲子游戏全过程，提升游戏的价值与意义

在亲子游戏过程中，父母可以利用照相机、录像机记录亲子游戏或者亲子活动的全过程。这不仅是一种记录，更是一种情感的共享和延续。观看自己的行为，既有利于婴幼儿了解自我，也有利于提高他们对他人情绪、情感的感知，促进其社会性的发展。

综上可以看出，在对0~3岁儿童的亲子游戏予以指导时，必须首先了解0~3岁儿童游戏发展的特点，在此基础上，才能真正选择出适宜于0~3岁儿童特点和兴趣需求的玩具和游戏材料。另外，在指导家长开展亲子游戏时，首先要注意引导家长明确亲子游戏的重大意义以及家长自身在亲子游戏中的角色作用，最终促进家长树立科学的亲子游戏观，采用科学的、适宜的指导方法，促进婴幼儿在游戏的过程中获得有益的学习经验。

**（二）亲子游戏实例**

根据以往经验及查阅相关资料，编者设计了如下一些亲子游戏，供大家学习参考。

1. 藏猫猫

适合年龄：6个月以上。

游戏过程：家长和孩子一起玩游戏。家长拿一块布、一张大一点的纸或者任何一种

可以遮挡自己脸部的物品，挡住自己的脸。孩子看着家长，这时，家长快速将遮挡物拿开，同时说"猫儿"。通过这一游戏，让孩子体会游戏的快乐，增强亲子之间的感情。

2. 照镜子

适合年龄：6个月以上。

游戏过程：此活动重在培养孩子的自我意识。家长抱着孩子到镜子前，让宝宝看镜子里的自己，认识自己身体的各个部位。比如，家长可以对着镜子说："小眼睛，在哪里？小眼睛在这里。"

3. 骑小马

适合年龄：6个月以上。

游戏过程：妈妈坐在凳子上，宝宝两腿分开坐在妈妈腿上，同时放一些节奏感强的音乐，妈妈跟随音乐节奏抖动双腿，带动宝宝随之上下运动。通过此游戏，增强宝宝感知节奏的能力和控制平衡的能力，同时增强亲子之间的关系。

4. 小狗汪汪叫

适合年龄：8~9个月。

游戏过程：家长和孩子一起模仿小动物的叫声。开始时，家长先模仿，比如，指着小狗图片说："小狗，汪汪！"，指着小猫说："小猫，喵喵！"之后让孩子模仿，比如家长说："小狗怎么叫？"让孩子回答："汪汪！"以此类推，可以随着孩子年龄的增长和经验的丰富，不断扩充小动物的种类，如小鸭嘎嘎叫、小鸡唧唧唧等。通过此活动，萌发孩子的语言能力，同时帮助他们认识和了解各种小动物。

5. 小手撕一撕

适合年龄：3个月~3岁。

游戏过程：利用家中的各种纸张，玩撕纸游戏。起初可以让孩子随意自由地撕纸，随后可以让孩子有规律地撕纸，撕出一定的形状，比如沿着直线撕，撕出一个圆形，等等。

6. 好玩的水

适合年龄：1~3岁。

游戏过程：家长利用给孩子洗澡的时间，和孩子一起玩水。比如，可以给孩子在洗澡盆里放一个塑料袋，在塑料袋上扎出一些小洞孔，然后往塑料袋装水，待水装得差不多时突然将塑料袋提起，里面的水就会像小喷壶一样四溅开来，孩子看了会觉得特别神奇、有趣。还可以在澡盆里放置各种不同大小的杯子，让孩子用杯子舀水再倒出来，以此可以萌发孩子最初的计量概念。

7. 空气宝宝

适合年龄：1~3岁。

游戏过程：用一些薄的塑料袋，和孩子一起去抓空气。引导宝宝用手去拍"空气宝宝"。之后快速将塑料袋松开，让里面的空气跑出来。松开时，可以将袋子对着孩子的侧面，让孩子感受空气出来时所产生的风。

8. 搭积木

适合年龄：1~3岁。

游戏过程：家长和孩子一起搭积木（小积木块），可以家长搭一层，孩子搭一层，也可以家长先示范如何搭，然后再让孩子搭，搭得越高越好。或者家长可以和孩子一起合作搭一个大城堡、大房子。同时，在搭积木的过程中，家长每拿一块都强调一下这是什么颜色、什么形状的积木，以此增强孩子对颜色和形状的认知能力。

9. 小皮球真好玩

适合年龄：1~3岁。

游戏过程：家长和孩子一起玩球类游戏。比如，先可以让孩子扔球、在地上滚球、踢球，之后家长扔球，孩子接球。

10. 我是小画家

适合年龄：1~3岁。

游戏过程：给孩子提供绘画工具，如水彩笔、蜡笔以及画纸等。家长坐在孩子身边，让孩子在画纸上尽情、随意地涂涂画画，同时，家长可以问孩子这画的是什么，称赞孩子是个小画家，等等。之后随着涂画次数的增多，可以有意识地引导孩子发挥想象力画出一些形象。

11. 小青蛙跳跳跳

适合年龄：2~3岁。

游戏过程：家长示范如何像小青蛙那样跳来跳去，然后让孩子模仿，锻炼孩子的大肌肉动作能力。

总之，如果家长有心，重视游戏对婴幼儿的发展作用，就能创造性地设计出多种多样的家庭游戏，不仅让孩子充分享受游戏的快乐，同时也促进儿童身心的全面发展。

# 本 章 回 顾

## ⊙ 内容小结

- 0~3岁被统称为婴幼儿期，其中0~1岁、1~2岁、2~3岁不同年龄阶段儿童在身体和心理各方面的发展各自呈现出不同的发展特点和规律。

- 0~3岁儿童发展的教育目标是对家庭教育提出总体目标和规定，具体的任务则主要涉及儿童身体发展和生活习惯的养成，语言和认知发展，情绪、情感、个性和社会性发展以及美感的发展。

- 0~3岁儿童身体发展的教育指导包含食物喂养、生活起居、卫生护理、疾病防治和身体锻炼5部分。

- 0~3岁儿童心理发展指导也要全面，主要包括智力启蒙、语言培养、情意萌发和习惯养成4方面。

- 家庭游戏是开展家庭教育的重要手段和途径，其中，亲子游戏是家庭游戏的核心。开展家庭游戏时，首先应了解0~3岁儿童游戏发展的特点，在此基础上，选择适宜于婴幼儿兴趣需求和发展需要的玩具材料。家长与孩子开展亲子游戏时，应遵循一些基本原则，树立正确的观念，实施适宜的行为。

## ⊙ 关键词

| | | |
|---|---|---|
| 身心发展特点 | 教育目标 | 教育任务 |
| 身体发展 | 语言发展 | 认知发展 |
| 情绪、情感发展 | 个性和社会性发展 | 身体发展家庭教育指导 |
| 心理发展家庭教育指导 | 玩具 | 亲子游戏 |

## ⊙ 思考与练习题

**一、简答题**

1. 简述0~3岁儿童身心发展的教育目标。

2. 0~3岁婴幼儿的食物喂养应注意哪些问题？

3. 简要说明对 0~3 岁儿童有哪些进行情意萌发的教育原则与教育手段。

二、论述题

1. 论述 0~3 岁各年龄阶段婴幼儿身心发展的基本特点。

2. 如何进行 0~3 岁婴幼儿亲子游戏的指导？

三、案例分析题

图图的妈妈花重金为图图报名参加了某亲子班的课程，可是在上课过程中图图表现得极为"不配合"和"抢眼"，上课过程中，总是不能听从老师的指挥，总是到处溜达，到处瞅瞅看看，和别的小朋友玩耍。有时候虽然认真听课，但是做的动作总是和老师教给的标准动作"有差距"。图图妈妈试图让图图坐在原地，听老师的指挥，但是每次效果都不佳，图图坚持不了几分钟。图图妈妈为此觉得很苦恼，甚至带图图去医院检查，以确定图图是否存在学习障碍或者多动症等症状，结果发现图图一切发展正常。

如果你是该亲子班的指导教师，你会如何与图图妈妈沟通，帮助图图妈妈了解图图行为的原因，缓解图图妈妈的烦恼？请结合本章内容予以分析。

## ⊙ 参考文献

[1] 庞丽娟，李辉. 婴幼儿心理学 [M]. 杭州：浙江教育出版社，1993.

[2] [美] 劳拉·E. 贝克. 婴幼儿、儿童和青少年 [M]. 5 版. 桑标，等，译. 上海：上海人民出版社，2007.

[3] [美] 罗伯特·费尔德曼. 发展心理学——人的毕生发展 [M]. 4 版. 苏彦捷，译. 北京：世界图书出版公司，2007.

[4] [加] Guy R. Lefrancois. 孩子们儿童心理发展 [M]. 9 版. 王全志，孟祥芝，等，译. 北京：北京大学出版社，2004.

[5] 杨丽珠，刘文，胡金生. 毕生发展心理学 [M]. 北京：高等教育出版社，2006.

[6] 周兢，余珍有. 幼儿园语言教育 [M]. 北京：人民教育出版社，2003.

[7] 祝士媛. 学前儿童语言教育 [M]. 北京：北京师范大学出版社，1995.

[8] 方富熹，方格，林佩芬. 幼儿认知发展与教育 [M]. 北京：北京师范大学出版社，2003.

[9] [美] 玛拉·克瑞克维斯基. 多元智能理论与学前儿童能力评价 [M]. 李季湄，方钧君，译. 北京：北京师范大学出版社，2002.

[10] 刘焱. 儿童游戏通论 [M]. 北京：北京师范大学出版社，2004.

［11］王利芳．婴幼儿智力开发全书［M］．上海：上海科学普及出版社，2005.

［12］区慕洁，李彤．婴幼儿亲子游戏——心灵的沟通与开启［M］．北京：人民卫生出版社，2008.

［13］梁志燊．学前教育学［M］．北京：北京师范大学出版社，1995.

［14］华东师大网络教育学院．0～3岁婴幼儿的感知运动发展与玩具购置．http：//courseware. ecnudec. com/fxl/pxq/pxq02_ 1/index. html.

［15］中国营养学会委托中国营养学会妇女分会制．中国孕期、哺乳期妇女和0～6岁儿童膳食指南．2008，http：//baike. baidu. com/view/4013213. htm.

［16］［美］D. E. 帕普利，［美］S. W. 奥尔兹．儿童世界——从婴儿期到青春期（上册）．华东师范大学外国教育研究所《儿童世界》翻译组，译．北京：人民教育出版社，1981.

［17］杨期正，王默君，陈珊．婴幼儿判别物体大小能力发展的初步研究［J］．心理科学通讯，1981（2）：14－20.

# 第四章

## 3~6岁儿童家庭教育指导

⊙ **学习目标**

了解3~6岁儿童身心发展的特点；理解3~6岁儿童身心发展的目标，以及促进其身心发展的不同方面的具体任务；领会促进3~6岁儿童身体发展和心理发展的指导策略，并学会应用。

⊙ **学习建议**

重点掌握3~6岁儿童身心发展的特点，这是确定教育目标、选择教育内容和策略的基础；理解促进幼儿身心发展的具体任务，这是具体教育指导的指南。

结合实际，掌握家庭中促进3~6岁儿童身心发展的具体措施和方法，并学会运用。

⊙ **引　言**

新学期开始了，幼儿园中二班转来了一位小朋友，叫贝贝。贝贝站在妈妈的身后，瘦瘦小小的，戴着一副小眼镜，手里还拿着一本彩色版的《少儿小百科》。见到老师后，妈妈提醒他向老师问好，贝贝小声地说了一声"老师好"，就又低头看他手里的书去了。妈妈说："贝贝就喜欢看书，对别的东西都不感兴趣，老师，您说我该怎么办啊？"

假如你是贝贝的老师，你认为在贝贝的家庭教育中，有哪些好的经验，又有哪些不足呢？应该从哪些方面给予贝贝妈妈一些家庭教育的指导呢？

# 第一节　3～6 岁儿童身心发展特点

儿童在 3～6 岁进入幼儿期。进入幼儿园后，幼儿的生活发生了很大变化。从以家庭为中心，到进入幼儿园，生活范围开始扩大；从主要与抚养人、亲人交往，扩展到与幼儿园老师、小朋友交往，这是儿童迈入社会的开始。这一变化是与幼儿身心发展的水平相适应的。随着幼儿身心发展以及生活范围的扩大，家庭教育的内容和指导重点也呈现出阶段性的特点。

## 一、3～4 岁儿童身心发展特点

### （一）身体发展

1. 生长速度放慢

与出生后的头 3 年相比，这一时期，幼儿生长速度明显放慢。到 4 岁时，女孩平均身高为 101.6 厘米，体重 16.0 千克；男孩平均身高为 102.9 厘米，体重 16.7 千克[①]。这一年身高平均增长 7～8 厘米，体重增长 1.5～2 千克。虽然生长速度相对放缓，但是，幼儿身体的组织结构和器官的功能都在加强，表现在 3～4 岁儿童的精力比以前更充沛，身体更结实，也不像以前那样爱生病了。到 3 岁时，大脑皮层细胞在形态上继续分化，功能加强，神经系统进一步发育，幼儿可以连续活动 5～6 个小时，白天只需要午间休息一次，大约 2 小时。这种变化为幼儿进入幼儿园生活创造了基本条件。

2. 手和身体的动作比较自如

3 岁幼儿对身体大肌肉动作的控制已经比较自如，能较平稳地走路、跑步、双脚跳，但是肌肉力量和耐力较差，心肺系统的调节功能发育不够完善，平衡、躲闪能力较差，动作还不够协调。

小肌肉动作有了一定的发展，能够进行一些比较精细的动作，比如，开始拿笔写、画、涂鸦，能够穿一些较大的木珠，开始学习自己用勺吃饭。由于经验的积累和小肌肉动作的发展，有了初步的生活自理能力，如自己洗手、吃饭、擦嘴、漱口等。

3 岁儿童运动技能的总体情况如资料卡片 4－1 所示。

---

① 北京市儿童保健所：《7 岁以下儿童身高体重评价标准手册》，1995。

## 资料卡片4-1

### 3岁儿童运动技能总结

（1）在没有帮助的情况下能够上下楼梯，并能交替迈脚；可以从最后一级台阶跳到地上，双脚着地。

（2）能在较短的时间内单脚站立，保持平衡。

（3）能踢大的球。

（4）能在没有帮助的情况下自己吃饭。

（5）能在原地跳。

（6）能骑小三轮车或其他有轮子的玩具。

（7）能举手过肩去投球。

（8）能伸出胳膊抓住弹起的球。

（9）在绘画时对蜡笔和记号笔的使用或控制有进步，能用蜡笔和记号笔进行垂直、水平和圆周运动。

（10）能用食指、中指和拇指握住蜡笔或马克笔，与早先用整个拳头抓握这些物体有所不同。

（11）能一次翻一页书。

（12）喜欢搭积木。

（13）能用8块或更多的积木搭一座塔。

（14）可能表现出对左手或右手的偏爱。

（15）能手端一杯液体走来走去而不过量洒出；能将液体从带嘴儿的水罐倒进另一个容器。

（16）能操作衣服上的大纽扣和拉链。

（17）会洗手，将手擦干；会刷牙。

（沃伦.R. 本特森：《观察儿童——儿童行为观察记录指南》，于开莲，王银玲，译，北京，人民教育出版社，2009，243页）

#### （二）心理发展

**1. 思维与动作相伴随**

3~4岁儿童，思维仍具有动作思维的特点。直觉动作思维，是借助动作进行的思维。儿童只能反映身体所触及的物体，依靠动作，而不能在动作之外思考，更不能设计自己的动作或预见动作的效果①。儿童常常是边行动边思考，比如，绘画时，孩子很少先想好画什么再动笔画，而是先绘画或涂鸦，然后觉得像什么，就说自己画的是什么。在搭积木的时候，也是如此，把长长的积木连接在一起，就说这就是火车；几块积木垒高后，再放一个三角形的顶，看一看，突然说"这是房子"。这就带有典型的动作思维的特点。

**2. 认识过程体现无意性**

在3~4岁儿童的各种认识过程中，无意性都占优势。无意注意是这一时期幼儿注意的特点。幼儿容易被一些颜色鲜艳和形象生动的物体所吸引。在听妈妈讲故事的时候，窗外飞过一只小燕子，孩子就可能很快趴到窗前，一直追寻着燕子的踪迹，然后回来和妈妈非常热烈地讨论有关小燕子的话题，而将妈妈刚才读的故事置之脑后；想象也带有明显的无意性，当看见方向盘时，就把自己想象为司机，手拿方向盘玩起了开汽车的游戏；记忆过程的无意性表现在看完《小飞象》的故事后，孩子可能记不住故事的情节，问他故事里讲的是什么，孩子可能只会记得小飞象那像翅膀一样的耳朵带着小象飞来飞去。这就是因为孩子无意记忆的特点，使他只对形象生动的物体感兴趣，只记住了这个鲜明而独特的"耳朵"。

**3. 爱模仿**

3~4岁儿童爱模仿，喜欢重复别人说的话，玩别人玩的玩具，做别人正在做的事。孩子的模仿在3岁前就开始表现出来，但是，由于接触的人少，以及自身能力的关系，模仿的现象并不是很突出。而3岁的儿童，由于自身经验的增加和能力的增强，接触的人、现象比以前有了很大的扩展，模仿的对象也多了起来。因此，在3岁儿童身上，模仿现象比较突出。而更大一点的儿童，虽然也看到很多自己感兴趣的现象，但是能逐渐将模仿的动作和行为内化，而不是很快表现出来。比如，妈妈们经常带着自己的孩子在小区里一起玩，3岁多的孩子，往往是看见别的小朋友玩什么，自己也要玩什么，看到

---

① 王振宇：《幼儿心理学》，北京，人民教育出版社，2009，70页。

别的孩子玩皮球，自己也要，给他平时最喜欢的玩具也不要。有时候几个小朋友一起玩，都要开飞机，于是每个人一个小方向盘，都来当飞行员，也不管有没有人乘飞机。在幼儿园小班的娃娃家，每个孩子抱一个娃娃，都当妈妈，不像中大班的孩子，有明确的角色分工，小班的孩子才不会管是否符合事实，只是希望进行和别人一样的活动。这就是他们喜欢模仿的结果。

4. 语音发展出现飞跃

语言的发展主要体现在语音、词汇、句子结构的掌握以及表达能力的发展等方面。幼儿期是学习口语的关键期，也是词汇量飞跃发展的时期。在这一阶段，词汇获得量逐年大幅度增长，增长率则逐年下降。

3~4 岁是儿童语音发展的飞跃期，在这一阶段，他们几乎可以学会世界上任何一个民族的发音[1]，此后，发音趋于稳定，趋向于方言化，在学习其他语言和外语时，常会受到方言的影响。3~4 岁是掌握事物名称、动作、代词等实词增长最多的时期，能讲出熟悉的东西，如动物、自己身体的各部分以及生活中重要人物和物品的名称、动作，词汇量达到 1 700 个左右。

在这个阶段，幼儿能问许多问题，能发出和听从简单的命令，句子结构逐渐完善。3 岁前，儿童说的完整句只占 64% 左右，而 3~4 岁时，儿童说的句子中，完整句达到了 93%；在表达上，他们能主动讲述自己生活中的事情，语言带有很强的情境性，经常运用短句，并辅之以动作和表情。

5. 自我意识初步形成

自我意识是指个体对于自己作为客体存在的各方面的意识，包括自我认识、自我体验和自我监控。从自我发展史的整体来说，幼儿期的自我意识虽然萌芽，但是仍处于朦胧阶段。

1 岁以后，孩子知道自己的名字，并用自己的名字来称呼自己，把自己当成一个客体来对待，认识到自己的存在，这是自我意识的萌芽；2 岁以后，开始学会说"我"，真正把自己当成一个主体；3 岁以后，开始出现自我评价的能力。但是，这时候的自我评价，从对象上来说，主要评价的是自己的外部行为，很少涉及内心品质；评价也主要依赖于家长或成人的评价，不会客观地评价自己，比如，说自己是好孩子，因为"老

---

[1]　李红：《幼儿心理学》，北京，人民教育出版社，2007，215 页。

师说我是好孩子"；评价带有主观性，如往往认为自己的玩具、自己朋友的玩具是好的，自己的行为、自己朋友的行为都是好的，等等。尽管不够客观、比较笼统，但是3~4岁是幼儿自我意识初步形成的时期，他们主要通过亲身经历、重要的他人、环境等获得自我意识。

## 二、4~5岁儿童身心发展特点

### （一）身体发展

1. 生理上进一步成熟

4~5岁儿童在生理上进一步成熟，特别是神经系统进一步发展，兴奋和抑制过程都有较大提高，表现为集中精力从事某种活动的时间比以前延长。

到5岁时，女孩平均身高为108.4厘米，体重为17.7千克；男孩平均身高为109.9厘米，体重为18.7千克。[①] 增长的速率与上一年基本相同，这一年身高平均增长约7厘米，体重平均增长1.5~2千克。

2. 动作的灵活性、稳定性增加

4~5岁儿童大肌肉发育较为迅速，动作发展出现飞跃，肌肉力量和耐力、心肌收缩能力、肺活量有了一定提高，对空气变化的适应能力及对疾病的防御能力有所提高，动作的稳定性和灵活性逐渐增强，如能自如地走、跑、跳、投掷等，平衡和躲闪能力有了较大提高，肌肉耐力也有所增强，能玩一些大型的综合体育器械，但动作的准确性和自控能力还比较差。

精细动作有了进一步的发展，手眼协调能力明显增强，能够使用筷子独立进餐，会穿、脱衣服。这些能力的发展使得幼儿生活自理能力增强，能自己刷牙、洗脸、用筷子吃饭，在成人的指导下，还能叠衣服、叠小被子。

4岁儿童运动技能的总体情况如资料卡片4-2所示。

---

① 北京市儿童保健所：《7岁以下儿童身高体重评价标准手册》，1995年。

## 资料卡片4-2

### 4岁儿童运动技能总结

（1）能单脚跳。

（2）能熟练、自信地踏蹬和操纵有轮子的玩具，能转弯和避开障碍物。

（3）能爬台阶、梯子、树和游戏器械。

（4）能跳过5~6英寸（1英寸=0.025 4米）高的物体或从一个台阶上跳下，双脚一起着地。

（5）会毫无困难地跑、齐步走、立定和躲开障碍物。

（6）能举手过肩地投球。

（7）能用10块或更多的积木搭一座塔，使用双手。

（8）能将黏土塑成一定形状、捏成某种物体。

（9）能再现一些形状和字母。

（10）能用食指、中指和拇指握住蜡笔或记号笔（三点抓握，tripod grasp）。

（11）能有目的地涂和画。

（12）能比较准确地用锤子敲打钉子和木栓。

（13）能将小的木珠子穿在一根线上。

（沃伦.R.本特森：《观察儿童——儿童行为观察记录指南》，于开莲，王银玲，译，北京，人民教育出版社，2009，244页）

### （二）心理发展

4~5岁儿童的心理发展比3~4岁的迅速得多，在这一年，儿童心理发展发生了质变，主要表现在认识活动的概括性和行为的有意性明显发展。

#### 1. 具体形象思维占优势

4~5岁的儿童，活动范围扩大，随着经验的增长，许多动作熟练后被压缩和省略，以头脑中的表象来替代。也就是说，儿童在遇到问题时，不再依靠动作，边行动边思维，而是以头脑中的表象来思维并解决问题，这标志着儿童的思维达到具体形象的水平。具体形象思维是运用事物的具体形象、表象以及对表象的联想进行的思维①。比如，儿童在进行角色游戏时扮演医生，就会以自己认识到的医生的角色身份来行动，如穿白大褂，手拿听诊器，用笔开处方，等等。又因为思维带有具体性和形象性，思维易受事物的外部特征限制，比如，10个扣子排成紧密的一排与10个扣子分开摆放，幼儿认为第二排比第一排扣子数量要多，这是因为幼儿思维受具体形象所影响，分开摆放的扣子看起来长一些，所以就认为数量多，这说明幼儿的思维并没有达到抽象和概括的水平。

幼儿具体形象思维的特点，不仅表现在思维活动中，也表现在记忆、注意等各种活动中，幼儿对于具体形象的材料，记忆效果要好于抽象的材料。他们对于语言的理解，也体现了具体形象的特点，在解释"门外汉"时，他们的回答是："大力士在门外站着""门口站了一个男人"，总是闹出一些大人看起来很好笑的笑话。

2. 认识活动的有意性得到发展

4~5岁儿童在认识活动中的有意性得到显著发展，有意注意、有意记忆、有意想象等过程都比3岁幼儿有了显著提高。在坚持性行为试验里，4~5岁儿童的坚持性行为发展最为迅速，发展速度高于3~4岁和5~6岁儿童，这些表现了幼儿认识活动有意性的发展。

由于思维开始脱离具体的动作，概括性提高，心理活动有意性增强，行为的目的性、方向性和控制性都有所提高，幼儿开始能够接受一定的任务。比如，在幼儿园，幼儿开始担负值日生的角色，乐意帮老师分发玩具用品，并且对完成任务的质量有了一定的要求。

3. 社会交往水平提高

3~4岁的儿童，对父母和家庭的主要抚养人还很依赖，对于同伴的需要还不是很明显。即使是和同伴一起游戏，也大多是各拿一个玩具，自己玩自己的，游戏多处于平行游戏的水平。而4~5岁儿童的游戏则呈现出新的特点：在游戏中，他们学会商量主题，学习分工，分配社会角色，游戏的情节也比较丰富；角色游戏是这一阶段儿童最喜欢的游戏之一；游戏的社会性水平提高。

在游戏中，4~5岁的儿童逐渐结成了与同龄人的同伴关系，同伴交往的需求、技能有了明显提升。他们有更多同伴交往的需要，有更多的时间和同伴相处，和同伴一起游戏，一起解决问题。同伴交往开始冲破亲子关系和师生关系的优势，从主要和成人的

---

① 王振宇：《幼儿心理学》，北京，人民教育出版社，2009，70~71页。

交往，开始向同龄人交往过渡。但这种同伴关系还只是初级的，结伴对象不稳定，成人的影响仍然远远大于同伴的影响。

幼儿的社会认知和行为水平的提高，促进了他们的社会交往；更多的社会交往的机会也促进了幼儿的社会化。

4. 词汇量增长迅速，句子复杂程度提高

4～5岁儿童是词汇增长的活跃期，比3～4岁时增长将近50%，5岁以后增长的速度有所下降，学习的动词开始比名词多；而且，这一阶段，是虚词（如转折词、连词等）增加最迅速的时期，儿童能听懂和说出25 00个词汇。

这个阶段，儿童的词汇量增加，使用句子的复杂程度增强。3岁时只能说带有主、谓、宾的简单的完整句，4岁以后，句子结构逐步扩展，开始灵活运用简单修饰语和复杂修饰语，据研究，句法结构的发展在4～4.5岁之间最为明显。

4岁儿童的语言表达能力有了发展，能够独立地讲故事或讲各种事情，但是说话的连续性还不够，有时说话断断续续的，还不能清楚地说明事物的现象、行为、动作之间的关系。

5. 自我认识、自我体验、自我调控发生

自我意识包括自我认识、自我体验和自我调控。自我认识的发展要早于自我体验和自我调控。4～5岁儿童的自我评价仍然处于由主观到客观、由笼统到具体、由完全从属于成人的评价到逐步通过自我认识进行评价的发展阶段。

在3岁时，儿童的自我体验还不明显；4～5岁时，自我体验发生。最开始出现的是与生理相关的体验（如愉快、愤怒等），社会性体验（如自尊、自信、委屈、内疚等情绪体验）相对要晚一些。由于幼儿的自我评价还比较肤浅、笼统，不稳定，在学前初期完全从属于成人的评价，因此看上去有些自信心不足。因此，应给予幼儿积极评价，进行有计划的培养，将幼儿的自信引向健康的发展方向。

由于婴幼儿脑发育的特点，兴奋强于抑制，行为控制能力较差，情绪的冲动性也较强，4～5岁也是自我调控发生的时期。婴幼儿开始在外部要求下，初步控制自己的行为，在成人的要求下开始控制情绪冲动。

## 三、5～6岁儿童身心发展特点

### （一）身体发展

5～6岁儿童身体发展的速率和上一年基本相同，这一年身高平均增长约7厘米，体重增长 1.5~2 千克。到 6 岁时，女孩平均身高为 114.6 厘米，体重为 19.5 千克；男孩平均身高为 116.1 厘米，体重为 20.7 千克①。

5~6 岁儿童大脑抑制程度逐渐加强，减少了冲动性，动作的目的性和自控能力逐渐提高，动作的协调性、灵活性、准确性有了很大提高，喜欢尝试一些有难度、冒险的动作，协同活动逐渐增多。

5 岁儿童运动技能的总体情况如资料卡片 4-3 所示。

## 资料卡片4-3

### 5 岁儿童运动技能总结

（1）能向后退着走，后跟对脚尖。

（2）能在没有帮助的情况下上下楼梯，并能交替迈脚。

（3）能学习翻筋斗。

（4）不弯膝盖手能摸到脚趾。

（5）会走平衡木。

（6）能学习交替单脚跳。

（7）能接住从 3 英尺（1 英尺 = 0.304 8 米）远的地方抛过来的球。

（8）展示出熟练的骑三轮车的技能；能快速骑车，并能熟练地控制方向。有的可以学习骑自行车。

（9）能够双脚跳连续 10 次或向前跳跃而不跌倒。

（10）能够单脚站立，很好地保持平衡达 10 秒。

（11）能再现多种形状和字母：正方形、三角形，A、I、O、U、C、H、L、T、V。

（12）能很好地控制铅笔或记号笔，开始在轮廓线内涂颜色。

（13）能用剪刀沿着线剪，尽管不是非常完美。

（沃伦 . R. 本特森：《观察儿童——儿童行为观察记录指南》，于开莲，王银玲，译，北京，人民教育出版社，2009，244 页）

---

① 北京市儿童保健所：《7 岁以下儿童身高体重评价标准手册》，1995。

### （二）心理发展

4～5岁儿童心理发展发生了质的飞跃，5～6岁则是新的特点继续巩固和发展的时期。这一时期，儿童心理活动的有意性和概括性进一步增强。

1. 抽象思维开始萌芽

5～6岁幼儿的思维仍处于具体形象思维阶段，但是概括性、抽象性有了很大的发展，抽象思维开始萌芽。比如，在前面所提到的扣子比多少的案例中，5～6岁幼儿逐渐意识到扣子数量的多少不受排列方式的影响，它们的数量是一样多的，这就说明他们理解了数的意义，并能知道数的抽象含义，不会随外在形式的变化而变化。又如，请幼儿给一些物品分类，如将卡车、小汽车、船、苹果、梨、书包、水彩笔分类，他们会按照概念，将这些图片分成交通工具、水果、文具，而不是像3～4岁儿童那样，将物品按照颜色、大小等分类。在记忆时，他们也会自觉地将这些图片分类记忆，抽象能力明显提高。

5～6岁儿童还会开始一些简单的逻辑推理。比如，他们会按照事物发展的顺序给图片排序，会掌握左右等一些抽象的概念，掌握一些简单的数学模式，有了初步的数量守恒认识……这些都是抽象思维萌芽的表现。

2. 好学、好问、好动脑

5～6岁儿童经常提出各种各样的问题，经常问"为什么"，而且要刨根问底，内容涉及天文、地理、物理、化学、生物等各方面，包括"我是从哪里来的?""宇宙是什么样子的?""恐龙为什么会灭绝?"等各种问题。为了探寻为什么，他们可能会拆开录音机，打碎不倒翁……这些都是为了探寻里面的秘密。很多家长在这个时候，都戏称自己家里有个"十万个为什么"，自己也开始研究知识百科。其实，这时正是孩子求知欲最强的时机，也是家长保护孩子好奇心、培养求知欲的关键阶段。

这个年龄阶段的孩子，并不满足于经常玩娃娃家游戏，而是更喜欢下棋、猜谜等各种智力游戏。有一定难度和挑战性的游戏最受这一阶段的孩子喜欢。

3. 思维、行动的有意性进一步增强

在整个幼儿期，幼儿思维和行动的无意性还是占优势，但是，在5～6岁，心理过程的有意性增强，开始有意地控制和调节自己的心理活动，元认知水平有了较大提高。

在认知过程中，无论是观察、注意、记忆，都有了有意性，开始自觉地使用方法，比如：把要记忆的材料分类记忆；有意想象有了发展，出现了更多有目的、有主题的想象；想象也有了更多创造的内容，如在月亮上荡秋千，我坐潜艇游大海，等等。

4. 语言的社会化水平提高

5～6岁儿童，开始讲6～8个词语组成的句子，能简单地下定义，还知道一些反义词。语法有了很大发展，自我中心语言越来越少，社会化成分越来越多，词汇量已经达到3 500个单词。

5～6岁儿童的语言表达能力有了很大的发展，尤其是独白语言，即独立地向别人表达自己的思想情感，讲述自己的知识经验。他们不仅能系统地叙述，而且能大胆而自然、生动而有感情地进行描述。讲述时，他们表达较连贯，从事物的外部联系到内部联系都能讲述清楚。

幼儿语言表达能力的发展，不仅是因为词汇量的增加、语法知识的掌握，也是由于认知能力，特别是思维的发展，使得语言的逻辑性、连贯性逐步增强。

5. 自我调节能力逐步增强

5～6岁儿童的自我评价、自我体验和自我调控水平都有了很大的发展。在这一阶段，儿童的自我评价逐渐独立，渐渐对成人的评价持批判态度，开始能发现成人的评价也有不客观、不准确的时候，并能提出疑问和申辩。评价开始由外部的行为转向内心品质，如"我是好孩子，我会谦让"。评价变得比较细致和全面，如常常会有幼儿说："我唱歌唱得很好，但是画画不太好。"评价逐渐客观，不再因为是自己的好朋友，就认为好朋友的一切都是好的，等等。

但是，在整个幼儿期，他们的自我评价水平还是比较低的，成人对儿童的评价仍然在儿童个性上发挥着重要影响，因此，成人应该客观评价儿童，过高、过低或者过于笼统的评价都不利于幼儿的发展。

5～6岁幼儿有了一定的行为和情绪控制能力，但是，整体水平还比较低。例如，在成人的要求下，幼儿开始有意识地控制自己的情绪，情绪的稳定性也有所增强。但是，不稳定、易变化还是幼儿情绪的一个重要特点。随着大脑的发育和语言的发展，以及在教育的影响下幼儿的自我调节能力逐渐增强，不稳定性、情境性逐渐减少，情绪逐步趋于稳定。

总之，3～6岁儿童身心处于迅速发展阶段。其身体发展的特点集中体现在身体抵抗力逐步增强，身体动作的灵活性、协调性、稳定性逐步提高。其心理发展的特点集中体现在各种心理活动从发生到陆续出现，达到基本齐全；心理活动从笼统到分化，从具体到抽象，主动性、有意性逐渐增强，自我调节和控制能力也有所增强。

# 第二节  3～6岁儿童身心发展的教育目标和任务

依据3～6岁儿童身心发展的特点，社会发展对于未来人才的要求以及家庭教育的特点，提出3～6岁儿童的家庭教育目标。该教育目标规定3～6岁儿童家庭教育的内容和要求，也影响家庭教育活动的过程和结果。

## 一、3～6岁儿童身心发展的教育目标

确定家庭教育的目标，是家庭教育的起点。国际21世纪教育委员会提出，新世纪的教育宗旨是使儿童"学会学习、学会做事、学会共同生活、学会生存"。学会学习，即掌握学习的方法；学会做事，即培养较强的动手能力、解决问题的能力、人际交往的能力和冒险精神；学会共同生活，即有较强的了解他人、尊重他人、参与他人活动、与他人合作的能力；学会生存，即发展个体的自然和社会的适应能力，增强综合素养，充分展示自己的人格特征。这4个"学会"，为我们提供了确定新时期国际化视野下的儿童教育目标的有益借鉴。

1996年9月，全国妇联、原国家教委还制定了《全国家庭教育工作"九五计划"》，指出家庭教育要"促进儿童身心健康发展，培养有理想、有道德、有文化、有纪律的建设者和接班人"。3～6岁儿童的家庭教育，是我国家庭教育事业的组成部分，它的目的是使孩子在智、德、体、美等健全发展的基础上，个性得到发展，将来成为有益于国家和社会的合格人才。

对于3～6岁儿童来说，家庭教育的目标与幼儿园的保教目标是一致的。在1996年6月1日颁布的《幼儿园工作规程》中，明确提出了幼儿园保育与教育的主要目标，这为3～6岁儿童的家庭教育指明了方向。

促进幼儿身体正常发育和机能的协调发展，增强体质；培养幼儿良好的生活习惯、卫生习惯和参加体育活动的兴趣；发展幼儿智力，培养正确的运用感官和发展语言交往的基本能力，增进对环境的认识，培养有益的兴趣和求知欲望，培养初步的动手能力；使幼儿萌发爱家乡、爱祖国、爱集体、爱劳动、爱科学的情感，培养诚实、自信、好问、友爱、勇敢、爱护公物、克服困难、讲礼貌、守纪律等良好的品德行为和习惯，以及活泼开朗的性格；培养幼儿初步的感受美和表现美的情趣和能力。

这一目标规定，也是家庭教育中促进幼儿身心发展须要达到的目标。

## 二、3～6岁儿童身心发展的任务

3～6岁儿童身心发展的任务，可以从体、智、德、美等几方面来分析。

### （一）身体发展的任务

英国教育家洛克在论述家庭教育的任务和内容时，将家庭体育放在第一位。他认为："健康之精神寓于健康之体魄""我们要能工作，要有幸福，必须先有健康"。身体健康之于人的重要性不言而喻，对于年幼的儿童来说更是如此。他们的身体非常娇嫩，需要成人的保护；同时，他们的身体又处于迅速发展的时期，需要有意识的锻炼和发展。《幼儿园教育指导纲要（试行）》提出了幼儿健康教育的目标，是对《幼儿园工作规程》中体育目标的具体化。结合家庭教育的特点，3～6岁儿童身体发展的任务主要有：

1. 身体健康，情绪安定、愉快

促进身体健康，是幼儿身体发展的首要任务。何为健康？以往，人们对于健康的认识就是"（人体）生理机能正常，没有缺陷和疾病"。随着人类对于健康研究的不断深入，人们逐渐认识到，人体是"生理、心理、社会"系统所构成的有序整体，因此，1947年，医学专家在联合国世界卫生组织的宪章中明确提出了健康的定义，即"健康是生理、心理和社会适应的健全状态，而不只是没有疾病"。对于幼儿来说，健康主要包括身体健康和心理健康两部分。

身体健康，首先是生长发育达到本年龄段的标准，身体抵抗力增强，较少患病。而对于幼儿来说，心理健康最直接的体现就是情绪表现，包括情绪安定、愉快，能够适应生活环境的变化，并容易在新环境中与主要照管他的成人建立安全的依恋关系。

大部分幼儿在3岁以后，走出家庭，开始迈入社会的第一步，即上幼儿园。对于幼儿来说，这是一个极大的挑战，同时也为幼儿带来了全新的发展机会，幼儿有更多的机会和同龄人相处，获得更多的社会技能。家长和教师要帮助幼儿适应幼儿园的环境和生活，使幼儿能够与老师建立安全的依恋，学习集体生活常规，并与同龄小朋友友好相处，在环境中感觉到安全和温暖，接纳和尊重，从而使幼儿情绪安定、愉快。

2. 养成幼儿良好的生活卫生习惯和基本的生活自理能力

"播种行为，收获习惯；播种习惯，收获性格；播种性格，收获命运。"看似不经意的生活小事，却是培养幼儿良好习惯的好时机，这些好习惯将使幼儿受益终身。

这些良好的生活卫生习惯，包括：

（1）良好的饮食习惯和进餐礼仪。如：细嚼慢咽，不暴饮暴食；饮食均衡，不挑食；按时就餐，定时定量；不喝饮料，喝白开水；吃饭不大声说话，礼让成人与客人；等等。

（2）良好的盥洗和如厕习惯。如：饭前便后要洗手，饭后漱口，睡前刷牙；定时大便，不憋尿；等等。

（3）良好的睡眠习惯。如：早睡早起、不熬夜、不睡懒觉等。

此外，还有良好的公共卫生习惯，如不乱扔杂物，保护环境卫生，等等。

在生活的各个环节，家长要以身作则，鼓励幼儿自己动手，不包办代替，指导孩子掌握好方法，并及时给予鼓励强化。在点点滴滴的积累中，幼儿逐渐学会自己穿衣、吃饭、盥洗、如厕，获得基本的生活自理能力，养成良好的生活卫生习惯。

3. 了解必要的安全自护常识

幼儿年龄小，缺乏知识经验，对周围环境中的危险不能作出有效判断，面临危险时不能保护自己，因此，必须把保证孩子的安全放在首位。《幼儿园教育指导纲要（试行）》指出："幼儿园必须把保护幼儿的生命和促进幼儿的健康放在首位。"采取有效措施保证幼儿的安全，是家庭和教育机构的首要任务。

保障孩子的安全，并不意味着事事不让孩子尝试，如果以"怕出事"为借口，剥夺、减少幼儿实践的机会，那么，幼儿的经验就得不到增长，自我保护的意识也得不到提高，能力得不到锻炼，这样的保护会让孩子失去提高动作水平、思维能力、处理问题能力的机会，只会适得其反。因此，保障孩子的安全，更重要的是让幼儿了解一定的安全常识，掌握保护自我安全的方法，提高自我保护的意识。

3~6岁儿童掌握的安全自护常识，主要涉及以下几方面：

（1）保护自身身体的健康和安全的常识。具体包括：保护五官，知道保护五官的基本常识，并能在日常生活中采用恰当的方法，防止损伤五官的行为。

（2）饮食安全常识。具体包括：关注食品的卫生，有注意食品保质期的意识，不随便吃药等。

（3）交通安全常识。具体包括：认识安全标志，了解并遵守交通规则，不在马路上玩耍、追跑，不在停车场玩耍，等等。

（4）不做危险的事。具体包括：不玩火，不动电源、开水壶和煤气灶；不攀爬阳台；能用正确的方法玩大型体育器械；等等。

（5）不去危险的地方。具体包括：没有成人的陪同，不单独去河边玩耍；不和陌生人走，遇到危险能呼救；等等。

4. 喜欢参加体育活动，动作协调灵活

体育活动不仅活动幼儿身心，发展身体动作，强健幼儿身体，还能够锻炼幼儿的意志，使幼儿在运动中学习，在运动中成长。同时，参加体育锻炼也是一种良好的习惯，体育活动应成为人生活的一部分。

3~6岁幼儿每天应有2~3小时的户外活动时间，进行走、跑、跳、攀爬、投掷、侧翻等不同的运动练习，玩综合性的户外运动器械，进行爬山、远足等多种形式的体育运动。有条件的幼儿，应学习滑冰、游泳、球类等各类体育技能。在这些体育活动中，幼儿身体动作得到了发展，身体抗病能力得到提升，同时也创造了多种接触大自然的机会。

**（二）认知发展的任务**

著名的意大利教育家蒙台梭利通过观察研究，认为人初生时有很多潜能，这些潜能都有最佳的发展期。如果它们在最佳发展期没有得到展开和发展的机会，或者说没得到及时、恰当的刺激和引导，就难以发展起来并达到应有的水平。人们把这种最佳期称为发展的敏感期，这些敏感期包括：2~6岁是儿童学习口头语言的关键期，4~5岁是开始学习书面语言、丰富词汇的敏感期，4岁前是形象视觉发展的敏感期，5岁左右是掌握数字概念的敏感期，等等。

针对幼儿认知发展的敏感期，3~6岁幼儿认知发展的任务是：丰富知识经验，对周围环境和事物具有好奇心和探究欲，具有较强的认知兴趣和能力；发展语言理解和口头表达能力。

具体来说，认知发展的任务主要体现在两方面：发展语言能力和发展认知能力。

1. 发展语言能力

语言是思维的物质外壳，也是社会交往的工具和媒介。幼儿期是幼儿口语发展的敏感期，因此，要特别重视幼儿语言能力的培养。发展幼儿语言能力包括：

（1）发展语言倾听能力，乐意听对方讲话，讲话有礼貌，不随便打断别人说话，等等。

（2）发展理解语言的能力，能理解日常用语，听懂日常生活中的要求和指令，也能理解并学会简单的儿歌和故事等。

（3）发展语言表达能力，乐意与人交谈，能清楚地说出自己想说的事。

（4）发展初步阅读兴趣和能力。喜欢听故事，看图书，有阅读兴趣，并能在阅读中感受书面语言和口头语言的联系，对文字感兴趣。

2. 发展认知能力

兴趣是最好的老师，3~6 岁儿童身心发展迅速，有一个很重要的原动力，就是对周围世界充满好奇，什么都想问个"为什么"，正是这种好奇心和求知欲，引导孩子走向生活和知识的海洋。要发展能力，前提就是要肯定和保护孩子认知的原动力。重视孩子的提问，采用不同的策略激励孩子自己或合作解决问题，是保护好奇心的基本方式。如果对孩子的提问不屑一顾，甚至嘲笑，将会极大挫伤孩子学习的积极性。

幼儿期是幼儿发展感知、记忆与思维等认知能力的关键时期，这个时期的学习应以直接经验为主，他们常常是通过摸一摸、闻一闻、尝一尝，各种感官参与，形成对事物真切的认识，也为感官发展提供宝贵机会。幼儿通过不断尝试，运用已有的经验解决生活中遇到的问题，积累解决问题的经验，这不仅为其认知、元认知的发展奠定了基础，也使幼儿学会了探究的方法。

此时的家长应从生活和游戏中让儿童感受事物的数量关系，体验数学的重要和有趣。生活中蕴涵着多种数学学习的机会，例如：让孩子在分餐具的过程中体会到一一对应，在玩橡皮泥的过程中体会到量的守恒，在分水果的过程中体验到等分或加减，等等。

最后，要让孩子学会爱护动植物，关心周围环境，亲近大自然。在家里和孩子一起养小动物，体会到爱的情感，了解小动物的习性；和家人一起远足和郊游，体会大自然的美，感受人与自然的和谐。树立人类与自然和谐共处的意识。

**（三）社会性发展的任务**

美国社会学家埃什尔曼援引埃拉·L．赖斯的话说："社会化，特别是幼儿的社会化，是家庭最独特、最一般的职能。"[①] 美国社会学家罗伯特认为："社会化是人们获得个性并学习其所在社会的生活方式的社会相互作用的过程。"我国学者李洪增认为，家庭是儿童社会化的首要场所。新生儿呱呱坠地，对生活知识、生活技能一无所知，正是通过家庭的养育和教育，使得生物的个体获得最基础的生活技能和知识；孩子通过家庭获得对社会的最初认识，通过家庭教育逐步懂得最基本的社会规范。因此，家庭教育最重要的目的之一，是促进幼儿社会性的发展，使幼儿从自然人成长为社会人。在这一过

---

① 李洪增：《学前儿童家庭教育》，大连，辽宁师范大学出版社，2002。

程中，要增强幼儿的自尊、自信，培养幼儿关心、友好的态度和行为，促进幼儿个性健康发展。

　　如资料卡片4-4所示，按照布朗芬·布伦纳的社会生态学说，幼儿生活的世界，是一个由自我到他人，再到社会的生态系统，幼儿的社会化，也是从自我到他人，到周围环境逐步扩展的过程。幼儿的社会学习，包含认识自我、学会与人相处、学习社会规范几个范畴。家庭在促进幼儿社会性发展方面的任务，主要体现在以下几方面。

## 资料卡片4-4

### 布朗芬·布伦纳的生态系统图

（黄希庭：《心理学导论》，北京，人民教育出版社，2009，85页）

1. 肯定自我，自尊、自信

　　让幼儿有正确的自我意识，即有客观的自我认识和自我评价，这是社会化的起点，包括知道自己的年龄、性别、兴趣、爱好、优点和缺点，正确地认识自我和评价自我，使幼儿既能了解自己，又能接受自己，知道自己能达到什么目标，完成什么任务。幼儿正确的自我认识和自我评价，有利于培养幼儿的自尊感和自信心，使其敢于迎接各种挑战；自尊、自信既是良好的个性品质的组成部分，又能为幼儿未来的发展奠定良好的基础。

2. 学会与他人相处，懂得分享、合作和协商

与他人相处，包括与长辈、成人相处，与同伴相处，知道基本的相处规范，掌握一定的交往技巧。比如：对待家人，要知道爱长辈，体会父母的爱心，尊重长辈的劳动；对待一般他人，也要具有同情心，有礼貌；而与同伴相处，则要懂得分享、合作和协商。

3. 理解并遵守基本的社会规范

社会规范，是人们根据社会生活的需要所制定的，制约人与人之间关系的规定。这里的社会规范，主要是指对幼儿所在的社会环境的一些共同约定，不包含幼儿与其他个体的交往的个别化内容。这个社会环境里对所有人都有约束力的规定主要有：交通规则，安全规则、幼儿园园规、幼儿园班级常规等。教育孩子遵守这些规则，是最初的社会规范教育，是孩子了解社会、融入社会的开始。

4. 了解周围的社会环境，培养爱家乡、爱祖国的情感

随着年龄的增长，生活环境的扩大，幼儿会通过自己的直接体验、间接学习，逐渐了解自己生活的环境，了解一些民族文化和社会知识，如了解各种职业和机构的功能，了解本民族的习俗和活动，了解国家的秀美山川。通过家长的知识教育和情感熏陶，孩子在获得知识经验的同时，能够逐渐培养起爱家乡、爱祖国的情感。

### （四）艺术素养发展的任务

卢梭曾经指出："从我们心中夺走对美的爱，也就夺走了生活的全部魅力。"对美的欣赏和追求是人的高级精神活动。幼儿对美有天然的亲和力，刚刚出生的婴儿就能感受到什么是美——喜欢看柔和的人脸，喜欢听优美、节奏适中的音乐，喜欢鲜艳的颜色。发展幼儿的审美意识和情趣，进而进行美的创造，离不开教育的引导。艺术是引导幼儿感受美、表现美和创造美的主要形式和途径。幼儿艺术教育的最主要的任务，表现在以下两方面：

1. 初步感受并喜爱环境、生活和艺术中的美

如果有心，日常生活中随处可见美。初春刚刚吐绿的嫩芽，让人感受到勃勃生机和希望；盛开的五颜六色、千姿百态的花朵，让人感受到生活的多姿多彩；秀美的山川、

蜿蜒的河流，让人感受到自然的鬼斧神工，这些都是自然的美。掩映在青山绿水中的白墙青瓦，沉卧在古老山脉上的万里长城，这些都是人工与自然美和谐的结晶。音乐和美术作品或是心潮澎湃，或是沉静安详，更是体现了美的普遍规律，具有美的韵味。自然、生活和艺术作品中的美无处不在，家长要引导孩子用心体会。有一颗感受的心、一份向往的情，就能引导孩子从自然、生活、艺术作品中感受到美。

2. 有参加艺术活动的兴趣，并能大胆地表现自己的情感和体验

表现和传达是幼儿将已有的审美经验和体验外化的过程。在感受和体验的过程中，幼儿会自发地将美表现出来。比如：看到优美的景色，会大声惊呼；听到节奏性强的音乐，会自然起舞；手边有一定的工具和材料，他们会涂鸦、绘画。虽然幼儿的语言不够流畅，逻辑性还不是很强，而艺术活动为他们创造了多种表达的语言。如果说儿童有一百种语言，那么艺术就是其中重要的语言，因此，艺术教育要激发孩子参加艺术活动的兴趣，在活动中提高艺术表现力和一定的表现技能，鼓励他们大胆表现自己的情感和体验。

在了解3～6岁儿童身心发展特点的基础上，本节着重介绍了3～6岁儿童身心发展的目标，并从身体发展、认知发展、社会性发展、艺术素养等几方面提出具体的发展任务。幼儿身心发展的目的与任务，规定着家庭教育的内容、途径以及指导方式。

# 第三节　3～6岁儿童身体发展的家庭教育指导

家庭教育的首要目的，是要促进孩子的身体发育，保障孩子的身体健康。儿童的生活起居，都关乎儿童的身体发展。为促进孩子的身体发展，实现身体发展的目标，家庭应该从四方面着手：提供均衡营养、加强体育锻炼、养成良好习惯、培养自护能力。

## 一、提供均衡营养

3～6岁时，儿童的生长发育速率比1～3岁时略有下降，但是仍然是生长发育的关键时期。均衡的营养是儿童生长发育的基本保证，也是他们健康的基本保证。

### （一）遵照"膳食指南"，确定饮食的基本原则

2007年，中国营养学会妇幼分会发布了《1～6岁幼儿喂养指南》，针对3～6岁儿

童的膳食提出了 8 条原则，是我们为 3～6 岁儿童配膳的基本指南（简称"膳食指南"），现简要介绍如下。①

1. 食物多样，谷类为主

由于各种食物所含的营养成分不完全相同，任何一种天然的食物都不能提供人体所需的全部营养素，儿童膳食必须是由多种食物组成的平衡膳食，才能满足其对各种营养素的需要。

谷类食物是人体能量的主要来源，儿童膳食应以谷类为主体，并注意粗粮、细粮的合理搭配。

2. 多吃新鲜蔬菜和水果

有的孩子不爱吃蔬菜，家长也认为吃水果可以获取维生素，就用水果代替。其实蔬菜和水果所含的营养成分并不完全相同，不能互相替代。在制作时，应将蔬菜切小、切细，以有利于咀嚼和吞咽。注重蔬菜水果的品种、颜色的变化，以吸引儿童进食。

3. 经常吃适量的鱼、禽、蛋、瘦肉

鱼、禽、蛋、瘦肉等动物食物是优质蛋白质、脂溶性维生素和矿物质的良好来源。肉类中铁的含量较高，鱼类所含的不饱和脂肪酸有利于儿童神经系统的发育，动物肝脏含维生素 A 极为丰富。但是摄入过多的动物性食物，对儿童的健康不利。

4. 每日饮奶，常吃大豆及其制品

奶类除含有丰富的优质蛋白质、维生素 A 和核黄素外，还是天然钙质的极好来源。对处于快速生长发育的学龄前儿童，应鼓励其每日饮奶。

大豆含有丰富的优质蛋白质、不饱和脂肪酸、钙及维生素，建议常吃大豆及其制品，避免由于吃过多肉类带来的不利影响。

5. 饮食清淡、少盐，正确选用零食，少喝含糖的饮料

烹调加工食物时，应尽可能保持食物的原汁原味，儿童的膳食应清淡、少盐、少油脂，并避免添加辛辣等刺激性物质和调味品。

6. 食量与体力活动要平衡，保证正常体重增长

体重是身体健康的重要指标，进食量和体力活动是控制体重的两个主要因素。如果进食量长期超过消耗量，会导致肥胖；相反，如果体力活动消耗的热量长期超过进食量，则引起消瘦。

---

① 中国营养学会妇幼分会编著：《中国孕期、哺乳期妇女和 0～6 岁儿童膳食指南》，北京，人民卫生出版社，2008。

**7. 不挑食、不偏食，培养良好的饮食习惯**

挑食、偏食的习惯会影响孩子获取均衡营养。这种习惯的养成主要在儿时，而影响可能持续到成年，因此，要从小培养孩子不挑食、不偏食的习惯。

**8. 吃清洁卫生、未变质的食物**

要为孩子创设良好的进餐环境，保持餐具、供餐者的健康与卫生。不吃污染、变质和不卫生的食物，养成孩子关注食物卫生的习惯，有食品保质期的观念。

以上8条原则，可以作为家庭中为幼儿配食的基本原则。同时，每日每种食物的量可以参照资料卡片4–5。

## 资料卡片4-5

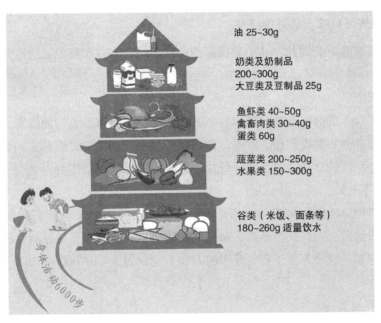

3~6岁儿童膳食宝塔

油 25~30g

奶类及奶制品
200~300g
大豆类及豆制品 25g

鱼虾类 40~50g
禽畜肉类 30~40g
蛋类 60g

蔬菜类 200~250g
水果类 150~300g

谷类（米饭、面条等）
180~260g 适量饮水

身体活动6000步

（中国营养学会妇幼分会：《中国孕期、哺乳期妇女和0~6岁儿童膳食指南》，北京，人民卫生出版社，2007，111页）

### （二）饭菜巧搭配，营养易吸收

为了促进幼儿食欲，使营养易于吸收，除了要遵照上述营养指南，提供适量营养的食物，还要注意烹调方法和搭配技巧，使幼儿吃得好，吃得香。

1. 粗细粮搭配

粗粮、细粮含有不同的营养成分。细粮易消化，口感好；粗粮含有维生素 $B_1$，耐嚼。2～3 岁以后，粗细搭配、粗粮细做能兼顾儿童的口味和营养需要。

2. 荤素搭配

动物性蛋白含优质蛋白质，蔬菜含维生素、无机盐，二者搭配吃不仅不腻，还可以使摄入的营养平衡。有些食物的搭配，还可以促进营养成分的吸收。如青椒炒猪肝，青椒中的维生素 C 能大大提高猪肝中所含的铁的吸收，这种搭配，口味好，营养也容易吸收。

3. 干稀搭配

主食有干有稀，或者有汤有菜，吃着舒服，水分也充足。

此外，还可以让豆类与谷类混合食用，起到蛋白质的互补作用；可以以深色蔬菜为主，各种色彩的蔬菜搭配，能激发幼儿的食欲。

## （三）形成好口味，益处伴终身

口味形成在儿时，因此，从小养成好的口味习惯，有益于终身。这些好的口味习惯包括：

1. 口味要淡

高盐对于身体的危害已为各国学者所共识，如高盐损害心血管的健康，高盐造成钙的流失，高盐导致胃黏膜损伤，等等。而口味习惯主要在儿童时期形成。如果这时候让孩子多吃原汁原味的食物，将大大降低盐的摄入，使孩子受益终身。

2. 要喝白开水

现在，各种口味的饮料充斥市场，很多孩子从小就习惯了含糖高的饮料。糖分太多，容易造成龋齿；而且，热量高，会造成脂肪堆积。白开水是最好的饮料，含有多种矿物质和营养素。应培养孩子喝白开水的习惯，建议每天喝 1 000～1 200 毫升白开水，并做到随渴随喝。

3. 尽量不偏食

小时候偏食、挑食，不仅会影响营养的均衡吸收，大部分偏食的习惯会产生持续影响，一直到成年。因此，应尽量做到让孩子不偏食、不挑食。要让孩子不偏食，家长首先要不偏食，因为家长的饮食习惯和态度会对孩子产生潜移默化的影响。如果孩子养成了偏食的习惯，不喜欢吃哪种食物，可以让孩子适当少吃一些，或者剁到馅里吃。实在不吃的，就换另一种可以替代的菜，同样可以保证孩子营养的摄入。一味强求会引起孩子心理上的反感。而在成长过程中，孩子的口味常会有一些改变，有可能会吃一些以前不爱吃的东西。

## 二、加强体育锻炼

体育锻炼可以增强幼儿体质。通过科学的体育锻炼，不仅能促进身体的正常发育和机能的协调发展，发展幼儿身体动作的协调性和灵活性，还能提高有机体对于环境的适应能力和对疾病的抵抗力及康复能力。体育锻炼也有利于幼儿心理良好、协调地发展，比如，培养幼儿克服困难的勇气、坚强的意志品质、乐观的生活态度。同时，通过体育活动，获得一两种感兴趣的体育技能，有助于丰富幼儿生活，增加生活的情趣。

### （一）开展多种形式的体育锻炼

1. 开展经常性的亲子体育游戏

每天，家长可以和孩子一起锻炼 30～40 分钟。尽量在室外，如果天气不允许，也可以在室内玩。可以玩一些追跑的游戏，如小孩小孩真爱玩（让孩子听指令，摸一摸指定的物体再跑回来，或者跳回来；玩过几次以后，家长和孩子互换角色）；也可以玩一些平衡的游戏，如跳过小河（在空地上放上拖鞋作为标志或者画上标记，让孩子当青蛙，踩着拖鞋装扮的"荷叶"过河）；又如，爬高山的游戏（爸爸趴在床上，孩子爬过爸爸的后背）；等等。游戏可以根据场地和锻炼的动作需要随时确定。

等孩子稍大一些以后，可以在户外运用器械和材料一起锻炼，如玩飞碟、跳绳、跳皮筋和踢毽子，这些活动不仅可以锻炼孩子身体动作的协调性和灵活性，也使亲子感情得到了交流。

2. 培养对球类活动的兴趣

球类活动对于增强孩子的体质，发展身体动作的协调性、团队的合作精神，都有十分积极的作用。一起玩球，也有助于培养家庭的共同兴趣和爱好。可以根据孩子的兴趣和场地的方便程度，选择篮球、足球、羽毛球、乒乓球，一起游戏和练习。由于孩子年龄还小，可以进行初级的练习，如拍球、踢球、传球。家长应让孩子接触多样的球类，为发展兴趣作好准备。

3. 鼓励孩子发展自己的爱好

由于专业培训班的兴起，各种体育特长班、兴趣班非常广泛。如果自己没有时间和精力，或者是感觉不够专业，家长可以适当让孩子选择一两个培训班，如游泳、滑冰、跆拳道，当然还有各种球类学习班。这些运动记忆是可以伴随终身的，而且，有的技能在幼儿时期学习比较容易，如游泳和滑冰。这些活动不仅让孩子接触到多元化的体育活动形式，而且增添了锻炼的途径和方法。在广泛接触各种体育活动形式之后，孩子有发现自己兴趣的机会。

### （二）开展体育锻炼应该注意的问题

在和孩子一起锻炼的过程中，有一些问题须要特别重视。

1. 和孩子一起作好活动的准备

首先，要准备丰富的器械玩具。3~6岁的儿童，活泼好动，什么都可以玩。家长可以利用丰富的玩具激发幼儿活动的兴趣，保持幼儿的活动，如棍、绳、圈、铁环、跳跳球等。

其次，要做好场地准备，活动前检查活动场地，保证没有危险物，给孩子一个相对安全的区域。

最后，检查孩子的着装，要便于活动，检查好鞋带、衣服等。

2. 发挥同伴在体育锻炼中的作用

如果邻居家有年龄相近的小孩，可以约着一起进行体育活动，或者到小区的活动广场和其他孩子一起活动。这样既有利于坚持体育活动，又增加了交往的机会，提高了能力。渐渐地，孩子就有了自己相对固定的玩伴。

3. 重视孩子意志品质的培养

体育活动要坚持，尤其是锻炼，坚持晨练或者冬练都有助于培养幼儿克服困难的精神和坚强的意志品质。家长要以身作则，言传身教。

## 三、培养良好习惯

良好的生活卫生习惯，基本的生活自理能力，是身体健康的保证，也是独立性发展的重要方面。良好的习惯和自理能力包括盥洗、睡眠、饮食、如厕和着装等方面。自理能力和生活习惯的培养，应该从生活中做起，可以着重考虑以下方面。

### （一）建立良好的作息制度

根据孩子发展的需要和家庭的实际，合理安排孩子一日生活的主要环节，如起床、如厕、盥洗、进餐、游戏、睡眠等，使孩子形成习惯，到什么时候知道该干什么，干时轻松愉快，从而形成动力定型。动力定型使得幼儿的生活更有规律，吃饭时有食欲，游戏时有精力，锻炼时有体力，入睡时有睡意，不仅使幼儿的神经系统受到保护，身体更快发展，一旦规律养成，也使成人教养轻松，生活更为有序。

生活作息制度具有较强的稳定性，这样才能发挥应有的作用。3岁以后的儿童，开始上幼儿园，生活作息时间要和幼儿园的作息时间相配合。早上有充足的起床盥洗的时间，有利于幼儿自己动手，完成穿衣、盥洗的任务。如果能够养成早上大便的习惯则更好，如果不能，利用餐后对孩子大肠的刺激，帮助排便。家长可以和幼儿园的老师配合，让孩子在幼儿园早餐后大便。

作息制度一旦订立，最好坚持一贯，但是并非一刻都不能差。根据季节、假期可作适当调整。同时，偏差不能太大，否则就不能发挥动力定型的作用，丧失了作息制度的意义，更添忙乱。

### （二）细致入微，教给方法

在培养孩子的生活习惯和自理能力的时候，要注意教给孩子正确的方法。方法正确，才能达到预先的目的。比如：洗手时，先卷好袖子（初学时成人可以帮助卷），然后接水把手浸湿，擦肥皂，反复搓洗手指、手心、手背，接水冲洗干净，用干净毛巾把手擦干。又如，刷牙也有一定的步骤：将牙刷浸湿；挤上牙膏；用水杯接水；漱一下口；先刷门牙，后刷两边，上牙往下刷，下牙往上刷，里里外外都刷到；接水漱口；把牙刷洗干净，刷头朝上放入口杯。又如，擦屁股时，要从前往后擦，等等。家长不要嫌麻烦，要细致入微，要教给方法。

### （三）增强教育过程的趣味性

2岁左右时是孩子的第一独立期，什么都是"我自己来"。这说明儿童有了独立的愿望，自我意识开始萌芽。这是开始培养孩子生活自理能力的最好时机。但是，在孩子养成习惯、培养能力的过程中，会有一些反复，家长不仅要坚持要求，还要增强趣味性，使得孩子在轻松、愉快的过程中掌握方法，提高能力。

比如，巧妙利用孩子喜欢的卡通形象。可以在牙刷、牙杯上贴上喜羊羊的卡通形象，早晚和喜羊羊一起刷牙；还可以在镜前贴上喜羊羊，和喜羊羊比一比谁的牙齿白，谁的脸洗得干净；等等。孩子喜欢什么形象，就用什么形象，这会让孩子觉得洗脸、刷牙是一件愉快的事情。

又如，孩子不喜欢单独睡觉，可以用他最喜欢的毛绒玩具陪他，赋予一定的角色行为"熊熊要睡觉了，请你陪他睡""星星和你一起睡，好吗？等你醒来了，星星就会来找你玩"，等到第二天早上，孩子起来看到枕头边的星星，心里充满了快乐和满足。

在培养孩子自理能力和生活习惯的过程中，家长要巧妙利用故事、童话，采用游戏的方式，让孩子轻松、愉快地践行，慢慢地，习惯成自然，好的习惯就得到了内化。

### （四）及时鼓励，强化良好行为

阳阳不爱自己吃饭，妈妈在墙上贴了一张表格，每次他自己吃一顿，妈妈就奖励给他一面小红旗。如果一周有 5 面小红旗，就可以去图书大厦挑一本自己喜欢的书。阳阳特别喜欢看书，尤其是知识类的图画书。当得到第一本书以后，他看到妈妈没有食言，更加增添了信心和自觉性。随着得到的书越来越多，阳阳自己吃饭的习惯也养成了。

除了奖励孩子喜欢的图书，妈妈还会当着客人称赞阳阳的进步。爷爷奶奶来家里了，妈妈让爷爷奶奶看阳阳得到的红旗，在吃饭前，会说："爷爷奶奶，你们看看，现在阳阳吃饭多棒！"大家你一言我一语，肯定阳阳的进步。现在，阳阳吃饭再也不让人操心了。后来，妈妈用同样的办法，培养了孩子自己洗手绢、洗袜子的好习惯。

这就是在培养孩子良好习惯的过程中，运用强化的效果。在运用强化的时候，要注意几点：一是目标行为明确，培养哪种好习惯、好行为要有具体的要求。二是强化物是有利于孩子发展的。如上例中，如果用糖果，则只能起到一时效果，而且过多糖果不利于孩子的健康。用孩子喜欢的图书、活动作为强化物，可以起到"一箭双雕"的效果。

此外，在培养孩子良好习惯、生活自理能力的过程中，要注意一致性和一贯性。家庭成员之间的要求应一致，并坚持一贯，不能高兴就要求，不高兴就不要求。

## 四、培养自护能力

培养儿童的安全意识，让他们了解安全和自我保护的常识，提高自我保护能力，可以从以下几方面着手。

### （一）创设安全的生活环境

家是安全的港湾。但是，超过 50% 的伤害事故却是发生在家庭中。因此，安全的生活环境非常重要。家里有年幼的孩子，如果住在高楼，最好有防护窗；电源不宜暴露在外面，家具和家电最好不要有尖角和裂缝；热水瓶、开水的放置要远离过道，或者是孩子的手能接触到的地方；家庭药品要收好；等等。

### （二）在生活中渗透安全常识

抓住生活的点点滴滴，对幼儿进行安全教育。例如，要保证在家庭中的安全，要让幼儿知道：不摸电源，不爬窗台，远离开水瓶；烧烫的汤要吹一吹，才能小口慢慢喝；帮大人递小刀和剪刀，一定要口朝下，不能跑；不玩尖利的物品；等等。

保护自己身体的健康和安全，也须要在生活中渗透和练习。例如：告知孩子保护五官的重要性和方法，并在生活中多多提醒和监督；不过多看电视；不挖耳朵和鼻子，不往耳朵和鼻子里放小豆和玩具；等等。

外出时，引导幼儿遵守交通规则，会看交通标志以及其他的安全标志，知道红灯停、绿灯行，过街要走人行横道线；和妈妈去商店买东西不要离开大人，不跟陌生人走，不吃陌生人给的东西；带孩子去超市或商店买东西，家长和孩子一起看保质期，养成食品安全意识。要提醒孩子哪些地方是危险的地方，不能去玩。例如，没有爸爸妈妈的带领，不去河边玩耍，游泳一定要有爸爸或妈妈的陪同，不在马路上踢球，等等。

在生活中，还可以采用游戏的方式，让孩子记住家庭地址、爸爸妈妈的姓名和电话，知道万一走失如何找到可靠的人。

**（三）利用契机进行安全教育**

报纸、新闻、图书中常常有一些安全事故的案例，利用这些机会，可以和孩子讨论，使孩子对事故后果有一些感性经验。比如，汶川的5·12大地震后，人们防灾、减灾的意识有很大增强，怎样在地震、火灾等灾害中逃生，是安全教育的重要组成部分；地震后，如果来不及跑出去，应该藏在什么地方？发生火灾后，怎样逃生？这些都应该和孩子一起学习和练习。

又如，电视中讲到一个事故，一个孩子在停车场一辆车的后面玩，结果这辆车倒车，把孩子撞倒在地上。这既给家长敲响了警钟，又让孩子看到了事故的严重后果，家长和孩子印象深刻，自然就开始讨论怎样避免类似的事故。以后再向孩子提出相应的要求时，孩子就能记住和接受了。

类似的报道很多，可以选择一些案例与孩子讨论。但是，在和孩子讨论的过程中，也不能恐吓，让孩子觉得四周都是危机。主要是要让孩子体会到，遵守一定的规则，既是保护自己，也是保护他人，从而让孩子安全自护的能力和意识都有提升。

保证孩子的安全，促进孩子的健康发展，渗透在生活的每一个环节，要充分体现保教结合的观念，需要掌握正确的方法，更需要有家长和教育者的细心、耐心和责任心。

# 第四节  3～6岁儿童心理发展的家庭教育指导

家庭教育和机构教育一样，都是以儿童全面发展为目标。家长要创造各方面的条件，促进孩子认知、社会性和审美的发展。但是，由于家长身份、家庭生活环境的特殊性，家庭教育的内容、方式有其独特性，在促进幼儿心理发展方面也是如此。本节没有全方位地介绍促进儿童各方面发展的方法，而是进行有重点的介绍。

# 一、语言发展

儿童语言能力，包括倾听、理解、表达和阅读能力。语言能力的提高，是一个综合的过程，家庭应该从提供儿童宽松的语言环境、耐心倾听孩子的谈话、满足孩子表达的需求、愿望，引导孩子接触和欣赏较好的儿童文学作品等方面促进儿童语言的发展。

## （一）创设良好的语言环境

陈鹤琴先生说过："发展幼儿语言的关键，是创设一个能使他们想说、敢说、喜欢说、有机会说并能得到积极应答的环境。"家庭是孩子温暖的港湾，温暖、宽松、关爱的家庭氛围，不仅对于幼儿安全感的建立、良好的自我意识的形成具有重要意义，对于孩子语言的发展同样具有重要的作用。在宽松的、安全的环境里，孩子愿意交流，喜欢表达。

1. 让孩子爱说、有机会说

有过养育孩子经验的家长都知道，孩子只要一开始学说话，小嘴就会不停歇，从早上醒来开始说话，一直到晚上睡着才会停。这既是在练习发音，也是在学习社会性语言。因此，家长的关注、微笑、语言交流都是对孩子的鼓励，使孩子爱说；而忽视、冷漠、否定的评价则会使孩子渐渐失去说话的积极性。比如，3 岁左右的儿童，语言表达并不流畅，这时候，家长一定要放慢节奏，耐心地听孩子说完，并用鼓励的眼光看着孩子，并给予回应，或者用简洁的语言提炼孩子刚才的请求或是描述。孩子说不清楚时，如果家长总是着急地说："说的什么呀。"孩子说话的积极性就会大大降低。因此，语言环境的创设，宽松是首要的因素。

2. 积极地给予应答

语言是在与人的交流中发展起来的，是在运用的过程中发展的。从孩子发出第一个音节的欣喜，到学会叫爸爸妈妈，再到说出句子，最后到说儿歌、讲故事，莫不是家长积极应答、互动的结果。应答有方，积极有道，有利于促进孩子语言水平的提高。比如，孩子发出一个音节 ba，最开始可能是无意识的，但是，爸爸听到以后，却欣喜地抱着孩子，连说："再叫，再叫'爸爸，爸爸'"孩子就慢慢地将音节赋予含义，将"爸"与眼前这个高高大大的人联系在一起。孩子说 nai，根据情境，可能是奶奶，或者妈妈手拿奶瓶，妈妈也重复这个音节，并说"奶瓶"，当孩子说"奶瓶，宝宝"时，妈妈可能强调"宝宝要喝奶"。这种应答，既表示听懂了孩子的话，又作出了正确的语言示范。

又如，4~5岁的孩子在讲故事，或者是讲一件事情的经过时，有时候会很不厌其烦地说一些细节，因而不能完整、流畅地讲述整件事情。孩子在说星期天去春游这件事情时，当说到路上看见一只猫，可能会对这只猫的大小、毛色、动作详细描述，而忘记了继续讲述春游事情的经过。这时候，家长要耐心听孩子说，然后提醒说："看见完小猫以后，又遇到什么？做了什么事？"这样既表示了对孩子表达的肯定，又让孩子回到讲述的主题上来，使孩子在练习中、在家长暗含的示范提醒中，逐渐增强讲述的逻辑性。

**（二）扩展生活经验，促进语言发展**

儿童语言的发展与其情感、经验、思维、社会交往能力等方面的发展密切相关，因此，应该在丰富多彩的活动中去扩展儿童的经验，提供促进语言发展的条件。

首先，带孩子到大自然中，丰富的环境和活动可以丰富孩子的语言。例如，春天来了，带孩子到野外踏青、赏花、植树。让孩子描述春天姹紫嫣红的景象，说一说植树的过程，"先挖坑，一个坑有这么宽（作出环抱的动作），有这么深，都快到我的肚子这么高了。""把树苗放进去，然后一铲子、一铲子，把土放进去，再踩土，把土踩实，最后浇水"。因为有了感性经验，孩子在讲述的时候，词汇丰富了，连贯性增强了，内容也从家里扩展到了自然和活动。

其次，走出家庭，增加交往，丰富孩子语言交往的经验，鼓励孩子和其他小朋友一起玩。在与同龄幼儿交往的过程中，孩子们逐渐学会了用语言进行社会交往的规则。比如，知道要轮流说话，倾听同伴的语言，学会协商。又如，带孩子去朋友家玩，鼓励孩子学会礼貌地问好，回答大人的提问，对别人的帮助表示谢意，等等。这些经验的扩展都会丰富孩子语言的形式和内容。

**（三）在阅读中发展孩子的语言**

阅读不仅是学习、获取知识的重要途径，更是丰富生活和陶冶情操的组成部分。阅读兴趣的激发、阅读方法的获得、阅读快乐的体会，是3~6岁儿童家庭教育的重要内容。对于儿童来说，阅读具有的独特意义在于，它对发展儿童的语言有独到的作用。

1. 阅读对儿童语言发展的作用

（1）阅读能为孩子提供正确的语言示范，发展孩子的倾听和理解能力。在家庭中，阅读常常是从妈妈读、孩子听开始的。这种形式的阅读，最好是家长用普通话朗诵故事书的文字。书中的文字经过了锤炼与推敲，优秀的故事或儿歌能体现母语语言的美感，能带来口语所不具备的魅力。如果家长能够用普通话朗诵，既可以使孩子得到标准语言的示范，又可以发展孩子倾听和理解语言的能力。

（2）阅读为孩子提供了接触优秀文学作品的机会，为孩子体会语言文字的美和发展连贯的讲述能力提供了机会。家长精心挑选的图书，是经过时间和实践的选择留下来的经典故事和图书，有对善良、勇敢、智慧的赞美，能陶冶孩子的性情。更重要的是，这些作品在语言上，也是非常丰富和幽默的，能让孩子体会到语言的美。孩子阅读以后，可以给家长、小伙伴复述，锻炼连贯讲述的能力。

（3）在阅读中孩子能培养出对文字的敏感。识字不是阅读的目的，但是，在朗读图画书的过程中，孩子自然地将口语与书面语言建立一一对应的联系。到了大班，孩子慢慢地会认识很多文字，他们逐渐理解到了文字的含义，并且有了识字的愿望。这就为孩子学习书面语言奠定了良好的基础。

2. 怎样帮助儿童阅读

（1）在家庭教育中为孩子创设良好的阅读环境，开展多种形式的亲子共读活动。除了家中有书房（书柜），还应该有孩子的书柜，书柜和孩子身高相当，便于他自己取放。而且，这个环境应该是灵活和互动的，而不是摆设。每天，妈妈从书架上拿出童话书给孩子读，或者别的小朋友到家里来了，孩子拿出书给别人介绍。既有书，又看到读书的行为，这就是一个互动而灵活的阅读环境。如果生活在一个充满了图书的世界，孩子会觉得书就是生活的一部分。

（2）每天最好有相对固定的亲子共读的时间。一般情况下，这个时间可以安排在睡觉前。这时候读书，周围环境比较安静，家长和孩子心情也会逐渐平静下来，专心于阅读，同时也有利于孩子的大脑活动逐渐平静，有利于睡眠。

（3）开展多种形式的亲子共读活动。亲子共读有多种形式，可以妈妈读孩子听，还可以妈妈和孩子一起讲，尤其是书中比较有意思的、重复的语言。比如，在读图书《好饿好饿的毛毛虫》时，总是有一个固定的句式："星期一，毛毛虫吃了一个草莓，可是，肚子还是好饿好饿""星期二，毛毛虫吃了两个……还是好饿好饿……"，再往下，孩子就会自己说了："星期三，毛毛虫吃了三个……"，这就成为亲子之间一个好玩的语言游戏。还可以玩续编故事的游戏，家长（孩子）读故事的一部分，另一部分请孩子（家长）编。还可以家长提问，请孩子到书中寻找答案。

在多种形式的阅读中，孩子逐渐认识到阅读的意义，有了问题也能够自己到书本中去寻找答案……很多好玩的故事便发展了孩子对文学作品的兴趣。在多种形式的阅读中，孩子掌握了阅读的方法，获得了文字阅读能力。而且，长期与图书相伴，使孩子浸染在书香中，阅读成了孩子生活的一部分。这种良好的习惯和情操，使孩子受益终身。

## 二、认知发展

儿童旺盛的求知欲和好奇心，是他自身发展的动力。家庭教育的一个重要的任务，就是保护孩子的好奇心和探究欲，提供环境和条件，鼓励运用各种感官，动手、动脑解决问题，使儿童在做中学，玩中学，在探究中学习探究、发展认知的能力。

### （一）激发儿童的好奇心和探究欲

对儿童来说，他的周围是一个充满了新鲜和刺激的世界。电是从墙里出来的吗？雪花是从哪里来的？为什么春天来了，花就开了？小蚂蚁喜欢吃什么呢？面对生活中的一切，儿童小小的脑瓜里装满了好奇和疑问，这正是孩子求知欲的体现。但是，孩子的好奇心和探究欲是否能持续，还有赖于家长的态度和策略。当孩子提出问题时，如果因为孩子的幼稚一笑了之，甚至取笑，则不仅失去了教育和引导的时机，而且还让孩子觉得自己受到了忽视和否定，对他们的好奇心是一种打击。有的家长认为这正是引导孩子学习和探究的好时机，抓住其中一些有意思的问题，让孩子自己寻找答案，或是和孩子一起寻找答案。比如，当孩子提出蚂蚁喜欢吃什么的问题时，家长就可以和孩子一起去观察。先和孩子一起来猜一猜，蚂蚁喜欢吃什么呢，然后将不同的食物渣滓撒在蚂蚁出入的地方，请孩子观察并得出答案。这样，孩子的好奇心得到了满足，也懂得了设问、猜想、试验、得出答案的科学探究方法。这种对孩子提问的处理，就为孩子提供了安全、开放的态度和宽松的环境，保护了孩子的好奇心。

除了巧妙应对孩子的提问，家长还要抓住生活中的一切机会，教给孩子质疑的方法，提出探究的问题。比如，冬天孩子从外面玩雪回来，带了几个雪球，放在不同的地方，有的融化得快，有的融化得慢，这时家长可以引导孩子提出问题"为什么有的化得快，有的化得慢呢？"再和孩子一起商量探究的步骤和过程。

### （二）提供多种在生活中探究和学习的机会

陶行知教育思想的核心是"生活即教育"。生活中不仅蕴涵着促进孩子身心发展的丰富内涵，更蕴涵着丰富的学习机会。家长要做个有心人，不仅要充分利用生活中的资源，还要创造各种学习和探究的机会。这些机会包括：

1. 种植和饲养

有条件的家庭，可以和孩子一起养一养小动物。很多孩子喜欢养小兔子、小乌龟、小金鱼，这些都蕴涵着学习的机会。通过饲养，孩子可以观察小动物的生长，了解它们的生活习性，培养观察的兴趣和能力，学会关心小动物，培养热爱劳动及善待动植物的情感。

有种植条件的家庭，还可以和孩子一起种植。先和孩子一起整理好种植园地，让孩子一起参与劳动；选好种子，猜一猜小树苗是什么；小苗长出来以后，让孩子学习浇水、种植、照顾小树苗，了解植物生长的条件，并做一做观察记录，从小培养孩子科学学习的意识和能力。没有种植园地的家庭，可以在花盆中种、泡一些小苗，如蒜、水仙等，同样可以让孩子观察、记录、照顾植物的生长，获得相应的经验。

2. 远足和参观

带孩子参观各种博物馆，如天文馆、科学馆、自然博物馆等。博物馆里经常有精彩的科普活动，这些活动可以让孩子了解生活中的科学原理，并为他们提供更为广阔的探究天地，极大地开阔了孩子的视野，也在孩子的心中种下科学的种子。

在春暖花开、秋高气爽的季节，家长可以带孩子走入大自然。看春季百花盛开，夏季蓬勃生机，秋季硕果累累，冬季白雪皑皑；感受草原的绿，大海的蓝，森林的绿。家长可以让孩子采集标本，寻找动物，积累有关生物、非生物的知识经验。这一切，都会带给孩子积极的生活体验。

### （三）和孩子一起学习科学的方法

学习兴趣的激发、环境的创设，都有助于孩子走近科学，家长还可以蹲下来和孩子一起学习探究，动手解决问题，体验发现的快乐。

比如，夏天天气特别热，妈妈下班回来，想喝水了。可是家里只有开水了，怎么办呢？妈妈灵机一动，把这个任务交给孩子。于是，孩子提出了办法：用电风扇吹；用一个盆接上凉水，再把杯子放进去冰镇；直接从冰箱里拿冰块，加进开水里；等等。妈妈又说，你猜一猜吧，哪个先凉？然后用这三种方法一起试。最后，孩子得出结论，用冰块最快，用电风扇最慢，但也比自然放凉要快一些。

这样，一个简单的问题，在妈妈的启发下，孩子动手动脑，自己得出了答案。并且，在这个过程中，从设疑到猜想，再到试验验证，孩子体验到了发现的快乐，也学习了科学探究的方法。

家庭中的探究和学习，有的是家长精心设计的，有的是随机性、偶然性的，有的是需要创设环境和条件的，但是都与孩子的真实生活紧密联系。最重要的是，家长要为孩子的发现和学习提供支持和引导，让孩子的学习自然而然地发生，在轻松、愉悦中获得发展。

## 三、社会性发展

正如前文所论述的，家庭教育最重要的目的之一，是要促进幼儿的社会化。社会化既包括个体获得特性特征、观念和信念的全部过程，也包括人与社会的相互作用，以及解决社会实际问题。在家庭中，家庭的环境和氛围、父母与孩子互动的方式、父母自身的思想观念和行为方式、家长为孩子提供的社会学习的机会，都会对孩子社会性的发展产生影响。本文仅从以下几方面谈家长如何培养幼儿的社会性。

### （一）接纳、肯定孩子，培养自尊、自信

孩子是家庭的未来与希望。从呱呱坠地，到蹒跚学步，再到长大成人，孩子的每一步成长都倾注着家长的爱心、期望和智慧。也许，在孩子出生以前，每一对夫妇都对自己的孩子有诸多的幻想和憧憬，从孕期就开始注意营养，坚持胎教，希望生一个聪明、健康、漂亮、懂事的宝宝。但是，每个孩子都是不一样的。当孩子出生以后，长相各异，反应不同，气质也大不一样；对家长的抚养和照顾，不同孩子的反应也会不同；随着年龄的增长，孩子的差别更是显现出来，或者高，或者低，与家长的期望，有的一致，有的不一致。对此，家长应能理性地对待，根据孩子的个性特征和先天条件，调整自己的期望，选择适合的教养方式。从心底里，每一个父母都会爱自己的孩子。但是，什么是真正的爱呢？

首先，要接纳和肯定孩子，真正地欣赏孩子。

如果孩子与家长的期望比较一致，气质类型与主要抚养人一致，性格与家长期望的类型一样，那么，抚养人与孩子之间产生冲突的机会就会少很多，孩子受到的负面评价就会少。学龄前儿童的自我评价最初来自于生活中重要成人的评价。在这种情况下，孩子看到的目光、感受的氛围都是支持性的，因此有一个安全的心理环境，才能帮助幼儿逐渐发展积极健康的自我评价，建立起自尊和自信。

如果孩子与家长的期望不一致，气质或是性格与家长的类型不一样，而家长又不能理性地认识到"每个孩子都是不一样的"，反而认定孩子不好，并在语言、动作中表现出来，就会影响到孩子。孩子是很敏感的，一旦他觉得自己不受欢迎，就会受挫，感到

不安、委曲和焦虑，这是自卑产生的重要原因。因此，培养孩子的自尊、自信，首先要接纳自己的孩子，并按照孩子的天性养育孩子。教育要适应不同的孩子，而不是让所有的孩子来适应同一种教育。

其次，要正确评价自己的孩子，引导孩子正确地认识自己。在日常生活中，家长要及时肯定孩子的进步，在评价孩子时，不要总是和别的孩子比，尤其是拿自己孩子的不足去和其他孩子的优点比较。而是要引导孩子进行纵向评价，让孩子看到自己的努力与结果，从而增强自信心。对于犯了过失的孩子，要理性地帮助孩子指出，晓之以理，动之以情，既让孩子认识到过错，知道怎样做才是正确的；又要就事论事，切忌全盘否定。当然，如果孩子犯了过错，家长却认为自己的孩子就是好，听之任之，也会丧失教育机会，使孩子盲目自负。对于孩子，一定要牢记"勿以善小而不为，勿以恶小而为之"。

家长要宽容和理解孩子，客观地评价孩子，关注他们的精神需要，多鼓励，少批评。凡是自信心强的孩子，大多活泼开朗，能够充分发挥智慧、潜能，而自信心、自尊心较弱的孩子，学习消极被动，成就动机低，实际完成任务的过程中也容易半途而废。

### （二）爱孩子，让孩子学会爱

"爱孩子，那是母鸡都会做的事情"。这里指的是爱自己的后代，这是动物界的一种本能。但是对于人类来说，爱孩子更是一种高尚的高级情感。人类对孩子的爱，含有理性和教育的成分，表现在对孩子的爱能掌握爱与严的尺度。正如前文所述，爱孩子，既要肯定和接纳，尊重孩子的人格，尊重孩子的差异，满足孩子的正当需要，又要抵制孩子不合理的要求；要耐心培养孩子讲文明、懂礼貌、爱学习的习惯，又要不放任孩子错误的思想和行为。

而更重要的一点，是让孩子在爱的氛围中学会爱。大部分的家长在付出自己的爱的时候，并没有想到过回报，也可能觉得爱是一件自然的事情。在爱的环境里长大的孩子，乐观、自信，也容易对弱小者同情，对父母和家人表达自己的爱和关心。但是，爱也是一种能力，仅有爱的体验是不够的，家长还要告诉孩子怎样关爱亲人和朋友，并在生活中注意培养和练习。

有一个案例让人深思：一位妈妈每天给孩子买水果，好的、大的都给了孩子，自己却从来没有吃过。有一天，妈妈买了一把香蕉，递给儿子，当时自己也饿了，于是顺手就拿起一根香蕉吃了起来。结果，孩子很生气，说："妈妈，你为什么吃我的香蕉？"说完还想把香蕉夺回来。妈妈当时震惊了，没有想到自己的爱造成了孩子如此自私的心理。从那以后，她不再让孩子单独吃水果，而是让孩子和家里人一起分享水果和零食。孩子逐渐养成了关心家人的习惯。

因此，在家庭教育中，家长要注意萌发孩子爱的情感，培养孩子爱的能力。爱家人，知道关心爸爸妈妈，了解父母工作的辛苦，定期和爸爸妈妈一起去看望爷爷奶奶、外公外婆，知道要孝顺老人，并给爷爷奶奶捶捶背，递水果、眼镜等，帮妈妈一起做一点力所能及的家务事。这样，孩子不仅有爱的意识，更能体会到关爱家人的快乐。

### （三）在交往中发展孩子的交往能力

要让孩子学会游泳，就必须把他放到水中。交往能力是一种实践性很强的能力，孩子须要有交往的实践，只有在交往实践中，孩子才能学会交往。

交往包括与成人的交往和与同伴的交往。在与成人的交往中，不仅要与家人相处，学会关心和爱护家人，也要与父母的亲朋好友交往，做到大大方方、有礼貌。家长应该利用家里来客人的机会，锻炼孩子的交往能力。比如，让孩子学会大方地和客人打招呼，当客人问他一些问题时，能够大方地作答。有的孩子本身很内向，家长不必要求他每次都能打招呼和陪客人说话，但是，家长应该坚持提出要求或是提醒，即使孩子在短时间内做不到，他们也能学会这些与成人交往的礼仪。平时带孩子到小区玩，也会有很多接触其他成人的机会，这都是很好的教育契机。

在儿童4岁以后，同伴交往变得越来越多，提供了孩子社会学习的机会，他们能在和同伴的游戏中学会怎样和同伴相处。现在大部分家庭只有一个孩子，家长可以给孩子们创造一起游戏的机会，例如，和小区里同年龄段的孩子一起玩，放假安排孩子和年龄相近的同学一起聚会，等等。对于一些比较投缘的同伴，可以与他们建立固定联系，让孩子有固定的玩伴，这对于满足孩子的心理需求有重要作用。在游戏中，孩子们还会担任不同的角色，为完成一个共同的目标而努力，体验到分工与合作。游戏中也会产生争执和矛盾，比如都想玩一个玩具或者都想担当某一个角色。这些争执和矛盾恰好是孩子交往能力的生长点，家长要引导他们学会协商，自己定一些规则并遵守。家长们观念一致，积极引导，放手让孩子自己解决问题，就能使孩子的交往能力得到提高。而且，孩子在争执和矛盾冲突中，也开始了解他人的想法，为思维的去自我中心奠定基础。

### （四）培养孩子正确的道德观念和行为

幼儿期是孩子的道德观念开始形成的时期，家长应让孩子知道什么是好的观念和行为，什么是不好的观念和行为，形成初步的辨别是非的能力。孩子们最初在故事中获得一些是非观念，如《狐狸和兔子》《金鸡冠的公鸡》，都是聪明的小动物利用自己的智慧和勇敢打败凶恶的敌人的故事；《手捧空花盆的孩子》《狼来了》的故事，彰显了诚实的可贵；《龟兔赛跑》的故事告诉孩子们，不怕困难，坚持努力，就一定能成功。在讲故事的过程中，要引导孩子进行情绪体验，明辨是非。

但是，要培养孩子正确的道德观念和行为，仅通过故事是不够的，还要在日常生活中，结合发生在孩子身上、自己家人身上、周围环境中的事例进行讲解，进一步引导孩子明辨是非，知道为什么要这么做，增强孩子鲜明的爱憎情感和道德认识。同时，对孩子表现出的正确的观念、良好的行为（如诚实、勇敢、守信、友好、不怕困难等）要积极强化，使孩子在实践良好行为时有积极的情绪体验，感到愉快。比如，孩子和好朋友约好了星期天一起出去玩的时间，而到了星期天的早上，孩子却赖在床上不愿意起床，妈妈不能因为孩子的软磨硬泡轻易取消这个约定，而要耐心说服孩子，告诉他这样做好朋友会多么失望，并在孩子起床后给予鼓励。同时，两个好朋友在随后游戏中愉快的情绪体验，也是对孩子克服困难、守信意识的强化。

当然，在孩子的道德启蒙过程中，更应该强调的是家长的行为。在道德教育中，家长观念和行为的示范性，使得家长更应该审视自身，身教重于言传，"勿以善小而不为，勿以恶小而为之"。

## 四、美的熏陶

美的感受力和表现力须要从小培养，家长可以从观念的渗透到环境的提供，再到艺术能力的提升等方面，给予儿童艺术能力的发展和美的熏陶。

### （一）给予儿童健康的美的观念

什么是美？每个人心中都有答案。亚里士多德说"美是一种善"，黑格尔说"美与真是一回事"，威·沃森说"端庄即至美"，这些都是对美的高度概括。这也说明对美的感受虽然是个体的体验，但是有一些共性的要素，如真、善、自然、端庄和得体等。对于儿童来说，对美的理解，与具体的事物、现象是联系在一起的，感受也不一定能用语言表达出来，但是，应该结合生活、环境和作品，让儿童认识到什么是美好的事物，从而引领他们正确的审美情绪。这些审美观念，应该渗透在生活中，渗透在家长的言谈举止中。

1. 创设美观整洁的环境，让儿童体验整洁美

家庭环境应当整齐、清洁，物品的摆放应该有序。在客观条件允许时，家庭作适当

的装饰，如摆放花草，墙上挂一些装饰品和一些有情趣的小物件、艺术品等。让孩子感受到家庭环境的整洁和情趣也有利于孩子养成良好的卫生习惯，将自己的东西收拾整齐，并放在固定的地方。这种整洁的环境让家人身心舒畅，也让孩子意识到整洁有序是一种美。

2. 儿童的衣饰打扮体现出健康是美，得体是美

儿童的服饰以美观、大方，舒适为原则，最好是棉制品，不宜有过多的饰物（利于游戏和活动）。家长在给孩子挑选衣服时，可以考虑孩子的心理需要，比如：小女孩喜欢粉色的衣服，带着小花和蝴蝶结；小男孩喜欢有小老虎、小汽车的卡通形象的衣服。但是，不管是从经济的角度，还是从培养孩子节俭习惯的角度，都不应追求品牌。现在有的家长非名牌不买，孩子非名牌不穿，这容易养成孩子爱慕虚荣的毛病，认为名牌才是美，昂贵才是好，不利于健康的审美观念的形成。

### （二）引导儿童发现美、欣赏美、享受美

生活中并不缺少美，缺少的是发现美的眼睛。让孩子有一双发现美的眼睛，学会欣赏美、享受美，要从生活中开始。家长应引导孩子感受生活中美好的人、事、物，使孩子潜移默化地受到熏陶，引导孩子感受自然美，欣赏艺术美，并从中得到美的享受。

1. 感受自然美

自然界的景观、声音都充满着韵律和节奏，包含美的规律和要素。花开花谢、潮涨潮落、春燕南来、黄鹂清啼，这些都是自然界最美好的色彩和最动听的声音。家长要善于引导孩子感受自然，如"听，这是什么声音。看，那是什么东西"。要经常带孩子走入大自然，欣赏自然界的景观，让孩子经常受到感动。有条件的家长，可以利用度假的时间，带孩子走进不同的山水，了解各具特色的自然景观，使孩子在了解美丽的地球和自然的同时，感受不同的形式美。如：江南小桥流水，婉约的美；西北雅丹地貌，诡异的美；内蒙辽阔草原，壮阔的美。没有经常外出行走条件的家长们，身边也一样有美景。比如，在回家的路上，有一段种着银杏树的路，一到秋天满眼金黄，地上还铺满了金黄的落叶，夕阳下带孩子在这里拾落叶，也有入画的感觉。经常让孩子置身美的环境，自然能让孩子受到熏陶。

2. 欣赏艺术美

艺术作品集中体现了美的普遍规律，具有美的典范性，易于为儿童感知。因此，应该让儿童从小多接触艺术作品。2岁以前的儿童一般对节奏鲜明、旋律优美、音响柔和的音乐产生比较积极的反应；3~6岁的儿童，对乐曲的理解能力逐渐增强，这时可以

为他们播放一些不同主题的乐曲，如柔美的摇篮曲、雄壮的进行曲、甜美的幼儿歌曲。随着儿童理解能力的逐步增强，欣赏也可以逐步细化。家长可以针对同一主题，播放不同的曲子。比如，同样是进行曲，有玩具兵进行曲、骑兵进行曲、狮王进行曲等，儿童逐渐能理解其中不同的感觉。有的家长在怀孕时就坚持胎教，孩子出生后可以继续播放，还可以增加一些世界知名乐曲。适宜选择的名曲如资料卡片4-6所示。

## 资料卡片4-6

### 名 曲 荟 萃

（1）《江南好》《春风得意》——音乐欢快明朗，听着心情就欢快起来。

（2）《春江花月夜》《塞上曲》《小桃红》《平沙落雁》——使人心情平静，解除忧郁。

（3）《二泉映月》《渔舟唱晚》《平湖秋月》——恢复平静，帮助睡眠。

（4）《娱乐升平》《步步高》《狂欢》《团结就是力量》——曲调激昂，旋律变动较快，引人向上，振奋精神。

（5）《花好月圆》《欢乐舞曲》——充满生活热情，令人心情愉快，食欲大增。

（6）约翰·施特劳斯的《维也纳森林的故事》——感受春天早晨的气息。

（7）贝多芬的F大调第六交响曲《田园》——在细腻的乐曲中享受宁静。

（8）老约翰·施特劳斯的《拉德斯基进行曲》——激情澎湃中感受无限活力。

（9）勃拉姆斯的《摇篮曲》——感受妈妈无尽的爱。

（10）维瓦尔第的小提琴协奏曲《四季·春》——感受生机盎然的春天。

（11）普罗科菲耶夫的《彼得与狼》——感受勇敢。

（12）德沃夏克的E小调第九交响曲《自新大陆》第二乐章——抚平焦躁的心情。

（13）约纳森的《杜鹃圆舞曲》——特别适合在早晨睡醒后倾听。

（14）格里格的《培尔·金特》组曲中《在山魔王的宫殿里》——感受力度与节奏。

（15）罗伯特·舒曼的《梦幻曲》——感受清新与自然。

美术作品的欣赏也是如此。应该多让儿童欣赏一些名画、儿童画。有意识地引导儿童发现和感受作品中的美的东西，如感知对象的刚与柔、方与圆、大与小、近与远、冷与暖、对比与协调、明快与灰暗、对称与均衡，以至于美与丑，等等。让孩子尝试运用艺术的语言说一说他们听到的、看到的都由几部分组成，心情怎么样，等等。

### （三）支持儿童的艺术兴趣，鼓励他们创造美

绝大多数儿童有天生的艺术兴趣，很喜欢参加各种艺术活动，例如：涂鸦，体验自己动作的成果，感受颜色的魅力；捏泥，感受造型的快乐；绘画、剪纸，敲击乐器；等等。这既是儿童学会欣赏美、享受美的过程，也是他们创造美的过程，童年期的孩子无拘无束，思维积极活跃，应该解放他们的双手和大脑，让他们自由想象和创造。这种创造的天性和能力，比单纯的艺术技能的获得更加重要。

为了培养儿童创造美的能力，家长应该提供各种材料和工具，让他们有自由从事艺术活动的机会，提高艺术活动的兴趣和技能。

有的家长很有激发孩子兴趣的意识，他们把孩子绘画的作品展示在家中；客人来了，他们鼓励孩子跟着音乐一起唱一首歌，跳一个舞；等等。这些，都能给孩子带来成功感。这时，也切忌强孩子所难，孩子不愿意的时候不要勉强。

有条件的家长，可以让孩子适当地参加一些艺术兴趣班，如舞蹈、乐器、绘画、书法等，参加这些兴趣班，有助于发现孩子的艺术潜质，用专业的指导，循序渐进地发挥孩子的艺术潜能。要注意的是，兴趣班以发展兴趣为主，应该有适合孩子的教学方法，在大胆表现的过程中提高孩子艺术表现的能力，而并非技能训练。家长要经过甄别，避免让孩子参加以机械训练的方式进行教学的艺术班，以免导致过早的定向和机械训练导致孩子产生厌学情绪，反而损伤孩子学习的积极性，使可能的艺术潜能遭到扼杀。

艺术可以激发孩子的想象和智慧，培养孩子的情感和情操，提高对美的感受力，使孩子的生活充满情趣。

须要指出的是，在论及家庭教育的目的、任务、内容以及指导方法时，我们相对划分出各个领域，代表孩子发展的不同方面。但是，孩子的发展是一个统一的整体，任何一种教育影响，会对孩子各方面的发展起到作用；而任意一方面的发展，也是通过多种方式，在各类不同的活动中实现的。因此，在家庭教育指导的过程中，要特别注重孩子发展的整体性、教育的渗透性，发挥各方面教育互相配合和支持的作用，以促进孩子全面而富有个性的发展。

# 本 章 回 顾

## ⊙ 内容小结

- 3～6 岁被称为幼儿期，在 3～4 岁、4～5 岁、5～6 岁，孩子的身体发育、心理发展都呈现出阶段性特点，因此，我们分阶段对幼儿的身心发展作了全面而形象的介绍，便于了解这个阶段孩子的发展概貌。

- 教育目标的制定既要符合儿童身心发展特点，又要符合时代的发展对人才规格的要求。本章在介绍家庭教育的总目标的基础上，从身体发展、认知发展、社会性发展、美的熏陶等几方面，介绍了家庭教育的任务。

- 维护幼儿健康、促进身体发展是 3～6 岁家庭教育的重要内容。促进幼儿身体发展包含4方面的内容：提供均衡营养，加强体育锻炼，培养良好习惯，培养自护能力。

- 心理发展指导也要全面，主要包括语言发展，认知发展、社会性发展、美的熏陶4方面。每一项内容都有具体、有益的指导措施。

## ⊙ 关键词

3～4 岁身心发展特点　　4～5 岁身心发展特点　　5～6 岁身心发展特点
直观动作思维　　　　　具体形象思维　　　　　抽象逻辑思维
身心发展任务　　　　　身体发展指导　　　　　心理发展指导
身心发展目标

## ⊙ 思考与练习题

### 一、简答题

1. 简述 4～5 岁幼儿身心发展的特点。

2. 简述 3～6 岁儿童身体发展的任务。

3. 在家庭中怎样对 3～6 岁儿童进行安全自护教育？

## 二、论述题

1. 试述 3~6 岁儿童思维发展的特点。

2. 试述阅读对儿童语言发展的作用，以及进行家庭阅读活动指导的方法。

## 三、案例分析题

乐乐是个 5 岁的小姑娘，长得乖巧又可爱。这一天，乐乐在小区的中心花园玩，家长们又开始交流最近对孩子的"教育动态"来了。陶陶妈妈说最近给陶陶报了一个书法班，孩子很爱去，进步很大。乐乐妈妈说："那我也要让乐乐去试试。"乐乐在旁边听见了，很不高兴："我都上了钢琴班、舞蹈班、绘画班，不想学书法了。"陶陶妈妈说："学太多了也不好吧。"乐乐妈妈说："不行，我和他爸爸都是艺术盲，没法对孩子进行艺术教育，应该去学。"乐乐很不乐意地走开了。

假如你是社区的家庭教育指导老师，你认为乐乐妈妈对待学前儿童艺术教育的想法对吗？怎样为她提供帮助和建议呢？

## ⊙ 参考文献

［1］幼儿园工作规程. 教基〔1996〕.

［2］幼儿园教育指导纲要（试行）. 教基〔2001〕20 号.

［3］联合国教科文组织总部中文科，译. 教育——财富蕴藏其中［M］. 北京：教育科学出版社，1996.

［4］李洪曾. 学前儿童家庭教育［M］. 大连：辽宁师范大学出版社，2002.

［5］陈帼眉. 学前心理学［M］. 北京：人民教育出版社，2003.

［6］张俊. 幼儿园科学教育活动指导［M］. 北京：人民教育出版社，2003.

［7］许卓娅. 幼儿园音乐教育活动指导［M］. 北京：人民教育出版社，2003.

［8］顾荣芳，薛菁华. 幼儿园健康教育［M］. 北京：人民教育出版社，2004.

［9］范惠静. 幼儿园健康生活教育［M］. 北京：北京师范大学出版社，2009.

［10］中国营养学会妇幼分会. 中国孕期、哺乳期妇女和 0~6 岁儿童膳食指南. 北京：人民卫生出版社，2008.

［11］黄人颂. 学前教育学［M］. 北京：人民教育出版社，2009.

［12］万钫. 幼儿卫生学［M］. 北京：人民教育出版社，2009.

［13］沃伦·R. 本特森. 观察儿童——儿童行为观察记录指南. 于开莲，王银玲，译. 北京：人民教育出版社，2009.

［14］汝茵佳．幼儿园美术教育活动指导［M］．北京：人民教育出版社，2009.

［15］王振宇．幼儿心理学［M］．北京：人民教育出版社，2009.

［16］邢少颖．优生优育优教苗苗系列丛书［M］．北京：人民教育出版社，2011.

［17］李云翔．幼儿早期阅读活动的指导策略［J］，大连教育学院学报，2004（3）.

［18］秦旭芳，沈文．家长指导幼儿进行幼儿科学探索的价值、身份及策略［J］．教育导刊，2010（10）.

# 第五章

## 特殊儿童的家庭教育指导

⊙**学习目标**

了解不同类型特殊儿童的特征及早期发现，掌握特殊儿童的家庭教育目的与任务。学会指导家长对不同类型的特殊儿童进行家庭教育的方法。

⊙**学习建议**

本章学习的重点在于掌握不同类型特殊儿童的早期发现指标，以及不同类型特殊儿童的家庭教育内容与方法。应注意把握不同类型特殊儿童家庭教育的共性和差异，以提高灵活指导各类特殊儿童家长的能力。

⊙**引　言**

这是一个妈妈对自己孩子的陈述：

儿子4个月时，我和他说话或做游戏的时候，他都不会看着我，总是把头转向一边。我觉得有些不对劲！我心里开始怀疑、担忧：孩子的行为正常吗？别的孩子也是这样吗？我毫无育儿经验，焦急地找到邻居、同事询问儿童发育的相关知识，我既担心又害怕。同事和邻居都安慰我：你的孩子的行为应该是正常的吧，你别太担心，孩子才4个月，他长得那么可爱，不会有什么问题的。我带着半信半疑的心情和孩子一起又经历了3年，这3年中儿子的情况并没有随着年龄的增长好转，问题反而更加严重。儿子3岁半时，我终于鼓足勇气到医院去为他作测试，结果发现儿子虽然智商很高，但有孤独症。大夫责怪我为什么现在才带孩子来检查。这一诊断犹如晴天霹雳，让我顿时感到绝望和无助。我该怎么办？未来孩子该怎样生活？儿子的病能有治疗的办法吗？无数个问号在我脑海中翻滚。我开始埋怨自己：为什么那么粗心？为什么没有及早认识到儿子行为问题的严重性？

（李燕，吴维屏，夏燕勤，赵燕：《家庭教育学》，杭州，浙江教育出版社，2009，224页）

这位妈妈的叙述代表了许多特殊儿童家长的经历，你认为这位妈妈在对待儿子的异常行为时存在什么问题？你认为应当如何向广大家长普及特殊儿童发展和教育的相关知识？

# 第一节　特殊儿童的家庭教育指导概述

广义的特殊儿童包括除正常儿童以外的各类儿童。他们与正常儿童相比，有其自身的特点和特殊的需要。对这些儿童有一定的了解是家长及时采取措施，进行合理的家庭教育的前提。本节主要介绍什么是特殊儿童、特殊儿童的类型以及这些儿童给家长带来的挑战。

## 一、特殊儿童的定义与类型

### （一）特殊儿童的定义

特殊儿童的概念有广义和狭义之分。广义的"特殊儿童"，是指除正常儿童以外的各类儿童，包括身心障碍的儿童与资赋优异的儿童。[①] 狭义的特殊儿童主要指那些身心有障碍的儿童。总的来说，这些儿童与正常儿童不同，须要家长、教师和社会给予特殊的关注。

### （二）特殊儿童的类型

特殊儿童主要包括智力超常儿童、智力落后儿童、孤独症儿童、肢体残疾儿童和视听障碍儿童。这几类特殊儿童各有特点，对教育的需求也不一样。

1. 智力超常儿童

智力超常儿童是指在智力发展上明显超过同年龄常态儿童一般发展水平或具有某方面特殊才能的儿童。[②] 对于这类儿童，普通教育难以满足他们的需要，要求家长和教育机构对他们进行一定的特殊教育。他们在很早的时候就表现出某一方面或几方面的优势，若能够因势利导，充分发挥才能，能为社会作出很大贡献。

---

① 李燕，吴维屏，夏燕勤，赵燕：《家庭教育学》，杭州，浙江教育出版社，2009，222 页。
② 丁连信：《学前儿童家庭教育》，北京，科学出版社，2007，116 页。

2. 智力落后儿童

智力落后儿童，又叫弱智儿童、智障儿童、智力残疾儿童，是指智力和活动能力明显低于同年龄儿童的水平，并表现出适应行为障碍的儿童。[①] 这类儿童的智商通常低于70。他们由于先天条件的限制，学习起来非常吃力。对他们的教育主要是生活技能的训练，教育的目标也主要体现在生活自理方面。智商接近70分的儿童可以教育。

3. 孤独症儿童

孤独症儿童，又称自闭症儿童。"孤独症通常发生于3岁之前，是一种终身性、固定性、严重的全面精神发育障碍疾病"。[②] 这些儿童社会交往困难，语言表达能力有限。社会性的培养是这部分儿童教育的重点和难点。大多数孤独症儿童智力低下，也会有一部分高智商的孤独症儿童，他们经过良好的教育，仍然可以成就一番事业。

4. 肢体残疾儿童

肢体残疾是指"人的四肢残缺或四肢、躯干麻痹、畸形，导致人体运动系统不同程度的功能丧失或功能障碍"。[③] 肢体残疾儿童有些是先天的肢体不全，有些是由于后天的原因造成的。随着医疗水平的提高，一部分以前不能存活的肢体残疾的儿童在现代的医疗条件下能够生存下来，因此，医疗水平的提高并没有使这部分特殊人群减少。这部分孩子虽然肢体残疾但是大都智力正常，受到良好的教育后，能够比较正常地工作、学习。

5. 视听残疾儿童

这类儿童主要是指有视觉或听觉残疾的儿童。"视觉残疾儿童是指由于各种原因导致的双眼视力损失或视野缩小，而难以从事一般人所从事的工作、学习或其他活动的儿童"。[④] "听力障碍儿童是指由于各种原因导致的双耳听力丧失或听觉障碍，听不到或听不清周围环境的声音的儿童"。[⑤] 视听残疾儿童是人们比较熟悉的一类特殊儿童。他们由于受到视听觉的限制，生活上会遇到很多问题。经过专门的教育，他们的身体缺陷能够得到补偿，能够继续工作或学习。

---

① 丁连信：《学前儿童家庭教育》，北京，科学出版社，2007，122页。
② 李燕，吴维屏，夏燕勤，赵燕：《家庭教育学》，杭州，浙江教育出版社，2009，234页。
③ 雷江华：《学前特殊儿童教育》，武汉，华中师范大学出版社，2008，94页
④ 吴奇程，袁元：《家庭教育学》，2版，广州，广东高等教育出版社，2006，288页。
⑤ 吴奇程，袁元：《家庭教育学》，2版，广州，广东高等教育出版社，2006，296页。

## 二、特殊儿童家庭教育的目的与任务

6 岁前的特殊儿童的主要生活环境是家庭，家庭教育是特殊儿童的主要教育形式。对各类特殊儿童实施适宜的家庭教育的目的主要是为了满足不同类型特殊儿童的发展需要，在力所能及的范围之内，弥补影响儿童正常发展的各种因素，促进儿童的发展，使其能正常地生活和学习。对于智力超常儿童而言，学前家庭教育的目的是通过适宜有效的教育，使儿童的智慧得到持续的高水平的发展，为将来成为杰出的人才打基础。为了实现这一目的，针对除超常儿童以外的其他各类特殊儿童，家庭教育中重点须要进行以下几方面的教育。

### （一）健康教育

身体健康是人进行其他活动的基础，对于特殊儿童来说，身体健康是他们接受特殊训练，适应社会生活的前提。特别是那些肢体残疾、视听障碍的儿童，身体素质本来就差，若不进行一定的健康教育，可能使问题更严重。另外，特殊儿童的身心有其各自的特点，对他们进行健康教育要充分考虑他们自身的特殊需要。

### （二）生存教育

对特殊儿童的教育和训练的最基本目的和任务就是要让他们能够实现生活自理。具备一定的生活自理能力，才能使儿童在社会中生存。学会基本的生活技能是每一类特殊儿童最重要的学习任务。有些家长认为孩子的问题是成人造成的，对孩子百般溺爱，什么事情也不让孩子伸手，越俎代庖。这样的做法不仅会养成孩子蛮横的性格，还会耽误孩子的发展，影响他们以后的生活。

### （三）做人的教育

特殊儿童最终是要走向社会的，如何与人交往、共处，也是他们应当学习的。做人的教育要从幼儿时期开始，特殊儿童也不例外。做人的教育既包括培养儿童良好的个性品质，也包括他们与人沟通交往的能力。无论是超常儿童、智力落后儿童、孤独症儿童、肢体残疾儿童还是视听障碍儿童，我们都要根据他们的实际情况，对他们进行一定的这方面的教育。这是他们接受特殊教育后，能够独立走向社会的一个重要条件。

### （四）智育

智力的发展对人的影响是人所共知的。大部分特殊儿童由于其生理条件的限制，在探索世界的方面受到一定限制，这会影响到他们的智力发展。特殊儿童智育的目的不仅是为了给儿童提供一些必要的知识，更重要的是改善、提高其智力。智力落后儿童的家长可以在家庭中根据孩子的具体情况，积极地对他们进行合理的、适当的智力开发。超常儿童的家长也不仅应该关注孩子的智力发展，善于发现孩子的优势智力，因势利导，还要关注孩子不擅长的方面，如有需要，及时引导。视听障碍儿童和肢体残疾儿童的家长要帮助孩子克服感官缺陷给孩子智力造成的影响，利用其他感官的补偿功能开发智力。孤独症儿童的家长在促进孩子综合智力整体发展的同时，要特别关注孩子语言智力的发展。

总之，为了实现特殊儿童家庭教育目的，家庭教育的任务是十分艰巨的。

## 三、特殊儿童家长所面临的挑战

### （一）特殊儿童给家长带来精神上的巨大挑战

在我国实行独生子女政策的背景下，每个家长都期盼自己生出健康、聪明、漂亮的宝宝。如果自己的孩子是特殊儿童，如智力落后儿童、孤独症儿童、肢体残疾儿童或视听障碍儿童，家长普遍面临巨大的精神压力。

导致家长精神压力的主要原因是家长自身对特殊儿童的错误看法。很多家长认为孩子一旦有缺陷，就难以过上正常人的生活，更难成功。自己原本对孩子很高的期望将化为泡影，因此在精神上倍感失落和沮丧，严重者甚至丧失生活的信心。

导致家长精神压力的另一个原因是外界对特殊儿童及其家庭的看法。外界社会对特殊儿童的排斥和误解等异样的态度会大大增加这些家长的精神压力，使他们不愿意让外界了解孩子的情况，甚至不接受外界的善意的帮助。情况严重的家长会产生自卑心理，进而减少与外界的交流与沟通。

导致家长精神压力的第三方面原因来自家庭内部。特殊儿童的特殊需要要求家长在他们身上倾注更多的心血。首先，家长要为孩子营造一个好的家庭环境。家庭中的物品摆设、家具的选择等都要考虑孩子的需要；其次，家长要为孩子创设一个好的心理氛围，特殊儿童往往比较敏感，家长在日常生活中的言谈举止都要注意，不能挫伤孩子的自尊心或导致孩子盲目自大。这些事务都大大地增加了家长的负担。

特殊儿童的存在对父母的婚姻质量、经济能力、生活方式都将产生严峻的挑战。特殊儿童使家长（特别是母亲）在孩子身上倾注更多的心血，可能会忽略对伴侣的体贴和照顾，影响婚姻质量；在对特殊儿童的教育上，夫妻双方如果意见不能一致，还会影响夫妻关系。照顾和教育特殊儿童往往要比正常儿童有更大的经济支出，家庭经济状况如果不能保证，往往使家长感到绝望和无奈。同时，由于家庭中有特殊儿童，原本平静安逸的家庭生活方式被打破，家长忙于对孩子的照顾和教育，身心疲惫，容易产生压力和焦虑。

因此，特殊儿童的家长能否保持平和的、积极的心态，正视孩子的身心发展现实，是他们能否对特殊儿童进行良好的、适宜的家庭教育的关键。同时，社会各界也应当对特殊儿童家庭给予更多的尊重、理解和多方面的帮助，以缓解家长的精神压力，为特殊儿童的教育创造良好的外部环境。

### （二）特殊儿童对家长的知识结构带来巨大的挑战

人各方面能力发展的关键期主要集中在学龄前阶段，特殊儿童的早发现以及在家庭中的早期特殊教育对这部分儿童是非常关键的。但特殊儿童与正常儿童相比，所占比例很少。一般家长对特殊教育知之甚少，更没有特殊教育经验，难以对孩子进行特殊教育。随着孩子的成长，家长的"无能感"日益增强，导致家长在责任和能力方面产生极大的心理冲突。家长只有及时补充特殊儿童的发展、养育、教育方面的相关知识，才能满足孩子的特殊需要。专业的教育人员应该积极地帮助这些家长了解特殊教育方面的常识，尽快提高他们对特殊儿童进行家庭教育的能力。

### （三）智力超常儿童对家长的教育能力也提出了挑战

在特殊儿童中，只有超常儿童能够使家长在精神上感到振奋，感到荣耀。但超常儿童在某一方面或几方面天赋非常好，普通教育很难满足其要求，加上这部分儿童普遍好奇心强，喜欢提问，这些孩子对家长的知识结构、教育水平也提出了更高的要求。如果超常儿童的家长对孩子的期望过高，又不能采取正确的教育方法，没有在孩子身上看到明显的成就，也会让一部分家长不仅自身精神紧张、急躁、失望，甚至会做出不利于孩子成长的行为。因此智力超常儿童的家长一方面应保持对孩子的合理期待，另一方面也要掌握教育超常儿童的正确方法。

## 四、特殊儿童家庭教育指导

特殊儿童家庭非常须要社会和幼教机构能够给予他们更多的帮助。幼教机构在指导特殊儿童家长的过程中应注意：

第一，要尊重家长，对家长不愿意触及的一些家庭隐私问题，尽量不要提及；第二，要帮助家长正确看待孩子，并树立生活和教育孩子的信心；第三，帮助家长及早识别、发现孩子发展过程中存在的问题，判断其程度；第四，要指导家长了解特殊儿童的身心发展特点；第五，要指导家长在家庭中给特殊儿童提供适宜的教育、康复训练的内容和方法；第六，指导家长如何获得社会的相关支持。通过这些指导，有助于提升特殊儿童家长教育孩子的信心和能力。对于普遍缺乏特殊儿童教育相关知识的家长来说，他们十分渴求这种指导。特殊儿童家庭教育指导的方式可以有多种类型，但是最主要的是教师深入儿童家庭的个别指导。

# 第二节　智力超常儿童的家庭教育指导

随着社会对人才的大量需求，超常儿童越来越受到教育者和家长的关注。但是，超常儿童的正常发展不是家长抱着美好的愿望就能实现的。超常儿童有一定的先天优势，如果能接受良好的教育，往往会为社会作出更大的贡献，取得更好的成就。但是如果没能根据其特殊需要进行适当的教育，他们的先天优势也难以发挥，如方仲永一样，长大以后和普通人没有什么区别。因此，家长掌握教育超常儿童的正确方法也是非常重要的。

## 一、智力超常儿童的类型

智力超常儿童在不同的国家有不同的称呼，如我国古代将其称为"神童"，西方一些国家将其称为"天才儿童"。20 世纪 70 年代美国联邦教育部根据许多研究结果，规定天才的标准应表现在下列几方面：① 智力；② 特殊学习能力倾向；③ 创造性思维；④ 领导才能；⑤ 视觉和演奏艺术；⑥ 心理运动才能（后来删除了此点）。认为只要上述某一方面禀赋优异并有杰出表现者，都应称为天才儿童。[1] 1978 年，我国心理学家查子秀提出了"超常"或"超常儿童"这一概念。[2]

根据许多心理学家和特殊教育专家们的研究，超常儿童的概念有狭义和广义之分，但有一点是一致的，超常儿童不只是智力型和学术型的，根据他们的潜能、成就与行为

---

① 方俊明：《特殊教育学》，北京，人民教育出版社，2005，396 页。
② 丁连信：《学前儿童家庭教育》，北京，科学出版社，2007，116 页。

特征，可以将超常儿童分为 6 种类型。①

**1. 智力型**

这类超常儿童智力测验的分数很高。无论是用比纳量表、韦克斯勒量表还是其他效度、信度都较高的量表，他们的分数都能高于正常人，这说明他们的智商很高。

**2. 学术型**

学术型的超常儿童在一门或几门学科方面成绩特别优秀，超过同龄或同年级孩子的水平。他们的智商不一定像智力型儿童那么高，但与正常儿童相比，他们的智力测验分数也是偏高的。这类儿童的学习成绩往往是班级或学校的佼佼者，他们能在数学竞赛、物理竞赛、辩论赛中取得好成绩。他们的符号思维能力、理解力和逻辑推理能力比较好，因此，在多数情况下，这部分儿童能够在学术上作出突出贡献。

**3. 创造型**

这类超常儿童思维流畅、灵活、新颖，创造性强，善于从不同角度考虑问题和解决问题。他们不一定是高智商、高学业成绩的儿童。他们的思维方式具有明显的批判性，能够挣脱传统思维的束缚。

**4. 领导型**

这类超常儿童具有较强的领导天赋，他们的组织能力、分析判断能力、演讲能力、决策能力、感召力和自我控制能力都比较强。这类天才儿童是后来才被人们认识到的。

**5. 艺术型**

这类超常儿童具有很高的艺术天赋，对艺术刺激很敏感。他们的视觉观察能力、声音辨别能力、空间想象能力和表演能力都超出常人。

**6. 运动型**

这类超常儿童的运动记忆和形象思维能力都比较强。他们反应灵活，动作协调，模仿能力强，善于舞蹈、运动、杂技等需要身体运动的活动。

资料卡片 5 - 1 是一些 4 ~ 5 岁天才儿童的范例。

---

① 方俊明：《特殊教育学》，北京，人民教育出版社，2005，398 页。

## 资料卡片5-1

### 4~5岁天才儿童的范例

**水平一**

乔纳森·特鲁特（Johathan Truett）——4岁时，乔纳森能阅读父母给他读过的《在爸爸身上蹦来跳去》（Hop On Pop）一书及瑟斯博士其他的书。他开始能说出简单的单词，于是给他读文章，然后停在认为他能认识或理解的单词上，之后他逐渐学会更难的单词。

**水平二**

德布拉·森德（Debra Sund）——4岁时，德布拉能读出消化饼盒子商标上的文字。5岁前，她可以读出像elevator这样的长单词。她好像不是通过读出单词来学习阅读的；相反，当遇到不认识的单词时，她会问这是什么。她听过并见过这个单词一次后，就会利用视觉加以识记。4岁半的时候，有一次从公园走路回家，她问到关于风的事，还问了人们为了生存需要哪些东西。她爸爸解释说，空气里有种东西，我们就靠呼吸它来生存。德布拉答道："你是指氧气吗？"她到底在哪听说的这个，谁都猜不透。

**水平三**

布伦南·阿勒斯（Brennan Ahlers）——大约4岁时，布伦南就开始阅读章回式书籍。4岁半时就能心算简单的乘除法。他开始上学前班的时候，父母不是很知道怎么为他作些适当的调整，老师努力给他安排一些有挑战的事情，但他还是抱怨说那很无聊。当很多同学还不会写自己名字的时候，他就已经开始阅读和写作了。当老师让他识记家庭地址和电话号码时，他感到很困惑，因为他觉得那是基本常识，是每个孩子都知道的。

**水平四**

丽贝卡·雷尼克（Rebecca Renick）——4岁时，丽贝卡的保姆和她一起玩学业游戏，递给她一些加减法练习册，她一个不错地做完了。老师说玩游戏时她总是比其他的孩子有更复杂和更有趣的玩法。当她因为"其他孩子不能理解她"而沮丧时，就会去书架上找书看。她真的很善于说笑话，会在电话里给妈妈讲一个又一个笑话。她还特别喜欢彩色珠子，能用它们拼出完美的几何造型。

**水平五**

雅各布·琼斯（Jacob Jones）——4 岁半时，和父母去图书馆，雅各布就会走到存放电脑书的那一区，谁都无法想象他是在阅读这些书，但事实的确如此。父母让他看任何难度水平的书，这样就会出现一些有趣的问题。例如，做礼拜时，这个 5 岁的孩子却在看一本厚厚的关于人类繁殖的书，这书还带着插图。

（丹尼尔·P. 哈拉汉，詹姆士·M. 考夫曼，佩吉·C. 普伦：《特殊教育导论》，肖非，等，译，北京，中国人民大学出版社，2010，510 页）

## 二、超常儿童的特征与判定

### （一）超常儿童的特征

超常儿童与同龄儿童相比，既有一些共同特征，也存在一些明显的不同。总的来说，超常儿童在智力才能以及个性方面，发展得比正常儿童快。另外，根据超常儿童擅长的领域的不同，超常儿童的身心特点也会有一定的差异，具体如表 5-1 所示。

表 5-1　各种超常儿童的身心特征①

| 资优领域 | 能力与特长 | 个性特征 |
|---|---|---|
| 领导与组织 | 具有影响力、鼓动力、表达和决策能力、某一专业能力 | 热情、敏感，具有感染力、策划力，精力充沛，自信、果断、大度 |
| 运动 | 模仿动作记忆，有胆量，灵活、坚忍 | 自信心、竞争性强，活泼、好动 |
| 数学 | 数学加工、计算能力强，运算迅速，思维具有条理性 | 独立性强，对理论研究有浓厚的兴趣，实践性强、精确，缺乏合群性（女孩） |
| 自然科学 | 习惯在客体观念中探讨事物的关系，构成简单假说，有检验能力、解释能力 | 独立性强，纯智力活动能力强，社会活动能力欠佳，尊重事实，实验精确，冷静，阅读能力与艺术性差 |

---

① 方俊明：《特殊教育学》，北京，人民教育出版社，2005，407 页。

续表

| 资优领域 | 能力与特长 | 个性特征 |
|---|---|---|
| 语言艺术 | 语言、概念、想象性、组织性、表达记忆强 | 独立性强，社会性强（女），理论与政治性强（男），阅读兴趣广泛 |
| 艺术 | 反传统的习惯，有通过艺术深层反映个人感受的能力，注意细节，敏感 | 自信心强，竞争性强，孤僻，敏感，在表现中追求自我满足 |

### （二）超常儿童的判定

超常儿童的鉴别是非常复杂的，目前最常用的方法主要是智力测验、标准化成就测验、教师提名、家长提名、同伴推荐、自荐等。这些方法主要是由专业的教育人员来组织进行的，作为家长，一般不具有对孩子进行科学的智力测试的能力，也找不到足够多的同龄群体做参照，因此，这些方法对家长是不适用的。但是，这并不意味着家长就不能发现孩子的天赋。家长要在生活中注意观察自己的孩子，对比超常儿童的特点，也可以实现早发现。

我国的专家、学者根据国内外关于学龄前超常儿童表现出的特点，概括出"超常幼儿早期发展特点核查表"，它可以给家长提供一个参考。只要满足核查表中一至两项及以上者，就可能是某方面的超常儿童，详见资料卡片5-2。

## 资料卡片5-2

**超常幼儿早期发展特点核查表**

（1）好奇心强。常爱打破沙锅问到底，喜欢拆拼玩具或用具，了解其中的奥秘。

（2）记忆力好。给他讲的故事、念的诗歌或阅读过的东西，不费力就能记住，有的甚至过目不忘。

（3）注意力集中。对感兴趣的事（绘画、阅读或制作等）能专心致志，并能集中注意较长时间。

（4）感知敏锐。对周围的事物敏感，能发现别人没有注意到的现象，或很小就对形状、色彩、音节等具有精确辨别能力。

（5）语言发展早。不少超常幼儿很小就喜欢识字、阅读，表现为口头语言与书面语言同步发展。

（6）想象力丰富。自编故事、歌谣、绘画，或利用玩具和用具进行制作、建造、编制等，表现突出的想象力。

（7）理解力强。喜欢比较事物的异同，或对事物进行概括和分类，并喜欢运用类比和推理。

（8）喜欢动脑，有创造性。能把两个看上去关系不大的东西或事件连在一起，并能提出新奇的想法。

（9）兴趣广泛、浓厚。一个阶段一旦对某件事（如下棋、认数、识字、绘画等）发生兴趣，往往容易入迷。

（10）好胜心强，有坚持性。无论学习或游戏都不甘落后，一旦要学或做什么事，非学会或做好，决不罢休。

（雷江华：《学前特殊儿童教育》，武汉，华中师范大学出版社，2008，119 页）

### 三、超常儿童的家庭教育指导

众多超常儿童的成长实例告诉我们，只有及早发现并正确教育超常儿童，才能使他们成长为真正对社会有用的杰出人才。超常儿童一旦被发现后，家长能否采取正确的教育措施是影响儿童未来成材的关键。

#### （一）正确认识超常儿童

家长要想正确认识超常儿童，首先要求保持一份平常心，切忌把孩子当成炫耀的资本，导致孩子盲目骄傲。在此基础上，家长要正确认识自己的孩子，不要对孩子抱有过高的期望。一方面不要对孩子过于苛求，要求他事事、时时都做得好，揠苗助长；另一方面也不要认为孩子只要学习好就行，除学习以外的事情都不让孩子动手，甚至限制孩子的交往范围，担心生活中的事情占用了他们的学习时间。家长应充分认识到，孩子生活自理能力和社会交往能力是其将来获得良好发展的重要基础。

### （二）创造良好的学习环境，培养孩子的自学习惯

超常儿童往往在一方面或几方面表现优异，在他们表现优异的方面，普通的教育、教学很难满足他们的需要，家长有必要为他们创设良好的学习环境，培养孩子的自学能力。这样才能充分发挥孩子的优势，弥补普通教育难以满足超常儿童需要的不足。另外，家长在培养孩子自学习惯的时候要注意，不要滥施奖励和惩罚，要给予孩子自由选择学习材料和学习进度的权利。

### （三）培养孩子自信、自立、自强的精神，激发孩子的内部学习动机

多数超常儿童是在一些方面有超常的表现，而不是各方面都十分优秀，他们容易取得成功，但也会遇到失败。因此，他们既容易自傲，也容易受挫折的影响，家长要帮助孩子克服这两种心理，树立自信心，培养自立、自强的精神。另外，家长要保护孩子的兴趣，积极地给孩子创造良好的学习环境，注意教育的方法，激发孩子的内部学习动机。

### （四）循序渐进，量力而行

超常儿童的家长往往对自己的孩子抱有很高的期待，总是希望孩子学得又早、又好、又快。根据孩子的需要，及早地给他们适当的智力方面的教育是对的，但是急于给孩子灌输更难、更多的知识就会产生揠苗助长的效果。孩子的身心发展是有一定规律的，超常儿童也不例外，他们虽然发展得比较快，但是发展的过程和正常儿童是一致的。家长在开发孩子智力的时候，要考虑客观情况，根据孩子的接受能力决定学习的进度和深度，按照由浅入深、由易到难的原则，循序渐进地促进孩子的发展。

### （五）关心孩子的全面和谐发展

超常儿童在童年早期就表现出超群的能力，再加上高考指挥棒的影响，使得一些家长只重视孩子的学习成绩，而忽视了其他方面的均衡发展。家长应该认识到，德、智、体、美、劳各方面的均衡发展对这些儿童适应社会生活非常重要。

有这样一个例子：中央电视台《新闻调查》栏目曾经播出"神童"魏永康独特的成长经历。1983 年出生的魏永康，2 岁就认识 1 000 多个汉字，4 岁掌握初中文化，8 岁上县属重点中学，13 岁以高分考上重点大学，17 岁考上中国科学院硕博连读。19 岁时，因生活自理能力太差、知识结构不适应中科院的研究模式被退学。[①] 可见，家长重

---

① 王浩，丁浩海，顾晓鸣：《家庭教育现代化发展战略》，北京，中国商业出版社，2010，197 页。

视孩子的全面发展是非常必要的。

# 第三节　智力落后儿童的家庭教育指导

智力落后儿童因为生理上的原因，智力明显落后于正常儿童。他们在生活和学习中，会遇到更多的困难。但是，他们仍然是社会的成员，社会及家庭都有责任、有义务帮助他们。在这一节，我们将介绍智力落后儿童的定义以及分类，智力落后儿童的特点和智力落后儿童的家庭教育指导策略。

## 一、智力落后儿童的概念与类型

智力落后儿童（又称低常儿童、智障儿童、心理迟滞儿童等）就是在智力上显著落后于同龄儿童的水平，并有行为适应障碍的儿童。[1] 智力落后儿童是一种常见的特殊儿童。这些儿童不仅在智力水平上低于平均水平，而且在沟通、自我关注、家居生活、社会技能、群体生活、自我取向、健康与安全、学业、休闲或工作等方面也有不同程度的适应性问题。

按照智力的发展水平，智力落后儿童可以分为 4 个等级：一级智力残疾（极重度）、二级智力残疾（重度）、三级智力残疾（中度）、四级智力残疾（轻度），具体如表 5 - 2 所示。

表 5 - 2　智力残疾分级表[2]

| 级别 | 分类 | 与平均水平的差距 SD | 智商（IQ 值） | 适应能力 |
|------|------|--------------------|----------------|----------|
| 一级智力残疾 | 极重度 | ≥5.01 | 20 以下 | 极重度适应缺陷 |
| 二级智力残疾 | 重度 | 4.01～5 | 20～35 或 25～40 | 重度适应缺陷 |
| 三级智力残疾 | 中度 | 3.01～4 | 35～50 或 40～55 | 中度适应缺陷 |
| 四级智力残疾 | 轻度 | 2.01～3 | 50～70 或 55～75 | 轻度适应缺陷 |

---

① 赵忠心：《家庭教育学》，2 版，北京，人民教育出版社，2001，351 页。
② 吴奇程，袁元：《家庭教育学》，广州，广东高等教育出版社，2006，289 页。

## 二、智力落后儿童的特征及辨别

智力落后儿童有一些共同特征，但是由于其智力落后的程度不同，在表现上会有明显的差异，下面根据智力落后的等级分别论述。

### （一）轻度智力落后

这部分孩子的智力低于同龄孩子的平均水平，同时具有轻度的社会适应障碍。他们的智商在50~70或55~75之间，脑子一般没有损伤，只是有功能性的障碍。

这部分儿童的问题在出生到1岁左右往往不容易被发现，通常是到了13~14个月，正常的儿童能够走路，而这些儿童还不会，或正常儿童会说几个字，而这些儿童还不能说的时候，家长才产生怀疑。接下来家长会发现孩子的学习能力比较差，抽象能力发展和数概念的掌握都有障碍。到了学龄期，这些问题会更加明显。这些孩子虽然视觉和听觉没有问题，但是观察能力比较差，对于事物的细微差别几乎没有反应；机械记忆较强，逻辑思维能力差，因此在学习语文时一般障碍不大，但学习数学等学科时困难较大；在个性方面，这些儿童意志薄弱，缺乏主动性，不能主动地克服困难，自我观念消极，失败期望高于成功期望。

### （二）中度智力落后

这部分孩子的智力明显低于同龄孩子的平均水平，并具有中度的社会适应障碍，智商在35~50或40~55之间，大多数有脑损伤和其他神经障碍，脑功能也有问题。他们不能适应普通学校的学习，通过训练能够获得生活自立所需的职业和社会技能，能在监督下做无技能的或半技能的工作。

具体地说，这部分儿童在出生后即表现为反应迟缓，自己吃饭、自己坐盆大小便、自己穿脱简单的衣服都须要接受专门的训练才能掌握。在运动方面，一般发展比正常儿童晚2~3年，语言发展也较正常儿童晚，有机械记忆能力，但是要比轻度智力落后儿童花费更多的时间，而且遗忘速度快。到了学龄期，孩子的动作发展问题已经不大了，能够说几个字或者简单的句子。抽象概念很差，很难掌握颜色、形状，数字概念的发展也停留在实物数数的阶段，想象能力差。在社会性方面，这些孩子知道躲避危险，基本可以与人交往。

### （三）重度智力落后

智力远远低于同龄儿童的平均水平，智商在20~35或25~40之间。这部分儿童有一定程度的脑损伤，脑功能障碍严重，表现出显著的运动损害或其他相关缺陷，通过训练能够获得极其有限的能力，不能劳动和学习，生活不能自理。

这部分儿童具体表现为在婴幼儿时期，动作发展严重落后，虽然经过专门训练，走路的步态仍然不佳。在日常生活方面，吃饭、向他人表示要大小便等都须要进行严格的训练。在语言方面，往往是依靠肢体语言，或通过发出"嗯、啊"的声音与人交流。到了学龄期，经过严格的训练，他们能够说几个简单的字或特别简单的句子，会和他人作一些很简单的交流。

### （四）极重度智力落后

这部分孩子智力极其低下，智商在20或25以下，有严重的脑损伤，脑功能障碍严重。这部分儿童运动感觉功能极差，终身生活须要人照料；社会功能完全丧失，适应行为极差，不会规避风险。

在婴幼儿时期，这部分儿童一出生就可以被发现，没有控制运动的意识，没有语言，听不懂成人的命令。即使经过严格训练，也不能学会吃饭等非常简单的事情。到了学龄期，无法学习知识，经过严格训练才可以按照指令动手或脚，但没有明显意识，只是一些条件反射而已。

## 三、智力落后儿童的家庭教育指导

相对于正常的孩子，家庭教育对智力落后儿童的作用显得更加重要。智力落后儿童由于其生理上的缺陷，通常在家里的时间更长，人际交往的范围更窄，主要限制在家庭之中。他们在学习和生活上，不仅需要更多的耐心、关爱，还须要父母有一定的专业知识。

### （一）及早发现，寻求专业帮助

早发现对提高智力障碍儿童的教育、训练效果有重要意义。发现越早，采取补偿措施越快、越适当，则教育、训练的效果越好。因此，家长要细心观察孩子，判断是否有异常；如果怀疑孩子有问题，就要尽快寻求专业人员的帮助。家长可以在以下几方面对孩子进行观察。

1. 对刚出生的婴儿的观察

这种观察包括：确认孩子是否是早产儿、低体重儿、过期产、巨大儿、小头儿、大头儿，确认孕期是否曾经保胎、孕期是否有特殊的疾病或感染、是否高危产妇生产的孩子等。

出生一周内的检查包括：检查心跳、呼吸、肌肉张力、鼻孔对橡皮管刺激的反应、皮肤颜色、哭声、觅食、吸吮、抓握、巴宾斯基反射、步行、爬行、防御反射等。

2. 对 0～6 岁儿童发育的观察

观察儿童的感知运动方面包括大动作和精细动作的观察，如孩子是否能够和同龄的孩子一样，在特定的年龄段学会翻身、坐、爬、走，能否抓握等，还要注意观察孩子的语言、适应性行为、社会行为等是否发展正常。

表 5－3 是小儿神经精神发育过程，可以作为判断孩子发育水平的依据。

表 5－3 小儿神经精神发育过程①

| 年龄 | 粗细动作 | 语言 | 适应周围人物的能力与行为 |
|---|---|---|---|
| 新生儿 | 无规律，不协调动作，紧握拳 | 能哭叫 | 铃声使全身活动减少 |
| 2 个月 | 直立位及俯卧位时能抬头 | 发出和谐的喉音 | 能微笑，有面部表情，眼随物转动 |
| 3 个月 | 俯卧位变为侧卧位，用手摸东西 | 咿呀发音 | 头可随看到的物品或听到的声音转动180°，注意自己的手 |
| 4 个月 | 扶着髋部时能坐，可以在俯卧位时用两手支持抬起全身，手能握持玩具 | 笑出声 | 抓面前物件，自己弄手玩，见食物表示喜悦，较有意识的哭和笑 |
| 5 个月 | 扶掖下能站直，两手各握一玩具 | 能喃喃地发出单调音节 | 伸手取物，能辨视人声，看着镜中人笑 |
| 6 个月 | 能独坐一会儿，用手摇玩具 | | 能认识熟人和陌生人，自拉衣服，自握足玩 |
| 7 个月 | 会翻身，自己独坐很久，将玩具从一手换入另一手 | 能发出"爸爸""妈妈"等复音，但无意识 | 能听懂自己的名字，自握饼干吃 |
| 8 个月 | 会爬，会自己坐起来、躺下去，会扶着栏杆站起来，会拍手 | 重复大人所发简单音节 | 注意观察大人的行动，开始认识物体，两手会传递玩具 |

① 汪文鋆：《弱智儿童家庭教育咨询》，杭州，浙江教育出版社，1994，16～18 页。

| 年龄 | 粗细动作 | 语言 | 适应周围人物的能力与行为 |
|---|---|---|---|
| 9个月 | 试独站，会从抽屉中取出玩具 | 能懂几个较复杂的词，如"再见"等 | 看见熟人会把手伸出来要人抱，或与人合作游戏 |
| 10～11个月 | 能自站片刻，扶椅或推车能走几步，拇指、食指对指拿东西 | 开始用单词，一个单词表示很多意义 | 能模仿成人的动作，招手"再见"，抱奶瓶自食 |
| 12个月 | 独走，弯腰拾东西，会将圆圈套在木棍上 | 能叫出物品（如灯、碗）的名字，指出自己的手、眼 | 对人及事物有喜憎之分，穿衣能合作，用杯喝水 |
| 15个月 | 走得好，能蹲着玩，能叠一块方木 | 能说出几个词和自己的名字 | 能表示同意、不同意 |
| 18个月 | 能爬台阶，有目标地扔皮球 | 能认识和指出身体各部分 | 会表示大小便，懂命令，会自己进食 |
| 2岁 | 能双脚跳，手的动作更准确，会用勺子吃饭 | 会说2～3个字构成的句子 | 能完成简单的动作，如拾起地上的物品，能表达喜、怒、怕、懂 |
| 3岁 | 能跑，会骑童车，会洗手、洗脸，穿、脱衣服 | 能说短歌谣，数几个数 | 能认识画上的东西，认识男女，自称"我"，表现自尊心、同情心、怕羞 |
| 4岁 | 能爬梯子，会穿鞋 | 能唱歌 | 能画人像，初步思考问题，记忆力强，好发问 |
| 5岁 | 能单脚跳，会系鞋带 | 开始识字 | 能分辨颜色，数10个数，知物品用途及性能 |
| 6～7岁 | 参加简单劳动，如扫地、擦桌子、剪纸、泥塑、结绳等 | 能讲故事，开始写字 | 能数几十个数，可简单加减，喜独立自立，形成性格 |

**（二）家长要给予孩子理智的爱**

1. 给孩子真心关爱，避免歧视和溺爱

智力落后儿童的家长一般有两种错误态度：一种是溺爱，认为孩子的不幸是自己造成的，怜悯之心和负罪感驱使他们对孩子过度关爱，生活上给予孩子无微不至的照顾，对孩子的要求百依百顺，对孩子的活动包办代替。另一种是歧视漠视，认为孩子是包袱，是累赘。有的家长爱面子，他们拒绝送孩子去特殊教育机构接受特殊教育；在生活上，他们对孩子冷眼相待，不关心，甚至随意打骂，任意惩罚。这两种态度都是不可取的。

对孩子的溺爱会使其养成孤僻自傲的性格，使他们没有任何纪律观念，唯我独尊，除了生理欲望以外不懂任何道理，这无疑会耽误孩子的发展。对智力落后儿童的歧视是对这部分孩子的权利的侵犯，他们虽然有智力障碍，但是他们仍然是社会的一分子、家庭的一分子，社会和家庭有责任和义务给他们提供特殊的帮助。歧视和漠视只会错过孩子的发展时机，伤害孩子的心灵。

2. 认清孩子的实际情况，给予孩子适当的高期待

家长通常对智力落后儿童的发展抱有两种错误态度：一种家长认为自己的孩子通过训练是可以达到正常水平的，这些家长不惜重金寻求专业帮助；另一种家长看不到自己孩子发展的希望，认为孩子即使接受专业训练也不会获得多少进步，于是放弃寻求专业帮助。这两种态度都存在问题。

过高期待，无视孩子的客观情况，这部分家长虽然给孩子提供了严格的训练，但他们的过高期待对孩子来说是苛刻的。另外，这部分家长很容易受到现实的打击，一旦他们感到绝望，他们又可能转向另一个极端。

那部分看不到希望的家长，认为尽管对孩子进行训练孩子也不会学到什么东西，他们将智力落后儿童与正常儿童进行不适当的比较。这部分家长没有认识到，学习一定的自理能力对智力落后儿童来说是多么的重要。他们更倾向于放弃对孩子的教育，错过了孩子的最为关键的时期，耽误了孩子的发展。

**（三）在家庭中注意培养孩子的基本能力**

1. 训练儿童的感知觉和动作的发展

感知觉的训练主要包括视、听、触、味、嗅等方面。在家庭中可以利用一些小游戏或随机的形式，让孩子多接受各种刺激。家长还可以根据孩子的实际情况，选择合适的活动训练孩子的四肢协调、手眼协调、动作灵活性等方面的能力。家长在训练的过程中要有充分的耐心，要多鼓励孩子。家长要做孩子的榜样，只有家长以积极的心态面对孩子的问题，孩子自己才能勇敢地接受训练。

2. 促进儿童语言能力的提高

语言能力包括面部表情、出声、吐字、称呼、说句子、与人对话、唱儿歌、讲故事

等。语言是思维的外壳，是人们交往的工具，对智力落后儿童进行语言训练是非常重要的。语言是后天习得的，家长可以根据孩子的实际情况，对孩子进行说话、听懂话、问问题、讲述事情等方面的训练。2～3岁是学习口语的最佳时机，家长要抓住这一宝贵的时机，结合具体实物，多与孩子交流，增加孩子的词汇量。对智力落后儿童语言的训练可以采取以下步骤：先让孩子听声音，倾听环境中的各种声音，模仿成人的发音；然后听音指物、指图说名称；最后进行口语对话、念儿歌等。

### 3. 提高孩子的生活自理能力

生活自理能力是指生活中的一些基本的技能，这些能力的发展直接关系到孩子以后的生活和学习。智力落后儿童生活自理能力很差，要想改变这一状况，须要耐心地对他们进行训练。家长在照顾孩子的日常生活时，要有意识地训练孩子这方面的能力，不要事事包办代替，不要因为觉得教育孩子太麻烦而失去耐心，要把一个个生活技能分解成若干个动作，进行"小步训练"，创设多级提高的条件。如洗手的训练，可分解成几个小步骤：用脸盆盛水→拿好肥皂→用水清洗手→打肥皂→放下肥皂→两只手搓洗（使肥皂呈泡沫状）→把手放进水里洗手（直到把肥皂沫洗干净）→用毛巾把手擦干。像这样，一个步骤接一个步骤地学习，直到孩子掌握洗手的技能。家长可以用同样的方法训练孩子吃、喝、拉、撒、睡等基本技能。

### 4. 培养儿童与正常儿童的交往能力

对智力落后儿童进行训练的目的就是有效地补偿其智力和适应行为的缺陷，使他们能够适应正常生活，为成为自食其力的劳动者打基础。可见，培养智力落后儿童与正常儿童的交往能力是非常重要的。一些家长害怕自己的孩子受到伤害和歧视，往往限制他们与正常儿童的交往。其实，让这些孩子与正常儿童交往、玩耍，可以使他们在和同伴交往中模仿、学习正确的行为举止，培养良好的情感和个性品质。家长要注意为孩子创设与正常儿童交流的机会，并给予孩子一定的指导，如指导孩子与同伴分享玩具和食物等，提高孩子的社会适应能力。

### 5. 重视对孩子的科学知识和生活常识的教育

对于能够掌握一定生活技能的智力落后儿童，家长要根据孩子的具体情况，进行一定的科学知识和生活常识的教育。家长在教育的过程中，要注意运用直观形象的资料，尽量多重复，运用多种形式、多种感官参与。家长选择的内容应该尽量地和实际生活有关系，选择孩子看得见、摸得着的事物。

# 第四节　孤独症儿童的家庭教育指导

很多家长对孤独症存在不同程度的误解，以为孤独症仅仅是孩子不喜欢说话的问题。在这一节中，我们将介绍孤独症儿童的定义、特点及家庭教育策略。通过这一节的学习，希望可以帮助家长提高对孤独症儿童的认识，及早发现孩子的问题并适当干预。

## 一、孤独症的定义及分类

### （一）定义

孤独症（又称自闭症、孤独性综合征、堪纳综合征）是一种由大脑、神经的病变引起的广泛发育障碍性疾病。孤独症是一种涉及感知觉、情感、语言、思维、动作和行为等多方面的神经发育障碍性疾病。[①]

### （二）分类

孤独症儿童的分类，可以基于智力水平进行，也可以基于医学诊断进行。

按照智力水平，有两种分类方法：

一类分法为：① 智商在 70 及以上的孤独症称为高功能孤独症；② 智商在 70 以下的孤独症称为低功能孤独症。

另一类分法为：① 高功能孤独症 IQ≥85；② 中功能孤独症 55≤IQ≤84；③ 低功能孤独症 IQ≤54。

按照医学诊断，主要依据《中国精神疾病分类方案与诊断标准》（CCMD—2—R），可以将孤独症分为两类：典型孤独症（全部符合诊断量表标准）、非典型孤独症（部分符合诊断量表标准）。[②]

---

① 谢明：《孤独症儿童的教育康复》，天津，天津教育出版社，2007，3 页。
② 周耿，林彦君，冯成：《孤独症儿童早期教育、训练、康复》，沈阳，辽宁大学出版社，2010，5~6 页。

## 二、孤独症儿童的特征与判定

### （一）孤独症儿童的特征

#### 1. 感知觉神经系统统合失调

在人们的学习和发展过程中，感知觉神经系统是我们认识世界的基本工具。有研究表明，人们的感知觉神经系统对于人们认识世界具有决定性的作用。可是多数孤独症儿童的神经系统在建立过程中出现了不同程度的问题，使得孤独症儿童处于低级心理机能状态。但是他们的神经系统功能并未完全丧失，只是发展缓慢而已。由于神经系统在婴儿出生以后也在不断完善，因此，及早介入孤独症儿童的教育康复是十分必要的。

孤独症儿童存在不同程度的视觉和听觉信号系统的不同步，就好像我们正常人身处异国，语言不通，我们的反应速度就会降低一样，孤独症儿童的这一问题影响了他们的反应速度。孤独症儿童在嗅觉、味觉和触觉方面也存在一定的问题。这些都会影响他们的生活和学习。

#### 2. 语言发育迟缓

言语或语言是我们传递思想、表达情感、与人沟通的工具和桥梁。孤独症儿童语言发育明显落后于同龄儿童，多数存在鹦鹉学舌、答非所问的现象。一般在 2～3 岁时他们还不能说出有意义的单词和最简单的句子，因此很难使用语言进行正常的人际交流。孤独症儿童有时会突然讲出一些内容与当时所处环境、与别人正在谈论的主题完全不相关的语句；有时在不会使用语言的情况下，往往以动作或其他方式来表达自己的愿望和要求，如有的儿童会用咬人的方式表达自己的需求。成人往往很难理解他们的需求。

#### 3. 缺乏正确的表达和交流情感的方式

孤独症儿童表达需求和情感的方式与正常儿童不同，他们在表达一般需求时，会出现莫名其妙的尖叫、痛哭、大笑或者咬自己；在表达强烈需求时，会出现自伤自残的现象，如用头撞击物体；在寻求他人的关注时，往往用扔、摔东西的方式表达。孤独症儿童还以特殊的方式进行情感交流。当他们表示欢迎时，会伴有微笑，允许别人与自己有身体接触；在表示惧怕时，他们会面露恐怖的表情，身体蜷缩，有的时候会声嘶力竭地叫喊；在表示拒绝时，他们会把头扭向一边，避开他人的目光；在表示同意时，目光会跟随目标，然后默默移动；在表示厌烦时，会扔或摔东西。

#### 4. 不主动与他人交流

不愿意与他人交流的问题似乎是孤独症儿童的一道不可逾越的障碍。患者不能与他人建立正常的人际交往方式。婴儿时表现出与别人相处时没有目光对视，表情贫乏，缺乏期待父母和他人拥抱、爱抚的表情或姿态，也无享受到爱抚时的愉快表情，甚至对父母和别人的拥抱、爱抚予以拒绝。当遇到不愉快的事情或受到伤害时不会寻求父母的安慰，与父母分离时没有尾随等表示依恋的行为。患者与同龄儿童之间难于建立正常的伙伴关系，不会与同龄儿童一起游戏。这一问题在孤独症儿童中普遍存在，而且即使是经过教育，恢复得比较好的孤独症儿童也存在这一问题。

5. 兴趣范围狭窄和刻板的行为模式

患者对于正常儿童所热衷的活动、游戏、玩具都不感兴趣，而喜欢玩耍一些非玩具性的物品，比如一个铜纽扣、一个瓶盖，或喜欢看旋转的电风扇等。患者往往对玩具本身不感兴趣，却十分关注玩具的某一个非主要特征。患者经常固执地要求保持日常活动程序不变，如每天吃同样的饭菜，每天走同一条路，若这些固定的活动被改变或被制止，患者便表示出非常不愉快和焦虑的情绪，甚至出现反抗行为。患者常有重复刻板动作，如反复拍手、捶胸、转圈等。

### (二) 孤独症儿童的判定

目前，"孩子越小可塑性就越强"的观点已经广为人们所接受。孤独症的早发现，也有利于对他们进行及时的教育干预，从而提高他们的生活质量。作为家长，要仔细观察自己的孩子，细心地与同龄儿童进行比较。

1. 孤独症儿童在婴儿期的表现

一部分孤独症儿童在婴儿期就表现出异常。他们好哭好闹，睡眠时间明显少于正常儿童。在母亲哺育婴儿时，他们不会在母亲怀里寻找乳头，也很难把头转向母亲，而且不喜欢依偎在母亲的怀中。他们甚至很少注视母亲的面孔，不喜欢母亲的抚摸，对母亲的引逗很少表现出积极的表情。3~4个月的时候，他们也不主动寻找母亲的声音，不会发出咿呀的声音。到了5~6个月的时候，他们虽然能辨别出熟悉的人和陌生的人，但是他们的眼睛还不会追随物体。有的孩子过分安静，即使身体不舒服或有生理需求时也不会哭闹。9~10个月时，正常的孩子已经开始改变饮食习惯，但孤独症儿童却拒绝改变饮食习惯，仍坚持以牛奶为食，不愿意咀嚼食物。家长带孩子外出时，孩子见到其他的小朋友也不表现出高兴的表情。

2. 孤独症儿童在幼儿期的表现

在幼儿期，孤独症儿童的语言发展落后于正常儿童，他们不仅表情变化少，回避他人的目光，而且常常自言自语，或是重复、模仿别人的语言。在表达需求时，他们会用哭闹、叫喊的形式来向成人寻求帮助。孤独症儿童大多兴趣狭窄，不怎么喜欢玩具。有的孩子即使喜欢玩具，也只限于不断重复的很单调的玩法，如专注地摆弄汽车的4个轮子。有的孩子手里整天拿着一样东西，不停地来回摆弄，使人难以理解他们的行为。

3. 孤独症儿童在儿童期的表现

大多数孤独症儿童，智力发展落后于正常的同龄儿童。大部分孤独症患者的儿童期是在弱智学校或家庭中度过的，只有少数经过早期的干预训练，情绪和行为问题得到一定改善的患者，能够在普通学校中学习。

这一时期的孤独症儿童，病情相对稳定。他们和正常儿童一样，有强烈的好奇心，有些患儿还有很强的求知欲。功能强的孤独症儿童往往喜欢读书、认字、问问题，他们喜欢接近小朋友，但是交往技能笨拙、简单，语言的理解和表达能力都落后于同龄的正常儿童。他们记忆力好，老师往往觉得这些孩子没有认真听课，但是他们却能够记住课上的内容且成绩不差。有些患儿在特殊学校中得到老师细致、耐心的教导，在轻松、愉快的环境中模仿同龄儿童，各方面的能力也能得到很大的提高。

## 三、孤独症儿童的家庭教育指导

### （一）细心观察，及早发现

小孩子的可塑性非常强，家长应该细心地观察孩子，并注意与同龄的孩子作对比。另外，家长还要多和幼儿园的教师沟通，多听一听教师的反馈。教师虽然不是专业的特教人员，但是他们整天和一群孩子们在一起，可以利用上述孤独症的判定标准，去识别、发现孩子的问题，一旦发现有孤独症的征兆，应该积极地寻求专业的帮助；并配合治疗。

### （二）家长要调整好心态，积极面对孩子的问题

家长是孩子的第一位老师，是孩子最亲密的人，家长的态度直接影响到孩子的态度。在发现孩子患有孤独症后，家长首先要摆正自己的心态，既不要把孩子当成累赘，不闻不问，也不要认为孩子的问题是自己的责任，对孩子百般娇惯。家长应该正视孩子的问题，保持积极乐观的心态，做孩子的榜样。一方面，寻求专业的帮助；另一方面，在家里积极地进行辅助的教育。家长要坚信，通过孩子、家长以及外界的共同努力，孩子的问题会得到很大的改善。

### （三）在家庭中有意识、有针对性地对孩子进行一定的训练

根据孤独症儿童的特点，家长要有意识、有针对性地开展一定的训练。家长可以在家里以游戏的形式对儿童进行感知觉的训练、粗大动作的训练、精细动作的训练。家长还可以在生活中培养孩子的生活自理能力。另外，家长还要针对孤独症儿童的特点，对孩子进行语言的训练，这对孤独症儿童来说是非常重要的，是他们进行社交活动的基础。这些孩子不喜欢说话，但是家长不要气馁，要坚持主动地和患儿说话，积极地与他们交流。

### （四）为孩子营造温馨的生活氛围

家长要给孩子营造一个温馨的环境，温和地和孩子说话，经常对孩子微笑，经常轻轻地爱抚、拥抱他们。细心地观察孩子喜欢的物品和游戏，积极地寻找孩子可以接受的介入方式。另外，家长还要带孩子走出去，要帮助孩子融入同龄的集体中。家长还要引导周围的儿童，让他们理解和容忍患儿的特殊行为，不要取笑或侮辱患儿。

### （五）培养孤独症儿童的社会交往技能

掌握基本的社会交往技能是孤独症儿童康复训练的终极目标，它是建立在以上各方面的基础之上的。其实，家长所进行的各种努力，最终的目的都是希望孩子能够融入社会中去，能够与他人互动。家长在平时要注意矫正患儿的怪异行为，通过社会性游戏，让孩子学会接电话、与人打招呼、向他人表示需求等。

总之，家长对孤独症儿须要耐心细致，不要操之过急，给孩子充分的时间改变、提高。家长要敢于面对孩子的问题，从不同于正常孩子的发展轨迹去规划孩子的未来，要不遗余力地为孩子争取更好的未来。

# 第五节　肢体残疾儿童的家庭教育指导

肢体残疾儿童主要指那些由于先天或后天的原因，导致四肢出现障碍的儿童。这类儿童比较容易被发现，而且家长对这些儿童也有一定的了解。在这一节中，我们将介绍什么是肢体残疾儿童，并根据导致肢体残疾的不同原因来说明在家庭教育中应该注意的问题。

## 一、儿童肢体残疾的类型

在《残疾人标准》中，对肢体残疾下的定义是"指人的四肢残缺或四肢、躯干麻痹、畸形，导致人体运动系统不同程度的功能丧失或功能障碍。"这个定义中所指的肢体残疾包括以下4种情况：①

（1）上肢或下肢因外伤、病变而截除或先天性残缺。

（2）上肢或下肢因外伤、病变或发育异常所致的畸形或功能障碍。

（3）脊椎因外伤、病变或发育异常所致的畸形或功能障碍。

（4）中枢、周围神经系统因外伤、病变或发育异常造成的躯干或四肢功能障碍。

根据肢体残疾的程度，可以将肢体残疾分为一级、二级、三级、四级残疾4类，如资料卡片5-3所示。

## 资料卡片5-3

### 儿童肢体残疾的等级类型

（一）一级肢体残疾

一级肢体残疾主要指：

1. 瘫；下肢截瘫的，双髋关节无自主活动能力；偏瘫的，单侧肢体功能全部丧失。

2. 四肢在不同部位截肢或先天性缺肢；单全臂（或全腿）和双小腿（或前臂）截肢或缺肢；双上臂和单大腿（或小腿）截肢或缺肢；双全臂（或双全腿）截肢或缺肢。

3. 双上肢功能极重障碍；三肢功能重度障碍。

（二）二级肢体残疾

二级肢体残疾主要指：

1. 偏瘫或双下肢截瘫，残肢仅保留少许功能。

2. 双上肢（上臂或前臂）或双大腿截肢或缺肢；单全腿（或全臂）和单上臂（或大腿）截肢或缺肢；三肢在不同部位截肢或缺肢。

---

① 钱志亮：《特殊需要儿童咨询与教育》，北京，北京师范大学出版社，2006，463页。

3. 两肢功能重度障碍；三肢功能中度障碍。

（三）三级肢体残疾

三级肢体残疾主要指：

1. 双小腿截肢或缺肢；单肢在前臂、大腿及以上部截肢或缺肢。

2. 一肢功能重度障碍；两肢功能中度障碍。

3. 双拇指伴有食指（或中指）缺陷。

（四）四级肢体残疾

四级肢体残疾主要指：

1. 单小腿截肢或缺肢。

2. 一肢功能中度障碍；两肢功能轻度障碍。

3. 脊椎（包括颈椎）强直；驼背畸形大于70°；脊椎侧凸大于45°。

4. 双下肢不等长，差距大于5厘米。

5. 单侧拇指伴有食指（或中指）缺损；单侧保留拇指，其余四指截除或缺损。

（雷江华：《学前特殊儿童教育》，武汉，华中师范大学出版社，2008，95页）

## 二、肢体残疾儿童的家庭教育指导

上面介绍了根据残疾的严重程度对肢体残疾的分类，但是肢体残疾的问题是很复杂的。造成肢体残疾的原因多种多样，我们要进行教育干预，就要根据肢体残疾产生的原因，有针对性地进行训练。这里介绍几种不同成因的肢体残疾儿童在实施家庭教育时应注意的问题。

### （一）脑瘫儿童的家庭教育指导

脑瘫是由于大脑损伤或大脑发育异常导致的终身残疾。[1] 脑瘫的主要临床表现是形成运动和姿势障碍，按照脑瘫所累及的四肢范围，一般把脑瘫分为单瘫、偏瘫、截瘫、双侧瘫、三肢瘫、四肢瘫。一些脑瘫病人仅仅表现出脑损伤的一种指征，如运动障碍；

---

[1] （美）威廉·L. 休厄德：《特殊儿童——特殊教育导论》，孟晓，等，译，南京，江苏教育出版社，2007，469页。

另外一些则表现出多种症状。[1] 如有些脑瘫病人伴有智力障碍、发育迟缓、语言障碍、癫痫、感觉障碍以及情绪行为障碍等。脑瘫儿童由于生理上的原因，须要家长给予特别的教育，具体地说，要注意以下几点：

1. 正确认识孩子的病情

家长要对孩子进行特殊的教育，首先要对孩子的病情有一定的了解。家长要认识到脑瘫虽不能治愈，但可以通过各种措施控制病情，使之保持稳定，不再继续恶化。另外智力低下是脑瘫患儿的主要伴随症状之一，但这并不是说所有的脑瘫患儿智力都差。据专家统计，约25%的患者智力低下，其余的正常或接近正常。[2] 因此，家长既不要对孩子的恢复抱有不切实际的期望，也不要放弃治疗，对患儿进行教育和训练是有必要的。

2. 运动、感觉的训练

脑瘫患儿的运动有不同程度的障碍，要减少这些障碍必须经过长期的训练，药物治疗是无效的。家长要鼓励儿童积极进行科学的功能训练，这有利于促进中枢神经系统的正常发育，改善异常姿势和运动，防止肌肉挛缩和关节的畸形。另外，功能训练在一定程度上也有利于智力的发展。

3. 交流能力的训练

脑瘫儿童由于口部肌肉控制不良，容易出现语言困难的问题。家长可以在日常生活中多与孩子交流，帮助其逐渐学会正确发音。另外，家长也可以教孩子一些肢体语言，如用鼓掌表示对他人的欢迎。

### （二）截肢儿童的家庭教育指导

截肢是因伤害或意外事故将肢体截去，以挽救病人的生命，结果使其失去身体的一部分。[3] 还有一部分儿童是由于先天原因导致手足残缺，也可以归到这一类中。在医学上，给截肢的患儿安上假肢是普遍的做法。截肢造成肢体残疾的儿童的智力一般是正常的，甚至有部分患儿是超常的，因此，他们能够适应普通学校的学习。但是，他们的心理受到更多的压力，特别是由于意外事故导致肢体残疾的患儿，他们难以接受自己肢体残疾的事实。在家庭中，要对这些孩子进行一些特殊的教育。

---

[1] （美）Daniel P. Hallahan，James M. Kauffman，Paige C. Pullen：《特殊教育导论》，肖非，等，译，北京，中国人民大学出版社，2010，458页。

[2] 雷江华：《学前特殊儿童教育》，武汉，华中师范大学出版社，2008，98页。

[3] 钱志亮：《特殊需要儿童咨询与教育》，北京，北京师范大学出版社，2006，464页。

1. 培养孩子的自信心

这些孩子的智力多数是正常的，但是他们由于肢体残疾，在生活中会遇到更多的障碍，有的孩子还会受到外界的嘲笑。这些压力使得他们的自信心受到一定的打击。首先，家长要相信自己的孩子。家长是孩子的启蒙老师，家长的态度在很大程度上影响到孩子的态度。在生活中，孩子自己能够做到的事情，家长要鼓励他们自己做，不要什么都替他做。其次，家长要及时鼓励孩子，充分地肯定孩子的每一次进步。自信是在成功的经验中产生的，家长要让孩子体会到成就感。

2. 注意孩子日常生活能力的培养

肢体残疾的儿童在生活上会遇到不少困难，但是有很多困难是可以克服的。如双手残疾的孩子可以练习用脚写字，用脚拿东西；双腿有问题的孩子，可以学会用手推轮椅。大量的事实表明，肢体残疾的儿童经过特殊的学习和训练，是可以做很多事情的。家长在家庭中，要有意识地观察、训练孩子，多让孩子尝试，并适时适当地提供帮助。既要让孩子不断努力克服困难，又要保持他们学习的积极性、自信心，避免产生挫败感。

3. 克服困难，尽量送肢体残疾的儿童进入普通学校学习

这些儿童虽然有肢体残疾，但是智力是正常的，经过努力，他们能够适应普通学校的学习，家长要在适当的年龄让孩子接受正规的教育。有些家长心疼孩子，怕孩子被欺负，遭到歧视，因而拒绝把孩子送到学校中，其实这种做法会耽误孩子的发展。家长可以采取积极的措施，如与教师保持良好的沟通，鼓励其他的伙伴接纳自己的孩子，教会患儿良好的社会交往策略，培养孩子良好的意志品质，等等。每个人的成长中都会遇到很多问题，能够战胜问题的孩子就是成功者。正是因为肢体残疾儿童一开始就面临很多问题，所以有些患儿身残志坚，取得了令人敬佩的成就。

4. 细心观察，关注孩子的特殊需要

家长要细心观察，考虑孩子的身体状况，给孩子提供宽松安全的环境。另外，装有假肢的患儿家长还要观察假肢的适用性，特别是在孩子小的时候，假肢的适用时间比较短，要求家长善于观察，一发现问题，及时找专业人士进行调整或重装。最后，肢体残疾儿童的部分活动受限，家长在与患儿互动游戏时要选择一些适当的活动，或者如资料卡片 5-4 所示帮助肢体残疾儿童玩玩具。

## 资料卡片5-4

### 如何帮助脑瘫儿童玩玩具

对于许多脑瘫儿童来说，自发和独立地玩可以买到的玩具是不可能的，玩这些玩具所需的协调性和力量通常超过这些儿童所具备的能力。长期不能进行身体活动以及无法掌握环境可能导致儿童丧失动机并变得消极。

【如何开始】幸运的是，玩具在经过改装之后可以更多地被肢体残疾儿童使用。在促进儿童主动、独立使用这些玩具时，以下6种类型的改装是最为有效的。

（1）固定玩具。选择有底座的玩具，可以将玩具夹在桌子上。使用胶带是固定许多玩具的一种廉价且有效的方法。有钩的一端挂在玩具上，圈状的一端贴在干净的平面上。用吸盘吸在非木制的表面上也可以短时间固定玩具。

（2）设定界限。依据玩具的移动特点，可以通过不同的方式设定界限。例如，可推动的玩具可以被放置在一个硬纸盒的顶上或者放在一个有边缘的盘子上，从而设定一个限制范围。可拉动的玩具可以被放置在一个轨道上。

（3）增加抓握辅助。可以将尼龙搭扣绑带的一端系在儿童的手上，另外一端系在儿童抓握的物体上，这样就在儿童的手和物体之间建立一个连接。一个护腕可以被儿童用于抓握棍状的物体，如蜡笔或指示器。

（4）简化玩具的操作。增大玩具的体积和加宽玩具的宽度可以使儿童更容易挥击和推动玩具。平面延伸、圆形把手或销子可以用来增加玩具的表面积，在恰当的地方安装一个栓子或销子能弥补儿童手腕不能转动的缺陷。

（5）增加特殊的启动开关。可以自制开关和玩具，也可以对它们进行改装，或者从许多为残疾人提供服务的公司购买开关和玩具。

（6）考虑儿童的位置需要。玩具放置的位置要让儿童可以轻易地拿到，并且只须要儿童用最小的努力就可以控制玩具。不应该让儿童很容易就感到疲惫，或者须要他们费很大力气。应该让儿童玩耍的同时能够看到玩具。

【其他注意事项】玩具应该是坚固耐用的、安全的。这些改装玩具的原则同样适用于改装其他设备，如沟通辅助设备、计算机、环境控制设备和家用物品，从而让它们便于使用，使教育环境更加无障碍，可以让肢体残疾儿童更多地控制他们周围的环境，并给予他们拓展学习经验的机会。

【（美）William L．Heward：《特殊需要儿童教育导论》，肖非，等，译，北京，中国轻工业出版社，2007，366～367页】

# 第六节　视听障碍儿童的家庭教育指导

视听障碍儿童就是那些视觉或听觉出现障碍的儿童，包括视觉障碍儿童和听觉障碍儿童。本节将分别介绍视力障碍儿童和听力障碍儿童的特点和视听障碍儿童的家庭教育策略。

## 一、视听障碍儿童的特点

### （一）视力障碍儿童的特点

视力障碍也称视觉缺陷、视力残疾。我国 2006 年第二次全国残疾人抽样调查残疾标准中规定：视力残疾，是指由于各种原因导致双眼视力低下并且不能矫正或视野缩小，以致影响其日常生活和社会参与。[①]

造成视觉障碍的原因有很多种，包括先天的和后天的。由于视力障碍儿童不能像正常儿童一样充分利用视觉进行学习，他们具有以下特点：

1. 视觉受到严重的限制，但是其他感知觉的发展起到代偿的作用

个体的感觉包括视觉、听觉、触觉、嗅觉、味觉、运动觉、平衡觉和内脏感觉。[②]视力障碍儿童的视觉受到严重的限制，在客观上要求其他感觉起到代偿的作用。与正常

---

① 陈秀敏：《特殊儿童早期教育研究》，哈尔滨，哈尔滨地图出版社，2010，57 页。
② 徐洪妹：《视障教育——上海盲校百年印证》，上海，上海教育出版社，2010，29 页。

儿童相比，视力障碍儿童的听觉和触觉都更加灵敏。他们不仅可以通过听觉辨认出不同的熟人，还可以利用外界的声音和自己发出的声响来感受、分析和判断外界环境以及自己的位置。在触觉方面，视力障碍儿童的触觉感受性高于正常儿童。通过学习，他们可以学会盲文，利用触觉主动地认识外界事物的大小、形状、质量、温度、硬度、光滑度等特点。这些都有利于视力障碍儿童获得更多的感性经验。另外，他们还有特殊的"障碍感觉"。所谓"障碍感觉"是指视力障碍的人在行走时能对前方一定距离的物体有感觉，常常表现为盲人行走时能够不碰撞前方较大的障碍物。国外的心理学家认为这主要是听觉的功劳，视力障碍的人能够通过感受声源或回声来辨别障碍物。正是这些正常人难以注意的信息，帮助视力障碍者绕开障碍物。

2. 在语言的学习中遇到更多的障碍

视力障碍儿童在语言的学习中基本依靠听力，失去视觉的协同作用，语言常常出现错误。与正常儿童比，视力障碍儿童的口吃、颤音问题更多。这主要是因为他们不能像正常儿童那样，通过视觉观察他人是如何发音的，而只能依靠听觉。另外，由于缺少视觉的感性经验，视力障碍儿童对部分词义的理解缺少表象基础，而一些表象是难以通过听觉、触觉、嗅觉等获得完整的经验的，如颜色、蓝天、大海、飞船等。

3. 个性发展受到一定影响

部分视力障碍的个体能够调整好自己的心态，正确对待自身的局限，表现出积极向上的精神。但是仍然有7%的视力障碍的人表现出退缩人格和依赖心理。有自卑心理的视力障碍的人较多，大概有27%。与正常儿童相比，视力障碍儿童的情绪更多变、不稳定，意志品质相对薄弱，交往的范围更局限。

## （二）听力障碍儿童的特点

所谓听力障碍，是指人由于各种原因导致双耳不同程度的永久性听力障碍，听不到或听不清周围环境声及言语声，以致影响日常生活和社会参与。[①] 听力障碍的分类有多种，有一种是按照听力障碍发生的年龄进行的分类，即分为学语前聋和学语后聋。这两类听力障碍不仅成因有差别，对教育的手段、方法和效果都有很大影响。但是它们也有一些共同的特征，具体地说：

第一，听力障碍儿童的听觉受到严重的限制，但是其他的感知觉起到了重要的代偿作用。听力障碍儿童的听觉不起或者仅起较小的作用，他们主要依靠视觉、触觉、味

---

① 陈秀敏：《特殊儿童早期教育研究》，哈尔滨，哈尔滨地图出版社，2010，39页。

觉、嗅觉等途径感知外界事物。其中，视觉具有重要的代偿功能。听力障碍儿童通过视觉可以获得大量的感性经验。唇读和手语是他们沟通和接受教育的首选。[①] 视觉在学习唇读和手语的过程中起到非常重要的作用。

第二，听力障碍儿童语言的学习与正常儿童有很大的差异。正常儿童都是先学习口语，后学习书面语，而听力障碍的儿童由于缺少听觉的帮助，一般要到学龄期才开始在学校系统地学习口语和书面语，所以他们的口语和书面语是同时学习的。另外，他们还要学习手语，这是他们特殊的沟通方式。总的来说，他们在学习语言的过程中会遇到比正常儿童更多的障碍。

第三，听力障碍儿童的个性受到一定的影响。听力障碍儿童生活在"无声的世界"里，内心是比较平静的。但是，当他们认识到听力问题给自己带来的不幸时，内心就难以继续保持平静，他们不愿意和他人交往，孤独感油然而生。他们很敏感，自尊心强，且富有同情心。

## 二、视听障碍儿童的家庭教育指导

### （一）细心观察，及早发现

视力障碍儿童在早期就有特殊的表现。例如：用手电筒照射黑暗的屋子，屋里的视障婴儿没有任何反应；把色彩鲜艳的玩具拿给他，也没有任何反应；到了能够爬的时候，不知道绕过障碍物；阅读时经常眨眼；等等。另外，有的儿童并没有完全失去视力，或是一只眼睛有问题，这样的儿童需要更细心的观察，如有些儿童当一只眼睛被挡住时会哭闹，而另一只眼睛被遮住则没有任何反应。对视力障碍儿童的判定主要是依靠专门机构的诊断，但是家长和老师可以细心观察，一发现问题就及时向专业机构求助，这有利于视障儿童获得更好的治疗效果。

听力障碍儿童是比较容易被发现的。我国绝大部分地区，只要是在医院出生的婴儿都会进行听力检查，及时筛选听力障碍患儿。有些患儿在刚出生时听力没有障碍，但后来出现问题，他们的表现主要是：不听话，别人说什么他都无动于衷，不能分辨声源的方向，总是在一个方向寻找声源，如听到声音总是向右转头寻找声源，很可能左耳出现了问题。

---

① 余敦清：《一例先天性词聋症孩子教育康复的研究报告》，载《中国特殊教育》，2001（3）：17~20页。

### （二）接纳视听障碍儿童，建立良好的亲子关系

家长要想让视听障碍儿童接纳自己，首先要接纳视听障碍儿童，让他们感受到父母的爱和尊重，这对视听障碍儿童以后的社会性发展具有很大影响。家长在与孩子的互动中，要体现平等、尊重的原则，不要滥施家长的权威，要经常与孩子进行沟通，满足孩子的情感需要。良好的亲子关系对孩子的发展具有重要的影响，是家长在家庭中对孩子进行有效教育的前提。

### （三）在生活中教给视听障碍儿童正确的学习方法，培养良好的行为习惯

虽然视听障碍儿童的视力或听力受到严重限制，但他们要融入社会，也须要遵守社会规则，养成良好的行为习惯。这对视听障碍儿童来说是有困难的，有些生活中的小事，对他们来说却需要一番努力，他们须要家长给予更多的耐心和帮助。家长要利用生活中的小事情，培养儿童利用其他感官学习的能力和良好的行为习惯。

### （四）保持信心，对孩子的发展作出合理的要求

家长要清楚地认识到，视听障碍儿童所遇到的障碍不是短时间就可以消除的。不要把他们与正常儿童进行比较。家长一方面要看到孩子发展的希望，坚信视力或听力上的障碍不仅仅只是障碍，上帝在关上门的同时为我们打开了一扇窗；另一方面，家长要有目的地、循序渐进地帮助视听障碍儿童克服困难，找到自己的优势。

总之，对特殊儿童进行家庭教育，家长首先应当爱孩子，对孩子有耐心，正视孩子身心发展的现实，对孩子的未来发展进行合理的期待，既不放弃对孩子的治疗和教育，也不过分苛求孩子的进步。只要在专业人士和老师的帮助下，在家长的不懈教育下，特殊儿童的身心发展状况一定能得到改善。

## 本 章 回 顾

### ⊙ 内容小结

- 特殊儿童是指除正常儿童以外的各类儿童，包括身心障碍的儿童与资赋优异的儿童，主要有智力超常儿童、智力落后儿童、孤独症儿童、肢体残疾儿童和视听障碍儿童。特殊儿童家庭教育的任务有健康教育、生存教育、做人的教育、智育。

- 对特殊儿童家庭的教育指导，要尊重

家长，要帮助家长正确看待孩子，帮助家长及早识别、发现孩子发展过程中存在的问题，要指导家长在家庭中给特殊儿童提供适宜的教育、康复训练的内容和方法。

- 超常儿童的家庭教育指导要注意：正确认识智力超常儿童；创造良好的学习环境，培养孩子的自学习惯；培养孩子自信、自立、自强的精神，激发孩子的内部学习动机；循序渐进，量力而行；关心孩子的全面和谐发展。

- 智力落后儿童的家庭教育应注意：及早发现，寻求专业帮助；家长要给予孩子理智的爱；在家庭中注意培养孩子的基本能力。

- 孤独症儿童的家庭教育应注意：细心观察，及早发现；家长要调整好心态，积极面对孩子的问题；在家庭中有意识、有针对性地对孤独症儿童进行一定的训练；为孩子营造温馨的生活氛围；培养孤独症儿童的社会交往技能。

- 肢体残疾儿童的家庭教育应分类进行：针对脑瘫患儿，家长应正确认识孩子的病情，进行运动、感觉、交流能力的训练；针对截肢儿童，要培养孩子的自信心，注意孩子日常生活能力的培养，送孩子去普通学校上学，细心观察孩子的特殊需要。

- 视听障碍儿童的家庭教育应注意：细心观察，及早发现；接纳他们并建立良好的亲子关系；在生活中教给视听障碍儿童正确的学习方法，培养良好的行为习惯；保持信心，对孩子的发展作出合理的要求。

## ⊙关键词

智力超常儿童　　　智力落后儿童　　　孤独症儿童

肢体残疾儿童　　　视听障碍儿童

## ⊙思考与练习题

### 一、简答题

1. 简述各类特殊儿童的定义及类型。

2. 简述特殊儿童家庭教育的目的与任务。

3. 简述各类特殊儿童的早期发现方法。

### 二、论述题

1. 特殊儿童的家长自身应如何面对孩子带来的各种挑战？

2. 幼儿园教师应如何指导家长对不同类型特殊儿童进行教育？

三、案例设计题

毛毛是个患有先天性小眼球发育不全的全盲儿童。由于毛毛的年龄特点、视觉缺陷和家长缺乏干预教育的能力，毛毛20个月时小便尚不能自控，还在使用尿布，用奶瓶喝水，有摇摆身体盲相等。在了解和观察毛毛的基本情况后，老师觉得毛毛健康、聪明，除了视障，她在肢体或运动方面都正常，造成毛毛自理能力落后和出现盲相的原因是家长没有及时介入对孩子的早期干预，没有让孩子参与简单的生活自理练习以及提供适合的玩具材料所致。心理学研究表明，人的行为不是天生的，而是通过教育学习获得的。对于毛毛来说，目前她只是20个月大的婴幼儿，她的身心正处于迅速发育的阶段，可变性和波动性都很大，只要我们干预及时，学校、家庭都采用恰当的适合毛毛的方法，就能及时矫正毛毛的某些不足，从而缩小毛毛与正常同龄儿童的差距。①

请根据毛毛的特点设计一份干预方案，以改变毛毛小便不能自控的毛病。

## ⊙参考文献

[1] 李燕，吴维屏. 家庭教育学 [M]. 杭州：浙江教育出版社，2009.

[2] 方俊明. 特殊教育学 [M]. 北京：人民教育出版社，2005.

[3] 王浩，丁浩海，顾晓鸣. 家庭教育现代化发展战略 [M]. 北京：中国商业出版社，2010.

[4] 丹尼尔·P. 哈拉汉，詹姆士·M. 考夫曼，佩吉·C. 普伦. 特殊教育导论 [M]. 肖非，等，译. 北京：中国人民大学出版社，2010.

[5] 丁连信. 学前儿童家庭教育 [M]. 北京：科学出版社，2007.

[6] 吴奇程，袁元. 家庭教育学 [M]. 2版. 广州：广东高等教育出版社，2006.

[7] 汪文鋆. 弱智儿童家庭教育咨询 [M]. 杭州：浙江教育出版社，1994.

[8] 谢明. 孤独症儿童的教育康复 [M]. 天津：天津教育出版社，2007.

[9] 周耿，林彦君，冯成. 孤独症儿童早期教育、训练、康复 [M]，沈阳：辽宁大学出版社，2010.

[10] 钱志亮. 特殊需要儿童咨询与教育 [M]. 北京：北京师范大学出版社，2006.

---

① 徐洪妹：《视障教育——上海盲校百年印证》，上海，上海教育出版社，2010，210～213页。

［11］雷江华．学前特殊儿童教育［M］．武汉：华中师范大学出版社，2008．

［12］［美］威廉·L．休厄德．特殊儿童——特殊教育导论［M］．孟晓，等，译．南京：江苏教育出版社，2007．

［13］［美］William L．Heward．特殊需要儿童教育导论．肖非，等，译．北京：中国轻工业出版社，2007．

［14］陈秀敏．特殊儿童早期教育研究［M］．哈尔滨：哈尔滨地图出版社，2010．

［15］徐洪妹．视障教育——上海盲校百年印证［M］．上海：上海教育出版社，2010．

［16］余敦清．一例先天性词聋症孩子教育康复的研究报告［J］，中国特殊教育，2001．

# 第六章

# 儿童家庭与幼儿园、社区的合作共育

## ⊙学习目标

了解家庭、幼儿园、社区3方合作的必要性；理解家庭、社区、幼儿园在合作中的关系；运用家庭和幼儿园、社区合作的方法，通过案例掌握家庭、幼儿园、社区合作教育活动的设计与实施。

## ⊙学习建议

学习者要从家庭、幼儿园、社区各自对儿童身心发展的独特作用的角度，了解3方合作的必要性；对3者的合作关系应针对0~3岁和3~6岁这两个不同的阶段来理解。对于3方合作的内容、方法及合作共育活动案例，学习者可以通过对一些案例的评价，来把握每个案例值得借鉴或学习的地方。

## ⊙引　　言

豆豆（化名）和爱爱（化名）一起入园，但入园反应差别很大。豆豆开始几天有点哭闹，但很快就适应了幼儿园的生活，按时来园，到点睡觉，有了喜欢的玩伴和老师……每天都高高兴兴的样子。爱爱适应得很慢，每天哭闹着来园，有时情绪刚刚好转，又因为尿湿裤子、与小朋友抢玩具等不愉快的事情再次影响情绪。午睡是爱爱最头痛的事情，豆豆已经睡着了，爱爱还在玩玩具或是在床上辗转反侧，而当豆豆已经起床吃午饭的时候，爱爱还睡在床上。

是什么原因导致两个孩子在入园适应上有如此大的差距呢？经调查发现，其实两位妈妈都很注重孩子的早期教育，但在获取早教信息的方式和教育内容上有很大差别。

爱爱的妈妈主要是通过读书了解早教的方法，但有把握不好教育尺度、不会辨别不同观点的困惑。

豆豆的妈妈也阅读图书，同时接受社区早教宣传站的指导。早教宣传站与辖区内的妇幼保健站、图书馆、幼儿园等单位有联系，会根据孩子的年龄段在保健、教育等方面给予家长针对性的指导，还会和有关单位联合开展一些集体活动，如踏青、"图书漂流"等。豆豆妈就是在带豆豆参加了"幼儿园半日游"活动，了解幼儿入园适应的建议后，有意识地调整了豆豆的作息时间，并培养豆豆吃饭、大小便等生活能力。①

你从案例中得到了什么启示呢？你是否感受到了家庭、幼儿园、社区 3 方合作的必要性？你认为学前儿童家庭、幼儿园、社区合作教育还可以从哪些方面、采取哪些途径进行呢？你可以给家长、幼儿园和社区提供哪些建议呢？

# 第一节　家庭、幼儿园、社区三方合作教育的必要性

"教育是一个系统工程""家庭教育、学校教育、社会教育是教育的 3 大支柱，三者缺一不可"②。家庭教育是基础，学校教育是主导，社会教育是依托，彼此既是独立的，又是相互联系的，构成了一个完整、统一的现代教育体系。家庭、幼儿园、社区 3 方合作教育是学前儿童学习和发展的需要，也是教育现代化发展的必然趋势。

## 一、家庭、幼儿园、社区合作教育是学前儿童学习和发展的需要

心理学家布朗芬·布伦纳提出的"生态系统理论"强调个人的发展来自个体与环境的互动，其互动模式不只介于同一层环境系统中，而是多层环境系统中的交互作用。他的理论中特别指出多重环境对个体行为以及发展的影响，并且将环境依照与人的空间和社会距离的标准分为各层级系统，即小系统、中系统、外系统和大系统。小系统是指与个体直接互动的人和事物。中系统是指个体直接参与的两个或两个以上的系统。外系统是指会影响与个体直接接触的系统，即个体未直接接触的系统。大系统是指社会、文化、价值观等较高层次的内容，它影响其他系统。

儿童的发展依赖于其所处的环境，家庭、幼儿园和社区是儿童直接接触的小系统和中系统，是影响幼儿发展的主要因素和直接因素。

---

① 案例提供：武警总部机关幼儿园，马蕾。
② 吴航：《家庭教育学基础》，武汉，华中师范大学出版社，2010，61 页。

父母是孩子的第一任老师，家庭是孩子的第一个课堂，家庭教育对幼儿的发展起至关重要的作用；同时，"生活即教育，社会即学校"，社区是幼儿所处的小社会，以社区为依托的教育环境对幼儿成长的影响作用也是不容忽视的；幼儿园作为专门的教育机构，对孩子的成长作用更加毋庸置疑。然而，家庭、社区、幼儿园任何一方对幼儿发展的促进作用既有其各自的优势，也都有相应的局限性，任何一方都无法单独承担起满足幼儿学习和发展的所有需要的重任。只有发挥家庭、社区、幼儿园的整体教育功能，才能最大限度地满足幼儿的全面发展需要。

### （一）家庭、幼儿园、社区合作教育是学前儿童健康成长的需要

学前儿童独立生活能力及自我保护的意识和能力很弱，其生存需要的满足须要家庭、幼儿园、社区，乃至整个社会共同努力。比如，一所幼儿园，每天都会有很多家长开着车来接送孩子，但没有停车位，只能把车开到幼儿园门口，导致幼儿园门前拥堵、混乱，很多步行的家长和幼儿不得不在车辆中穿行，给幼儿的安全造成很大的隐患。社区居委会了解情况后，根据社区整体车位情况，与辖区内的有关单位协商，利用接送孩子与单位上下班的时间之间存在空隙，将单位的车位向家长开放，并派专门的人员进行疏导和管理，解决了幼儿园门前交通秩序混乱的问题，确保了幼儿的安全。

儿童身体健康和心理健康的保障同样离不开家庭、幼儿园、社区的合作教育。幼儿园、社区不仅能够为学前儿童身体健康发展提供必需的物质条件（如医疗机构、活动场地、活动器材等），还能为学前儿童和家庭提供相关的指导。家庭、幼儿园、社区相互配合，保证教育观念的一致性，对于更好地满足儿童的心理需要具有重要作用。而家长是最了解孩子健康状况和健康需求的人，同样能为幼儿园、社区提供更有针对性的建议和信息。

### （二）家庭、幼儿园、社区合作教育是幼儿认知能力发展的需要

认知能力包括语言能力、观察力、记忆力、注意力、思维能力、想象力、动手能力等。皮亚杰的儿童认知发展理论强调儿童的发展是主客体相互作用的结果。认知能力是孩子在认识外部世界的过程中逐步发展起来的。幼儿园和社区是幼儿最初接触的外部世界，是幼儿认识的对象。家庭通过与幼儿园、社区的合作，可以在社区教育资源的利用、教育能力的提升等方面得到有效的帮助，从而扩大幼儿的认识视野和提高幼儿的认识能力。

### （三）家庭、幼儿园、社区合作教育是幼儿社会性发展的需要

环境是儿童社会性发展的决定因素。小到家庭的环境、长辈的教育态度和教养方

式、邻里和社区居民的言行举止、精神风貌，大到社会、文化、价值观等环境因素，都会直接或间接地影响幼儿社会性的发展。

国际教育组织提出："要关注幼儿的社会学习，加强幼儿园与家庭、社区的紧密配合。"

首先，要理解教育的社会性和家庭教育的社会制约性，要依据社会发展需要，依据党和国家的教育方针和教育目标，对儿童进行社会教育。只有儿童的发展与社会、国家的需要相契合了，儿童发展的需要才能更好地得到满足。社区和幼儿园应对儿童家庭的社会化教育起价值导向作用。家庭、社区的非正规教育和幼儿园的正规教育，应该在儿童的社会性教育中与社会对人的要求以及党和国家的教育方针、教育目标保持方向上的一致，这样培养出来的儿童才是社会和国家需要的，才是于己、于人、于社会有益的合格公民。

其次，充分使用家庭、幼儿园和社区的资源，以丰富、加深幼儿对自己、对他人和对社会的认识，这是幼儿自身发展对教育提出的要求。比如，独生子女只有在幼儿园、社区这样更广阔的社会环境中才能得到社会性发展的实践锻炼机会，才能逐渐学会如何与人交往。

**（四）家庭、幼儿园、社区合作教育是幼儿审美能力发展的需要**

美育是以自然美、社会美、艺术美为内容的。幼儿对美丑的辨别能力不强，又具有很强的模仿性，因此，幼儿审美能力的发展首先要求幼儿的生活中有"美"的事物，并要尽量避免让幼儿接触"丑"的事物。只有家庭、幼儿园、社区相互配合，才能够为幼儿营造一个"美"的世界。幼儿审美能力的发展既需要美的环境的潜移默化的熏陶，还需要专门的教育和指导，而这种针对幼儿审美能力发展的专门指导往往须要借助幼儿园、社区的专业人士来进行。因此，幼儿审美能力的发展离不开家庭、幼儿园、社区的合作教育。

## 二、家庭、幼儿园、社区三方合作是教育现代化的必然趋势

随着国家对现代化教育的重视程度的不断提高，人们对现代化教育的研究也不断深入。越来越多的研究表明，现代化教育是一个多样的、开放的大系统。教育的终身性和信息化是教育现代化的重要特征。教育的终身性使得教育不局限在学校，也没有年龄限制，而是时时学习，处处学习。而教育的信息化，也使得教育已经冲出学校范围，家

长、儿童可以随时获得信息。在社会这个大系统中，家庭、教育机构都只是一个子系统，每个子系统不论其具有多么强的优越性，都必须与其他形式相互补充，否则就不能全面地满足受教育者的发展需要和社会的发展需要。家庭、幼儿园、社区三方合作教育是推进教育现代化的一个重要方面。家庭教育、学校教育、社会教育是教育的三大支柱，三者缺一不可的观点已经成为全社会的共识，国家将采取更有力的措施统筹管理，使家庭、幼儿园、社区合作教育更加规范化。资料卡片 6-1 是相关教育法规对家庭、幼儿园、社区合作教育的规定。

## 资料卡片6-1

### 相关教育法规对家庭、幼儿园、社区合作教育的规定

1996 年，《北京市学前儿童家庭教育大纲（试行）（3～6 岁）》指出"家庭、托幼园所、社会共创良好的育儿环境，协调一致，充分发挥教育的整体效益"，要求家长：加强与托幼园所的联系，相互配合教育孩子，做到家庭与教养机构教育一致。要求托幼园所：必须重视家长工作，……把做好家长工作、指导家庭教育作为园所工作的重要组成部分。要求有关部门：各级教育行政部门、妇联、工会、家教研究会等单位与组织都要关心、重视学前家庭教育工作，并予以指导，推动家庭教育知识的普及，总结家庭教育工作的经验，提高家庭教育工作水平，表彰家庭教育的先进个人或集体。电视、广播、报刊、出版、文艺、宣传等单位努力为学前儿童提供生动、有趣、健康的精神产品。玩具研究设计制造单位要大力研制有利于学前儿童身心发展、价格适当的玩具。

《上海市学前教育纲要》中明确指出：要"确立大教育意识。充分利用学前教育机构、家庭、社区的教育资源，开展家庭教育指导，使家长成为学前教育机构的合作伙伴。努力实现学前教育机构的教育与家庭、社区生活一体化"。

《幼儿园教育指导纲要（试行）》（2001 年）中指出"幼儿园应与家庭、社区密切合作，与小学互相衔接，综合利用各种教育资源，共同为幼儿发展创造良好条件"。

> 2004 年颁布的《家长教育行为规范》中提出，家庭要"主动配合学校教育、社区教育，支持子女参加学校活动和社会实践，保持教育的一致性"。
>
> 2007 年《全国家庭教育工作"十一五"规划》指出，要"进一步完善家庭教育工作长效机制，推动构建学校、家庭、社会'三结合'的教育网络""中小学、幼儿园普遍建立家长学校……积极推进社区家庭教育指导"。

不同的规章制度虽然是以不同的主体为对象提出的，如《家长教育行为规范》主要是针对家长，《幼儿园教育指导纲要（试行）》针对的是幼儿园，而《北京市学前儿童家庭教育大纲（试行）（3～6岁）》既针对家庭，又指向幼儿园、社会等其他部门，但都反映出国家和社会对家庭、幼儿园、社会合作共育的重视、要求和支持。

家庭、幼儿园、社区三方合作既有现代化教育研究的理论支持，同时又有国家的教育政策、法规的规定和支持，可见三方合作是教育现代化的必然趋势。

# 第二节  0～3岁儿童家庭与幼儿园的合作

家庭、幼儿园的合作教育能够更好地促进幼儿的发展。在学前儿童的不同年龄阶段，由于儿童发展水平、发育特点以及施教主体的不同，家庭与幼儿园的合作关系和合作内容也有所不同。我们以儿童是否进入幼儿园为界限，分别对0～3岁和3～6岁两个阶段儿童家庭与幼儿园的合作教育进行阐述。

## 一、0～3岁儿童家庭与幼儿园的合作关系

很长一段时间以来，0～3岁儿童家庭与幼儿园的合作关系是没有建立起来的。其原因有二：一方面，幼儿园直接面向的教育对象主要是3～6岁的儿童，0～3岁婴幼儿的教育是幼儿园的外延教育，0～3岁儿童的家庭与幼儿园没有必然的直接联系，出现了一个"教育真空地带"；另一方面，幼儿园对0～3岁儿童身心发展特点及教育的研究不够，在满足家长需求及与家长合作上有一定的局限。

随着人们对早期教育重要性的认识日益加深，让婴幼儿接受早期教育的需求也变得越来越迫切。不仅社会上各种针对0~3岁儿童的早教机构如雨后春笋般涌现，各级政府教育部门也越来越重视0~3岁儿童的教育，并逐渐将0~3岁儿童的教育规范化、系统化、科学化。0~3岁儿童家庭与幼儿园的合作关系也逐渐发生变化。北京市教委2003年下发了《关于加强社区儿童早期教育示范基地建设的通知》（京教学前〔2003〕13号），开始对幼儿园提出0~3岁早期教育的任务，进行幼儿园早教基地的评选活动，促使幼儿园将0~3岁儿童纳入教育范畴，这使0~3岁儿童家庭和幼儿园建立起了直接的联系。近年来，幼儿园也主动将0~3岁儿童的身心发展特点、教育问题以及0~3岁家园合作纳入教育研究范畴，使双方合作更加可能，更有意义。

在0~3岁儿童家园合作教育中存在一个主动与主导的关系。苏联教育家马卡连柯在论述学校和家庭教育的关系时说："学校应当领导家庭。"这是因为幼儿园是专业的教育机构，幼儿教师是专职的教育工作者，懂得儿童身心发展的特点和规律，掌握科学的幼儿教育方法，幼儿园处于主导地位才能有效地引领家园合作向科学的方向发展。但是这种主导作用，不是指幼儿园居高临下指挥家长，而是在相互尊重、平等的条件下引领家庭共同成长，二者是共同提高育儿技能的伙伴关系。尤其在现阶段，尽管很多幼儿园通过不同的形式把教育辐射到0~3岁儿童，但多数还只是以亲子班的形式出现的，系统、规范化地将0~3岁儿童的教育纳入幼儿园教育体系，还需要一个过程。家庭仍是0~3岁儿童的主要生活场所和受教育场所，家长也仍是其最主要、最直接的施教者，幼儿园的主导作用须要依赖家长的主动寻求和配合才能实现。家长应当认识到与幼儿园配合的必要性，积极争取和参与被指导的机会，主动向幼儿园反应孩子成长发展的信息和问题，共同探讨培养孩子的办法。

## 二、0~3岁儿童家庭与幼儿园的合作内容及方法

### （一）0~3岁儿童家庭与幼儿园的合作内容

0~3岁儿童家庭与幼儿园的合作内容可以分为以家长为核心的亲职教育、以儿童为核心的活动教育和以幼儿园为核心的教育研究。

1. 以家长为核心的亲职教育

以家长为核心的亲职教育是指为了提高家长素质和家庭教育质量，对家长的家庭教育提供帮助和进行指导的过程，包括：让家长了解幼教工作的方针、政策以及相关的法

律和文件，向家长宣传幼儿教育和家庭教育的重要性，宣传正确的教育思想；让家长了解幼儿身心发展规律，向家长宣传科学的育儿方法与原则；帮助家长创设良好的家庭教育环境；提高家长教育的能力，包括尊重、赏识孩子的意识，观察孩子的能力，随机教育孩子的能力，记录并评析孩子成长的能力，等等。

2. 以儿童为核心的活动教育

以儿童为核心的活动教育是指为了促进幼儿体、智、德、美的全面发展，而对 0～3 岁儿童进行的各种教育活动，包括幼儿园组织的亲子班（一般有半日制亲子班和周末亲子班）、各种形式和内容的集体活动（如参观幼儿园、“做个健康的小宝宝”等专题互动活动，小区散居儿童亲子运动会，等等）、入户指导等活动。

3. 以幼儿园为核心的教育研究

以幼儿园为核心的家园合作教育研究是指以提升幼儿园 0～3 岁儿童教育质量为目的进行的教育研究，包括对 0～3 岁儿童身心发展特点和教育规律的认识，提升教育活动质量以及 0～3 岁家园合作教育等内容。

**（二）0～3 岁儿童家庭与幼儿园合作的方法**

0～3 岁儿童家庭与幼儿园在合作上有多种方法，其中宣传法、多媒体沟通法、问卷调查法、家庭互助小组法、家访法、录像分析法、送教上门法、教育现场交流指导法、教育教学活动法、参观观摩法等更适合 0～3 岁儿童以家庭教育为主的特点。

1. 向家长介绍 0～3 岁儿童教养知识和幼儿园情况的方法

（1）宣传法。宣传法是幼儿园以宣传册、宣传板、宣传活动等多种方式向 0～3 岁儿童家长宣传相关的教育理念和教育信息的方法。

（2）参观观摩法。幼儿园组织一些活动，向家长、社区居民开放，邀请他们前来观摩，或与他们一起合作外出参观，如教学活动开放日、幼儿亲子运动会等。

2. 家园双方相互沟通信息的方法

（1）多媒体沟通法。多媒体沟通法指借助电话、网络等多媒体方式加强家园合作的方法，如教育热线、0～3 岁早教网络互动平台等。须要指出的是，这些沟通平台的组织者不一定是幼儿园，也可以由有能力的家长来搭建平台，邀请幼儿园的老师参与互动。

（2）问卷调查法。问卷调查法是通过问卷的方式了解需要的信息。问卷调查法不单单是由幼儿园向家长实施，家庭也可以根据自己的需求通过问卷的形式向幼儿园了解一些情况。比如，家长互助小组以问卷调查的方式向幼儿园了解入园前须要作好哪些准备。不论是由谁发起的问卷调查，只要不涉及个人隐私和权益，家、园双方都有义务配合完成。

（3）家访法。家访是一种以访问、谈话为主要方式的个别交流形式，主要目的是让教师了解幼儿在家庭里的行为表现以及所处的家庭环境，加强沟通，交流经验，共同促进幼儿发展。

3. 幼儿园指导家长教育孩子的方法

（1）录像分析法。录像分析法是指通过录像的方式回放幼儿在家活动的情况及家长教育的情况，并进行分析研究。录像分析可以弥补教师不能亲临教育现场的不足，可以多角度、多次观察，不受时间的限制，有利于整体全面分析。通常是家长提供录像，老师和家长共同分析过程，这样既有利于提高家长的教育能力，又有利于教师对幼儿和家庭教育环境、教育行为的了解。

（2）送教上门法。针对小区内 0~3 岁婴幼儿居住相对分散的状况，对婴幼儿采取个别指导的方式，使其接受早期教育。

（3）教育现场交流指导法。这里的"现场"，可以是幼儿园，也可以指家庭；这里的"教育"既可以是家长和教师对幼儿的教育，也可以是老师和家长之间的相互教育。家长和老师对幼儿的教育以及老师对家长的指导不难理解，而家长对老师的指导就有必要在此进行解释。由于 0~3 岁儿童的家长与孩子接触的机会比老师多，家长更了解孩子的生活环境和教育环境，有时比老师更能明白孩子行为背后的一些原因，因此，当老师对孩子进行教育时，家长可能须要帮助老师对孩子的行为作解读。因此，要特别强调，家、园合作中一定要注意利用和发挥家长的教育作用。老师与家长相互尊重，共同成长。

（4）教育教学活动法。教育教学活动是直接以儿童发展为核心的活动形式。0~3 岁儿童的教育活动一般是以亲子活动的形式进行的，即有家长陪伴的教育活动。由于 0~3 岁儿童的教育没有明确规定纳入幼儿园教育的体系中，因此，这种亲子活动的形式也是多种多样的，主要有半日制亲子班、周末亲子班、主题亲子游戏活动等形式。这种亲子活动也承担着教育家长的责任。

4. 幼儿园指导家长相互合作的方法

家庭互助小组是指小范围内的家庭之间结成教育小组，幼儿园分派一名教师参与家庭互助小组的活动。幼儿园教师可以通过与小组负责人联系，根据小组内的需要，采取直接组织或间接指导等形式参与互助小组的活动。家庭互助小组的优势在于，相对于社区来说，小组的形式更好组织，且更有针对性；相对于一对一的家庭合作来说，小组的形式有利于教育经验分享和教育资源的利用。

除了以上介绍的家园合作方式外，还有一些在 3 ~ 6 岁儿童家园合作中使用的方法（如家长座谈会、讲座等）也适用于 0 ~ 3 岁儿童的家园合作教育。另外，现在一些幼儿园已经开办托班，将系统、正规的学前教育延伸到 2 ~ 3 岁，这部分幼儿的家庭与幼儿园合作教育的关系、内容和方法可以参考 3 ~ 6 岁儿童的家园合作教育。

## 三、0 ~ 3 岁儿童家庭与幼儿园合作共育案例与评价

### （一）合作共育活动案例

**活动案例 1　让小满成为受欢迎的孩子**①

活动背景：小满的妈妈反映小满最近总是把小朋友扑倒，妈妈告诉小满不要去扑小朋友，可是小满好像听不懂，看见小朋友还是会奔过去，以致小朋友的家长一看见他就赶紧把孩子带走。妈妈觉得很难为情，有时看到其他小朋友和家长在一起聊天、玩，很想加入进去，但又怕小满惹人厌，只好带小满在远处玩，不好意思过去。妈妈感到很孤单，同时感到小满也很孤单。

活动目的：解决家长困惑，帮助家长学会了解、分析孩子的身心发展特点，提高家庭教育能力。

活动方法：录像分析法。

活动过程：老师建议妈妈把小满扑倒小朋友的过程录下来，一起分析原因，寻找解决问题的办法。录像中，老师发现与同龄的孩子（1 岁 2 个月）相比，小满个子比较高，也比较胖，而且走路比较早，但现在走路还不是很稳。小满每次看见小朋友都是很高兴地奔过去，很友好，没有攻击的意思。通过看录像，老师与家长根据小满的年龄特点进一步分析：小满会走之后活动的空间大了，交往的自主性逐渐增强，尤其对小朋友有天然的好感，所以看到小朋友就想和他们一起玩。但是由于动作发展还不够协调，小满走路还不稳，难以很好地控制自己的动作，再加上本身又高又胖，所以容易把小朋友扑倒。

解决建议：建议家长要看到孩子发展和交往的需要，不要因为会碰倒小朋友而限制

---

① 案例提供：武警总部机关幼儿园，马蕾。

孩子的交往需求。同时也要考虑其他家长的心理感受，如果不解决这个问题，尽管妈妈不限制小满，其他家长也会躲着小满的，小满的交往需求同样不能得到满足，还容易形成自己不受欢迎的印象。建议家长鼓励小满去抱小朋友，同时家长一面要站在小朋友的身后用身体支撑小朋友，以免被小满扑倒，一面用语言对小朋友说"××，小满喜欢你，想抱抱你好吗？"这样做一方面可以教小满学会用语言表达，另一方面是向小朋友和家长表达友好的信息。在保证小朋友不摔倒的前提下，满足小满的交往需求，使小满成为受人欢迎的友好的小朋友。

**活动案例 2　家访**①

活动背景：小宝 3 月份要进入幼儿园托班，幼儿园老师以了解基本情况和基本需求为目的进行家访活动，为入园适应作准备。

活动目的：了解幼儿生活环境、教育环境、兴趣爱好、生活习惯、发展水平的基本情况。

活动方法：问卷调查法、观察法、交谈法。

活动准备：调查问卷、观察记录表、访谈提纲、小礼物、照相机、录音笔（征得家长同意后方可使用），提前预约时间，教师着装得体。

活动过程：

（1）表明来意（为了了解小朋友的基本情况、增进感情等），送小礼物。

（2）根据访谈提纲与家长交谈，同时观察幼儿的活动情况及与家长的互动情况，自然获取信息，并完成表格（见表 6 - 1）。（现场不填，家访后追记）

表 6 - 1　家访观察记录表

| 幼儿姓名 | 小宝（化名） | 性别 | 男 |
|---|---|---|---|
| 年龄 | 2 岁 2 个月 | 接待者 | 小宝妈妈 |
| 时间 | 2009 年 1 月 9 日 | 记录者 | 马老师 |
| 玩具 | 汽车、积木、"巧虎乐智小天地"玩具、套碗等；有专门的玩具架，并分类摆放 | | |
| 图书 | 有专门的书架，图书分类摆放。鼠小弟系列、小熊宝宝系列、小玻系列、巧虎系列、好饿好饿的毛毛虫、谁的谁的翻翻书等 | | |
| 其他环境 | 家庭总面积大约 50 平方米，有一面涂鸦墙 | | |

---

① 案例提供：武警总部机关幼儿园，马蕾。

| 亲子活动及分析 | 　　小宝妈妈与我交谈的时候，小宝自己在涂鸦墙上画画。基本上能自己安静地画画，有时画一个东西后会对妈妈说"妈妈，你看"，妈妈看后会问："画的是什么呀？真棒！"小宝画了一会儿说："画完了。"妈妈看了看调色盘说："还有一些颜料没用完呢，把颜料都画完吧，别浪费了。"小宝听后又开始画了起来。画完后，妈妈给小宝找了一块小抹布，让小宝把地面和放颜料的椅子擦干净。小宝也很愉快地完成了。擦完地，妈妈又提示小宝把颜料盘洗干净，小宝很高兴地清洗着。小宝一边洗调色盘，一边玩水，玩了大概15分钟，妈妈坐着边和我交流，边看着小宝，没有制止。小宝玩了一会水，衣服有些湿了，过来找妈妈，要妈妈给换衣服。妈妈一边和我聊天一边给小宝换衣服，还不时地亲亲小宝。我对妈妈说，小宝好像不怎么黏人，很会自己玩。妈妈说是的，只要有他感兴趣的东西，他自己能玩很长时间。<br><br>　　<br>　　　小宝在墙上涂鸦　　　　　画完画后，小宝将地面擦干净<br>　　分析：小宝和妈妈之间建立起了比较好的亲子关系，表现为既不黏人又有安全感。妈妈对小宝的教育比较宽松，表现为允许小宝自由涂鸦和玩水，小宝把地面、衣服弄脏，妈妈也不批评。同时，妈妈很注重对小宝的责任教育，表现为让小宝自己清理地面、调色盘和自己整理玩具。妈妈对小宝很有耐心，能及时回应小宝的问题，并给予鼓励。如果在表扬和鼓励时再具体一些就更好了，如"你画的圆越来越圆了，真棒！" |
|---|---|
| 与幼儿互动分析 | 　　妈妈做问卷的时候，我主动与小宝交谈。我问小宝几岁了，小宝一边回答"2岁"，一边竖起两个手指头。我问小宝，你喜欢什么呀，小宝没有回答。我又问你最喜欢谁，小宝回答："妈妈、爸爸、爷爷、奶奶、姥姥、姥爷、舅舅、大大、大娘、哥哥、姐姐。"我又说，咱们一起玩吧。小宝跑到书架那里拿了一本《小白过生日》的书给我看，让我讲。妈妈说："小宝过完2岁生日后，对过生日很感兴趣，特别喜欢看和过生日有关的书。"离开时，小宝也很有礼貌地和我说"再见"。<br>　　分析：小宝很有礼貌，不会主动发起谈话，但很大方，能和客人比较自然地交流。对人很友好，表现为对所有的人都喜爱 |

续表

| 整体分析 | 小宝妈妈很注重对小宝的教育，虽然家庭面积不大，但还是尽可能地为小宝开辟出专门的游戏区域，并配备了专门的玩具柜和书柜。小宝妈妈尤其重视早期阅读，为小宝提供的图书都是当前比较热销的书籍。玩具方面，种类和数量不多，多是偏向益智类的。家长比较注重玩具的分类摆放，对于孩子的秩序感发展比较好 |
|---|---|

（3）与幼儿互动，进一步了解幼儿的发展状况。

（4）请家长配合填写幼儿基本情况表（见表6–2）。

表6–2　幼儿基本情况表

| 姓名 | | 乳名 | | 性别 | | 照片 |
|---|---|---|---|---|---|---|
| 出生年月 | | 家庭住址 | | | | |
| 入园前抚养方式 | □ 祖辈照顾<br>□ 所上托幼机构：<br>□ 其他（具体说明） | | | | | |
| 健康状况 | 过敏反应（药物、食物） | | | | | |
| | 疾病史或先天病史 | | | | | |
| | 现在身体健康状况 | | | | | |
| 喜欢的事物 | | | | | | |
| 性格特点 | | | | | | |
| 自理能力 | | | | | | |
| 不喜欢的食物 | | | | | | |
| 睡眠习惯 | | | | | | |
| 注意事项 | | | | | | |

（5）根据家长需求探讨一些问题，就入园准备与家长达成共识。

（6）告别。

（7）资料整理与分析。

（8）向家长反馈。

**活动案例3　争抢玩具怎么办①**

活动背景：在幼儿园老师与社区散居儿童家长见面会上，贝贝（1岁7个月）的妈妈向老师寻求育儿帮助——贝贝在小区里玩时总是喜欢抢别的小朋友的玩具，妈妈"怎么说都不听，怎样管都不见效"，先后用"好孩子不能抢别人玩具"的大道理开导过贝贝，教授过贝贝用"借我玩玩行吗"的语言与小朋友协商，示范过"我们换着玩行吗"的交往策略，效果都不好。虽然贝贝知道不能抢玩具的道理，尝试过用协商和交换的方法，但当遭到拒绝后还是会去争抢。

活动目的：帮助贝贝妈妈了解贝贝的年龄特点和适宜的教育方法，解决贝贝妈妈的育儿困惑。

活动方法：现场指导法。

活动过程：

（1）老师和家长带贝贝来到小区广场，观察贝贝游戏情况和妈妈的教育策略。

贝贝看到丁丁（比贝贝小一些）在玩小汽车，跑过去伸手就拿，丁丁哭了。贝贝妈妈赶紧跑过去，抢下小汽车还给丁丁，一边对贝贝说"不许抢小朋友的东西"。贝贝还想要，妈妈拽着贝贝走了，贝贝也哭了。妈妈从包里拿出一个别的玩具给贝贝，贝贝不哭了。可过了一会看见别的小朋友的玩具，就又走过去，从小朋友的手里拿。两个小朋友都不撒手，一起叫喊着。妈妈过去对贝贝说"你不是有玩具吗，撒手"。贝贝仍然不松手。妈妈又说："要不和小朋友商量一下，拿你的玩具换着玩吧。"贝贝把自己的玩具扔在地上说："换着玩。"可是那个小朋友仍然紧握着玩具不放。妈妈没办法只好又一次强拽着贝贝离开，边走边说："现在的小孩怎么都这么独呀。教他们商量也不行，分享也不行，怎么办呀？"

（2）与贝贝妈妈分析贝贝的表现。

首先，贝贝以及与贝贝同龄的孩子已经有了自我意识的萌发，这是幼儿成长的必经阶段，不应该责怪，而应该理解和积极地疏导。

其次，这个阶段的孩子还处于独立游戏阶段，还不会参与同伴间的平行游戏和合作游戏，所以不可能一起玩或者轮流玩。

最后，这一年龄阶段幼儿的思维属于直觉行动思维，想做什么会直接用动作表现出来，语言理解和表达能力有限，很多时候不能很好地用语言表达自己的需要。而且获得玩具的欲望远比大道理更能左右孩子，当两者交锋时，后者必然甘拜下风，抢玩具也是

---

① 案例提供：武警总部机关幼儿园，马蕾。

理所当然的了。

但是放任孩子这样争抢，一来会养成不好的习惯，二来会破坏充满友谊的交往环境，让幼儿有不好的交往情绪体验。

（3）帮助贝贝妈妈找到解决问题的办法。

解决这一问题也要从孩子的年龄特点入手，利用孩子注意力容易转移的特点，采取转移注意力的方法。

建议贝贝妈妈带贝贝出去玩时，多带一些玩具，到了广场上都拿出来摆在地上玩。用玩具吸引小朋友，转移小朋友们对自己玩具的注意力。

教育效果：丰富的玩具吸引不少小朋友禁不住想要玩一玩，要玩新玩具，就得解放双手放下原来的玩具。这样，贝贝在其他小朋友专心玩自己玩具的时候，就很自然地玩到了别人的玩具。整个过程没有争抢、没有交易，愉快而自然。妈妈们戏称是难得一见的"和谐小社会"。那段时间贝贝出来玩，也变得很受欢迎。贝贝不仅玩到了自己喜欢的玩具，而且得到了一个和谐、友谊的交往环境。

（4）与贝贝妈妈分析、总结，要根据孩子的年龄特点制定教育策略。当感觉孩子不配合的时候，要冷静下来，不要和孩子"较劲"，而是想想孩子为什么会这样，向书本、向老师寻求帮助，以找到更适宜的教育方法。

**活动案例4　3岁以内的孩子应该学什么**[①]

活动背景：几个宝宝的妈妈在一起聊天，发现齐齐（化名）在外面玩的时候，总是带一支粉笔，几乎不怎么和小朋友玩，而总是在写数字。当时，齐齐还不到1岁半，数数却能连续数到20多了，而且1～10的阿拉伯数字基本上都会写了。这让很多妈妈羡慕不已，回家也教自己的孩子，可是同龄宝贝们对此都不感兴趣，让妈妈们很是着急，担心自己的孩子输在起跑线上。山山（化名）妈妈把自己的担心告诉了小组内的其他家长，于是家庭互助小组决定共同解决这一问题，并请来了幼儿园的老师一起交流。

活动目的：帮助山山妈妈解决教育困惑，明确3岁以内幼儿应该学什么，教育中应该注意什么问题。

活动方法：家庭互助小组交流。

具体活动过程：

（1）山山妈妈讲述自己的担心和困惑。

---

① 案例提供：武警总部机关幼儿园，马骊。

山山妈妈：为什么齐齐能做到，而我们家山山却怎么教也不会，急了还冲我很烦躁地叫。到底该不该教，有没有什么好的教育方法？

（2）其他家长交流讨论。家长的观点主要有：

家长1（代表多数家长）：也有类似的问题，别的小朋友（甚至比自己宝宝还小）会，而自己宝宝却还不会的时候也会着急。在家会教孩子，但孩子学不会，家长很着急。

家长2：孩子有发育早的有发育晚的，没必要太着急，说不定哪天就开窍了。

家长3：别的小孩都不会，只有齐齐会，也许齐齐真有这方面的天赋，不必强求自己的孩子，自己的孩子只要智力正常就行了，不须要是天才。

家长4：不要只看到别的孩子好的方面，老拿自己孩子的弱项来和其他孩子的强项比。齐齐虽然写数字写得好，但是其他方面不见得好，尤其是不喜欢和小朋友玩。光会写数字不见得是好事情。

（3）幼儿园老师帮助家长分析问题。

首先，要确立一个观念，那就是每个孩子都是独特的、与众不同的个体，无论是性格特点、兴趣特长、发育速度、发展方向，都存在差异。

其次，3岁以内孩子主要以身体健康、养成良好生活习惯、语言发展、加强与人沟通、养成良好情绪以及提高感官能力、激发好奇心为主要教育内容，数字的认读与书写并不是本阶段孩子的学习任务，对于1岁半的孩子来说更是超出其学习能力。

（4）帮助家长树立正确的教育观念。作为家长要注意：一方面，不要盲目地拿自己的孩子和别的孩子比较，尤其不能存在攀比心理；另一方面，要为幼儿提供丰富的交往、体验的机会，丰富幼儿的感性经验。

**（二）合作共育活动评价**

1. 合作共育活动的评价指标

0～3岁儿童家庭和幼儿园合作共育的特点要求合作共育活动注意以下几点，这也是评价0～3岁家园合作共育的重要指标。

（1）客观真实地了解幼儿的家庭教育情况。

（2）理论结合实际，分析教育问题。

（3）将解决问题的过程作为提高家长教育能力的过程，不仅给出具体的教育策略，还与家长进行细致的分析，帮助家长学习从儿童身心发展的特点、规律出发来分析和解决问题。

（4）发挥家庭的主体作用。

2. 合作共育案例的评价

案例1"让小满成为受欢迎的孩子"采用录像分析法，在自然的状态下获得直观、真实的资料，有利于客观地分析。根据孩子的身心发展特点分析幼儿"扑人"行为背后的交往需要，关注个体差异，因人施教。根据小满"又高又胖，动作发展不协调"的特点采取适宜的教育策略。不仅帮助家长解决具体的教育问题，还向家长详细地介绍孩子的年龄特点，帮助家长学习如何透过现象分析问题。

案例2"家访"，活动目的明确，准备充分，并且注意到一些细节的处理，如准备小礼物、提前预约时间、教师着装、征求家长同意使用摄录设备。能够运用多种方法，多途径、多角度地获取信息。能够在整理分析后及时向家长反馈，活动完整性较好，有始有终。

案例3"争抢玩具怎么办"，老师现场观察指导有助于获取第一手资料，能更真实、更客观地了解幼儿的行为表现以及家长的教育方法和理念。针对贝贝妈妈的教育措施不适宜问题，重点与贝贝妈妈分析贝贝的年龄特点，帮助贝贝妈妈关注该年龄特点下的教育方法。

案例4"3岁以内的孩子应该学什么"。家园合作内容来源于幼儿及家庭的教育实际需求，这既发挥了家长的主动性（家长间的交流讨论有利于相互学习和经验共享），也让老师能理论结合实际，帮助家长分析教育问题，转变家长的教育攀比心理，从自家幼儿实际发展能力和发展需要出发进行教育。

# 第三节 3~6岁儿童家庭与幼儿园的合作

## 一、3~6岁儿童家庭与幼儿园的合作关系

3~6岁儿童从家庭进入幼儿园，幼儿园成为其受教育的主要场所。《幼儿园教育指导纲要（试行）》中指出："家庭是幼儿园重要的合作伙伴。应本着尊重、平等、合作的原则，争取家长的理解、支持和主动参与，并支持、帮助家长提高教育能力。"幼儿园在与家庭合作教育中的作用不仅要求自身的主导性更加突出，而且还要主动"争取"家长的理解、支持和参与。相对于0~3岁儿童的家园合作，幼儿园在3~6岁儿童的家园合作中的主导性增强的同时，主动性、责任心也更强。

## 二、3~6 岁儿童家庭与幼儿园合作教育的内容及方式

### (一) 3~6 岁儿童家庭与幼儿园合作教育的内容

与 0~3 岁儿童家园共育相比，3~6 岁儿童家园合作的内容更加丰富，分为亲职教育、教学活动合作、管理合作、研究合作、资源支持等方面。

1. 亲职教育

与 0~3 岁儿童家园合作相同，亲职教育是指为了提高家长素质和家教质量，对家长的家庭教育提供帮助和进行指导的过程。这一阶段的亲职教育在教育内容上比 0~3 岁家长亲职教育更丰富，除了包括 3~6 岁儿童家长亲职教育的内容，还包括让家长了解幼儿园的各种规章制度和参与幼儿园管理的途径、方式方法以及家园双方在合作教育方面的责任和义务等。

2. 教学活动合作

教学活动合作是指家长以各种形式参与教学活动，从而对幼儿园的教育教学和儿童学习提供支持，这些形式包括：不同的知识和专业背景、不同职业、不同爱好特长的家长作为教师或助教参与教学活动，家长参与或组织幼儿园亲子活动，家长协助幼儿园的教育教学活动的开展而进行的材料准备，以及家长对教学活动和课程的教育建议，等等。

3. 管理合作

管理合作就是家长参与幼儿园的管理活动。家长参与幼儿园管理的最常见形式是家长委员会。家长委员会可以有园级的、年级的和班级的 3 个层次，不同层次的家长委员会分别参与相应不同的管理工作。

4. 研究合作

研究合作指家长参与幼儿园的教育研究工作。家长根据教育研究的内容的不同，分别以研究者、被研究者、合作者、协助者等角色参与幼儿园的教育研究工作。

5. 资源支持

资源支持是指家长或由家长牵头联系有关部门向幼儿园提供教育资源，大到教育教研资金的设立、物品和教育设施的捐赠、活动场地的租借等，小到废旧物品的搜集、单面复印纸（可作为幼儿绘画使用）的提供等。当然这些都应该是在家长资源和能力所及的范畴内进行，不能强制实行。

**（二）3~6岁儿童家庭、幼儿园合作教育的方式**

3~6岁儿童家庭、幼儿园在合作上有多种方式，如家长会、家长学校、家长沙龙、开放日活动、亲子互动活动、个别约谈、家园联系册、家园联系栏、家长助教、家长委员等。

1. 鼓励家长参与幼儿园管理的方式

（1）家长委员会

家长委员会是家长参与幼儿园管理的组织之一。家长委员会的主要工作是促进家园合作，包括：参与幼儿园重要活动决策，协调家园教育的一致性，向幼儿园反馈家长的意见和建议，组织志愿者协助低龄班管理幼儿生活、进行环境布置，协助幼儿园开展活动等。家长委员会可以实现以下功能：作为家庭与幼儿园之间联系的桥梁和纽带，家长委员会对增进家庭和幼儿园间的信息传递，整合、提升家庭和幼儿园的教育资源，形成教育合力能起到巨大的促进作用。

（2）家长志愿者

家长志愿者（活动），指幼儿园吸收一部分家长做志愿者，让他们定期参加一些为幼儿园、为家长、为孩子举行的服务性活动（如接送幼儿时协助幼儿维护家长进出秩序、进行幼儿园周边的治安巡逻、协助幼儿园组织各种大型活动等）或教育性活动（如发挥家长的才能和特长，到幼儿园来当"老师"，给幼儿组织教学活动。让家长成为幼儿园课程材料的提供者，活动的参与者与支持者，课程的审议者与课程的评价者）。

2. 加强家园联系的方式

（1）家园联系册

家园联系册是一种书面形式的个别交流方式。家园联系册因内容不同而有区别：一种是由教师根据幼儿在园情况、家长根据幼儿在家情况而撰写的，其内容可以因每个幼儿的具体情况不同而有差异；另一种家园联系册的内容是固定的，有的甚至是用项目的方式呈现的，内容包括各个年龄段基本发展状态、定期信息记录等。这种联系以教师为主、家长为辅，记录的是幼儿身体、生活、学习及能力发展的一些基本情况，一般会定期进行沟通，记录的方式有文字也有符号，其中包括教师与家庭相互的看法和建议。家园联系册可以纵向反映孩子一学期的发展过程，也可以增进家园之间的思想沟通。

（2）家园联系栏

家园联系栏也是家园联系的窗口。幼儿园"可设置全园性的橱窗、墙报、板报向家长宣传科学育儿的知识，介绍教育家的名言，公布作息制度、食谱，推荐儿童玩具、读物、活动照片、儿童作品等"[1]，也可以设置班级与家长互动的家园联系栏，与家长就本班幼儿的实际情况进行更具体、更有针对性的互动。班级的家园联系栏名称多种多样，有家园直通车、家园互联网、家园桥、共谱家园合作曲等；内容一般包括幼儿每月、每周活动目标和重点，各种通知，贴近本班幼儿发展和家长需求的教育文章，等等。家园联系栏除了发布以上的一些常规内容外，还出现很多形式新颖、有互动功能的内容，如好书推荐、图书借阅、读书体会、明星宝宝、明星妈妈给您支招、说句心里话等。

3. 家园现场沟通交流方式

（1）家长会

家长会，一般是由幼儿园或教师发起的面向幼儿家长的交流、互动、介绍性的会议或活动。家长会的形式有：① 发布会形式，即针对一项或多项主题，以教师讲述和传达为主、以家长提问为辅。其目的是为了准确、及时地向家长通报幼儿或幼儿园的教学情况、变化、日程等，多安排在学期初。② 会演慰问形式，通常由教师组织，幼儿表演或展示幼儿作品，家长参观或欣赏。这种形式多为增加教师、幼儿、家长的 3 方互动，是对一段时间内的幼儿学习成果的展示，多安排在学期末或重要节日前举行。其目的主要是向家长展示幼儿的学习成果，增强 3 方的亲近感。当然，家长会还有很多其他的形式，比如以家长发言为主的家长会或者以上各种形式结合的家长会。

（2）约谈

约谈是一种以访问、谈话为主要方式的个别交流形式，主要目的是让家长了解孩子在幼儿园的学习表现，让教师了解幼儿在家庭里的行为表现以及所处的家庭环境，加强沟通，交流经验，共同促进幼儿发展。

4. 向家长宣传科学教育观念和方法的方式

（1）家长学校

家长学校是传播先进学前教育理念的重要平台，是帮助家长获得先进的、科学的教育方法的重要途径。在家长学校学习，家长既是教育者又是受教育者。他们一边接受教育，一边又将自己所领悟的思想付诸教育实践。幼儿园在家长学校的课程安排上，要注意内容有针对性、可操作性、可接受性，如家园合作的重要性、家长教育的责任感，对科学的儿童观、教育观、人才观进行分析以及教育环境的创设等，有条件的还可以对不

---

[1]　李生兰：《学前儿童家庭教育》，上海，华东师范大学出版社，2009，149 页.

同年龄段的儿童进行分类与分层指导。

（2）家长沙龙

家长沙龙主要是为家长提供宽松的畅所欲言的环境与机会，可以由幼儿园提供场所，也可以由家长组织安排在茶吧、家庭等地，定期举办，自愿参与。主题通常是以促进家庭教育沟通，帮助家长树立正确育儿观念，掌握科学育儿知识和方法，增进孩子之间的交往为目的。

5. 帮助家长了解幼儿园教育的方式

教育活动开放日以帮助家长深入了解孩子和认识教育活动、掌握教育规律为目的，是由幼儿园组织的、面向家长的开放活动，可以是家长在幼儿入园前对幼儿园整体环境设施设备与师资力量等情况的参观、访问，也可以是幼儿入园后的一日或半日参观与听课。在入园前的开放日，可以邀请家长和幼儿一起来园，熟悉新教师和新环境，消除陌生感；而在入园后的教育开放日，可以让家长从整体上了解自己的孩子在幼儿园的表现和在群体中的表现，以及幼儿园的教育内容与方法，幼儿的年龄特点、教育方法、教育目标等。

除了以上有效的家园合作方式外，还有利用便条或电话联系、接送幼儿时的简单交谈、利用网络平台等其他家园合作教育的形式。

## 三、3～6岁儿童家庭与幼儿园合作教育活动案例与评价

### （一）家园合作教育活动案例

**活动案例1　开放日活动①**

活动目的：满足家长了解幼儿在园情况的需要；吸取家长的意见与建议，改善本班办学品质；就一些教育问题在家长和幼儿园间进行沟通，达成一致。

活动内容：半日活动观摩＋家长座谈。

活动班级：小二班。

活动目标：通过半日观摩和座谈活动帮助家长更好地了解幼儿在园生活、学习情况，增进家长和幼儿园在教育理念、教育观念上的沟通。

活动时间、形式：11月12～16日，家长分组，每组6人，从早晨入园至午睡之间的活动。

---

① 案例提供：武警总部机关幼儿园，马蕾。

活动准备：

（1）发放家长信：明确开放活动的目的、活动基本安排及注意事项。

（2）统计并协调家长来园时间。

（3）召开班会：进一步明确分工、教学活动准备等问题。

（4）对幼儿进行开放前的教育。

（5）家长参加时间统计表（见表6－3）、家长观察记录表、建议反馈纸（n次贴）、摄像机、照相机等。

表6－3　半日开放家长参加时间统计表

| 时　　间 | 项　　目 |
|---|---|
| 11月12日（星期一） | 来园家长：<br>摄像—— |
| 11月13日（星期二） | 来园家长：<br>摄像—— |
| 11月14日（星期三） | 来园家长：<br>摄像—— |
| 11月15日（星期四） | 来园家长：<br>摄像—— |
| 11月16日（星期五） | 来园家长：<br>摄像—— |
| 注意事项 | • 如果家长时间有变动，请及时告知老师，以便老师进行协调。<br>• 为了不干扰幼儿活动，每位幼儿只能来一名家长；开放时间为来园——午睡前。<br>• 请家长认真阅读"开放指南" |

备注：请家长在适合自己的时间栏里写下孩子的姓名（可以多选，以便老师协调，尽量使每位家长都能在方便的时间参加活动），老师统计后会将最后的名单张贴在家园联系栏。

活动过程：

（1）家长观摩、记录幼儿半日活动（见表6－4），包括生活环节、区角活动、分组教学活动、户外活动等内容。

表 6 − 4　家长观察记录表

| 活动名称 | 听觉游戏 | | |
|---|---|---|---|
| 活动目标 | 丰富幼儿对不同声音的感知；运用听觉，辨别各种声响及声音的差别 | | |
| 指标 | 幼儿表现指标 | 情景描述 | 分析与教育建议 |
| 是否愿意<br>参加活动 | □ 不愿意参加活动<br>□ 在老师鼓励下参加<br>□ 自己愿意参加，并能按老师的要求开始活动 | | |
| 注意力 | □ 经常分心，游离在活动之外，偶尔能自己把<br>　　注意力集中在任务上<br>□ 有一段时间能集中注意力<br>□ 大多数时候注意力集中，偶尔会分散<br>□ 被活动强烈吸引，注意力持续 | | |
| 语言表达 | □ 不能主动表达自己的想法<br>□ 有表达的意愿，但不能说连贯、完整的句子<br>□ 能用连续、完整的句子表达<br>□ 语言非常流畅，并且语言表达的思路清晰 | | |
| 完成目标 | □ 对各种不同的声音不感兴趣，没有探究的<br>　　欲望<br>□ 有兴趣，但不能够分辨出不同的声音的差别<br>　　和声音的位置或方向<br>□ 能够分辨出不同的声音的差别和声音的位置<br>　　或方向 | | |

（2）家长填写活动建议反馈表。每天召开简短的班会，反思、总结当日开放情况，进一步理清次日开放活动计划。

（3）最后一天召开家长座谈会，交流以下问题：

● 对开放日本身的体会。

● 对课程、区域活动等教育内容的体会。

● 其他。

（4）整理开放日活动资料（包括开放日录像、照片、家长座谈总结等），班级存档和发放给家长。

**活动案例2　约谈**①

活动背景：在老师看来，民民（化名）小朋友是一个社会情感发展好、与人交往能力强、爱学习、懂礼貌、热爱音乐、善于表演……发展比较全面的孩子，而在与民民妈妈平时的简单交谈中，发现家长经常用"差劲""学习能力差""没有男孩子的闯劲儿""做事不努力"等负面的词来评价民民，言语之间充满了焦虑和失望。这引起了老师的注意，并约民民的家长作进一步沟通。

活动目的：

（1）了解民民在家的表现及家长的教育理念。

（2）使民民妈妈了解民民在园活动和发展情况。

（3）帮助民民妈妈正确地认识和评价民民，采取正确科学的教育方法教育民民。

活动准备：召开班务会，明确与民民家长约谈的目的，共同分析民民的发展情况；与民民妈妈约时间；整理能体现民民能力与水平的照片和作品。

活动过程：

（1）向家长出示民民在园活动的照片和档案照片，向民民妈妈介绍民民（重点是民民优秀的地方）。

（2）询问民民在家的活动及表现，请家长举几个例子。

（3）帮助家长分析民民在家的表现。

（4）和家长一起商量如何更好地进行家庭教育，向家长宣传相应的教育理念。

整理约谈资料。如表6-5所示，是与民民妈妈的第一次约谈记录。

表6-5　家长约谈记录（1）

| 时间 | 2010. 1. 20 | 约谈对象 | 民民妈妈 | 约谈发起者 | ××老师 |
|---|---|---|---|---|---|
| 过程 | （1）老师向家长出示民民在园活动的照片和档案照片，向民民妈妈介绍民民，重点是介绍民民优秀的地方：建筑区活动照片——空间感觉、搭建能力较好；美工作品照片——动手能力强、富有想象力和表现力；做值日照片——爱劳动、有责任心；"情境数学"练习册——认知发展较好，纸面干净整洁，做事认真。<br>　　（2）询问民民在家的活动及表现，请家长举几个例子。妈妈由孩子学不会认识钟表，说不出现在是"几点几分"而认为孩子学习能力弱；由孩子对认识时间不感兴趣认为孩子不爱学习；在孩子参加轮滑比赛时，妈妈坐在看台上，认为孩子滑得太慢了，孩子一下来就指责孩子不努力。其实，民民当场比赛获得第二名的好成绩。 | | | | |

---

① 案例提供：武警总部机关幼儿园，马蕾。

| | |
|---|---|
| 过程 | 　　家长讲完这一案例时自己也有些茫然，觉得自己责怪孩子好像错了，但又说不清自己错在哪里，因为她在看台上确实觉得孩子滑得慢。同时也主动提出问题："为什么民民在幼儿园表现这么好，而在家表现那么差？"<br>　　（3）帮助家长分析民民在家的表现，告诉家长问题不是孩子表现的好与坏，而是家长没有欣赏孩子的心态和眼光，对一个年仅4岁多的孩子的要求太高了（如幼儿对时间的掌握），不能等待孩子的成长，而且也不给自己等待的时间，经常不等结果出来就妄下结论，这些对孩子的心灵成长是很不利的。<br>　　（4）和家长一起商量如何更好地进行家庭教育，向家长宣传相应的教育理念。建议家长了解孩子的年龄特点，给孩子更多的信任、赞赏和空间。小事让孩子做主，大事和孩子商量，少指向结果，多看孩子过程中的努力和表现，并向家长推荐了一本《慢养，给孩子一个好性格》的图书 |
| 分析 | 　　妈妈对民民的年龄特点并不了解，对民民要求过高，而且妈妈是属于控制型的家长，给民民的空间不够。民民在妈妈的教育下很懂事，自制力很强，但过于要强，压力比较大。老师须要一方面经常与家长沟通，帮助家长了解民民，正确评价民民；另一方面不能因为民民在幼儿园各方面表现比较优秀而忽视民民的心理需求，要给予民民更宽松的环境和更多的关心，让民民能够正确评价自己 |

　　（5）经常与民民妈妈沟通，关注民民妈妈的转变情况，如表6-6所示是与民民妈妈的第二次约谈记录。

表6-6　家长约谈记录（2）

| 时间 | 2010. 3. 17 | 约谈对象 | 民民妈妈 | 约谈发起者 | 民民妈妈 |
|---|---|---|---|---|---|
| 对话 | | | | | 　　妈妈：民民最近在幼儿园是否有反常的情形？<br>　　老师：为什么会有这样的担心？<br>　　妈妈：民民从上学期末开始会和妈妈顶嘴，但不是不经考虑的那种，好像是经过思考后反对妈妈的一些做法或要求，感觉不如以前好管了。昨天回家路上说"六一"跳舞可能不选他了，但我听错了以为是选上他了，就重复说了两次"那挺好的"，但民民情绪不高，也没说什么。晚上我给民民出了几道10以内的加减法，让民民做，然后就去带妹妹了。等我出来时，看到民民正在重新抄我给布置的数学题，并说"我刚才没看题，把减法做成加法了"，我看了之后说"你现在也没认真看题呀，还是把减法做成加法了"，民民说"我再重抄一遍"，妈妈制止说"现在是练琴时间了，不要再做了"，民民坚持要做 |

| 对话 | 好，但我坚持说"做题的时间已经过了，练琴的时间就要练琴，而且做题不是老师布置的，不是必须要做的，练琴是老师布置的，必须要练"，民民哭着去练琴，但练得不好。过了一阵子情绪才好转了。我又说"妈妈也希望你能得一百分，如果你认真一些就能得一百分了"。说完民民又哭了。我觉得有点后悔。睡觉前民民刷牙的时候，我无意中说道："跳舞选上你了，挺好的。"没想到民民又哭了说："妈妈你听错了，跳舞不让我去了。"我安慰他说："没关系，每个人都各有所长，各有所短，你跳舞没有别人好没被选上也没关系。"但民民心情还是不好。<br><br>老师：首先民民开始"顶嘴"了，从表面上看是"难管"了，但换一个角度来看，说明妈妈转变对民民的教育态度，起到了效果，民民敢于表达自己的想法了，这是往好的方向在发展。"数学题"一事我想问妈妈，除了看到民民"把减法做成加法"这一现象外，有没有发现民民好的方面。<br><br>妈妈：他也想把题做好吧。<br><br>老师：是的。民民自己已经看到自己不认真导致的结果了，而且尝试去改正，希望能够补救自己的过失，把事情做好，不仅要向妈妈证明，也想证明给自己看。从孩子发展的角度来看，这个时候题做对与否，练不练琴，其实已经不是最重要的，最重要的是要给孩子信任和改正的机会，让民民知道，我须要努力，而且我可以做得更好。妈妈坚持练琴的做法等于说不给孩子改正的机会了。虽然妈妈说了不是作业不用必须做，但民民能从妈妈的态度中感受到妈妈对他的失望，并转化成自己对自己的失望。建议妈妈考虑考虑让孩子练琴的目的是什么，是想成为郎朗吗？<br><br>妈妈：不是，就是想让他有个兴趣，受些艺术的熏陶。<br><br>老师：咱们班胖胖和民民在一些表现上看是很相似，在语言、唱歌、跳舞、数学各方面发展都很好，但实际上有很大不同，胖胖对所有方面都有兴趣，因为感兴趣才想去了解，而民民很多时候是为了满足妈妈的要求而学的，是被动的。<br><br>妈妈：确实是这样。他好像都是为了不让我失望才去学的，而且会担心自己学不好。<br><br>老师：造成这种差别的原因我觉得还是家长的教育态度。胖胖的妈妈只为胖胖提供各种机会，对胖胖感兴趣的事情给予支持，但从不要求必须做到什么程度，没有很强的目的性和功利性。因此胖胖的学习没有压力，学习对胖胖来说是一种乐趣，是内在的需要。民民学习的压力则比较大。民民有很好的学习能力，只要妈妈放松心态，让民民对学习萌发兴趣，相信民民会更棒的。<br><br>老师：关于跳舞的事。民民昨天跳舞的时候注意力不够集中，可能老师找他谈了，所以会担心不让他跳了。今天舞蹈老师反映民民很认真。可能是今天看到老师还让他去跳舞，他很珍惜，所以很认真。可见，民民是一个很明白事情的孩子，自己的约束力也比较强，很值得我们信任。 |

| | |
|---|---|
| 对话 | 　　妈妈：我老是放不开手。上次和您谈过之后，我也试着作一些改变，比如给他两个选择让他选，但是他作了选择之后我还是会再嘱咐一些事情。<br><br>　　老师：是还须要再放手一些，不能光是做"选择题"，还须要做"论述题"——完全没有选项，让民民自己做主、自由发挥。另外，在孩子做的过程中少作评论。如果结果不很令人满意，但民民已经意识到了，就不要再唠叨、指责他了。可以听听民民的改进措施，也可以静观其变，给民民改正的机会。最根本的是要信任孩子 |
| 分析 | 　　通过第一次交流，民民妈妈已经作出了很大改变，对民民放手一些，而且在发现民民的一些表现后能够从自己和教育的角度考虑原因，而不是直接指向孩子。但还是对孩子的要求过高，教育的功利性强，对孩子放手不够。我想这样的改变是需要时间的。让我们也给家长更多的信任和等待吧。另外，民民的自尊心很强，对自己的要求很高，这有好的方面，也有不利的一面，须要我们进一步引导，让他能对自己有正确的评价和正常的期望。当天晚上，老师给民民妈妈发了短信，肯定民民妈妈的进步，并进行了鼓励 |

**活动案例3　家长沙龙之早期阅读**[①]（小班）

活动背景：早期阅读的重要性已经被越来越多的家长所认可，班里的很多家长都对此感兴趣，也有一些经验，但在如何进行早期阅读的问题上，存在一些困惑。

活动目的：

（1）激发幼儿阅读兴趣。

（2）增进家长之间的经验交流。

（3）提高家庭亲子阅读的质量。

活动准备：

（1）请每名家长和幼儿准备一个故事，到幼儿园给其他幼儿和家长讲。

（2）向家长发活动通知。

（3）搜集家长关于亲子阅读的困惑和好的经验，并针对家长的困惑准备资料。

（4）准备沙龙活动场地。

（5）准备摄录设备。

活动过程：

（1）请1名家长和幼儿讲故事，其他幼儿和家长观摩。

---

[①]　案例提供：武警总部机关幼儿园，马骊。

（2）家长之间交流讨论，过程如下：

① 对刚才的亲子阅读活动的感受。

② 亲子阅读中的困惑、经验交流。在这个环节，老师要掌握好时间和节奏。由于活动前搜集了家长的困惑和经验，老师可以据此整理出几个共性的或关键问题讨论（如：亲子阅读的方式有哪些？每种方式适合怎样的图书和幼儿？幼儿为什么反复看一本书，应该如何干预？如何平衡亲子阅读与识字的关系？等等），以免讨论得太过松散。老师可以替没有来到现场的家长把好的经验与大家分享，也可以把自己找到的相关资料与大家分享或共同学习相关资料。

③ 总结梳理。

④ 个别交谈。对有个别需要的家长，可以在集体交流之后进行个别交谈。

（3）活动后请家长整理、书写活动的心得。

（4）将家长整理的活动心得张贴在家园联系栏，与其他家长分享。

**（二）活动评价**

从以上3个活动案例我们可以总结出，3～6岁儿童家庭和幼儿园的合作共育活动具有一些共性的特点：活动目的明确；准备充分；形式灵活；既体现了幼儿园的主导性，又发挥了家长的主体性，体现家园合作共育的教育理念；注意及时小结和总结、积累；注意经验分享和资源共享。这些是好的家园合作共育活动的特点，也是评价一个家园共育活动的基本标准。我们不妨尝试用这样的标准分析评价以上活动案例。

1. 活动案例1 "开放日活动"

（1）开放前的准备。开放前的准备比较充分，从教师、家长、幼儿3方面共同准备，既注意到了一些必需物质的准备，同时注意精神环境和经验准备。较适宜。

（2）开放形式灵活。分组的形式有利于减少对老师、孩子的干扰，能保持日常活动的常态，让家长看到孩子在园的比较真实的表现。连续一周的开放，家长自选观摩时间，具有"短平快"的好处，较好地满足了家长的不同需要；但是对于孩子来说，持续一周的兴奋也是一种干扰，孩子容易一天比一天浮躁，老师的压力也越来越大。改进建议：采取分组的方式、以每周接待1～2组家长为宜。

（3）既体现了幼儿园的主导性，又发挥了家长的主体性，体现家园合作。幼儿园的主导性体现在对活动的整体策划、对家长时间的统筹协调、对家长观摩方法的指导等；家长的主体性体现在灵活自选的观摩时间、对开放活动的意见建议反馈和座谈会等形式。

（4）注意及时小结和总结、积累。能够每天进行小结和反思，对整个活动进行总结，并能将活动以录像等方式记录下来，便于经验的梳理和积累。

（5）注意资源共享。因为每组家长看到的课程内容都是不同的，通过座谈会和录像的方式，能使家长了解到自己没有看到的情况，更好、更全面地了解幼儿及活动情况。

2. 活动案例2 "约谈"

（1）活动准备充分。与家长约谈谈什么、怎样谈，无不体现老师的专业能力，老师前期对孩子的观察和了解是使约谈活动能够顺利进行的前提条件。然而一个人的精力和能力都是有限的，很难观察全面，因此，全班老师要互相配合，一起了解幼儿的发展情况。反映幼儿发展水平的作品或照片使约谈有的放矢、有据可依，更能得到家长的认同，使之后的家园配合成为可能。

（2）既体现了幼儿园的主导性，又发挥了家长的主体性，体现家园合作。幼儿园的主导性体现在主动发现家长的教育问题，主动约谈在先，并且能够对家长起到指导作用；家长的主体性体现在家长是幼儿教育背景的信息源的把握（老师要注意聆听家长的讲述），同时家长也有主动发起约谈的权利。

（3）及时梳理和总结。每次约谈后及时进行整理，既有助于对此次约谈进行梳理，也有利于日后持续的沟通。

（4）持续关注，不断跟进。家长的转变不是一次两次约谈就能够实现的，须要老师持续关注，不断跟进；既要经常沟通，也要注意对家长进行鼓励，帮助家长建立信心。

（5）与其他合作活动不同，约谈一般是针对幼儿个体的，具有一定的隐私性，所以须要注意，不要向其他幼儿家长公开。

3. 活动案例3 "家长沙龙之早期阅读"

此活动因家长的需要而生成，活动目的明确，准备充分，形式活泼。以亲子故事表演拉开活动的序幕，有效地调动了家长参与活动的积极性；活动中，间或讨论交流，间或学习书籍资料，内容丰富；活动后，及时交流心得，使家长进一步梳理收获。该活动既体现了幼儿园的主导性，又发挥了家长的主体性，体现家园合作共育的教育理念。幼儿园的主导性体现在对活动的组织和对问题的概括梳理等方面，注意及时小结和总结、经验分享和资源共享，以书面形式交流活动心得和经验总结，使更多的家长能够从中受益。家长的主体性体现在活动内容因家长需要而生成；活动过程中既有与会家长的发言，又交流了不能亲临会场家长的建议，使家长参与得更充分。

# 第四节 0~6岁儿童家庭与社区的合作

## 一、家庭与社区的合作过程中双方的关系

社区是指聚居在一定地域范围内的人们所组成的社会生活共同体。[①] 社区是人们生活、居住较为集中的地方，社区可以成为广泛宣传、指导实施正确的家庭教育的一种很有效的力量。社区也具有优化育人环境的重要责任。邻里之间、地区社会的环境都应不断改善，以有利于儿童的健康成长。我国的多项法律规定了家庭、学校（包括园、所）、社会协同保护和教育儿童的光荣职责，社区作为儿童最初接触的小社会，是"三结合"教育的基本阵地。社区学前教育可以积极创造条件，为更多的学前儿童提供保育和教育机会，社区还可以充分利用社区资源，为家庭提供帮助，为儿童提供活动环境。在《中国儿童发展纲要（2001—2010）》中明确提出"强化社区对儿童的服务、管理和教育功能""发展社区卫生服务，加强农村卫生服务网的建设和规范化服务，提供孕产妇和儿童保健、儿童生长发育监测、计划免疫、儿童常见病诊疗等基本卫生服务"。

社区学前教育具有的独特功能，以及承担着教育幼儿的责任，使得0~6岁儿童家庭教育必然是以社区为依托的。营造良好的社区、家庭教育环境，提高家长的教育能力，促进儿童发展是双方合作的根本目的。在合作中，社区主动为家长提供相关服务，家长应积极参与社区组织的各种教育活动，增进对社区的归属感。家长也可以积极为社区学前教育的开展提出合理的建议。

## 二、家庭与社区的合作内容及方法

家庭与社区的合作内容包括：以家长为核心的亲职教育；以幼儿为核心的卫生保健服务保障、教育资源利用等。

家庭与社区合作共育的方法，有宣传法、讲座法、资源共享法、调查研究法、讨论共议法等。

---

① 黄人颂：《学前教育学》，2版，北京，人民教育出版社，2009，408页。

### 1. 宣传法

宣传是指运用各种符号传播一定的观念，以影响人们的思想和行动的社会行为。社区在与家庭的合作教育中，也经常会通过宣传海报、条幅、宣传单等方式，向家庭传播一些教育观念，以对家长的教育观念和行为产生影响。

### 2. 讲座法

讲座法是指由社区聘请专业人员，不定期向家长讲授与儿童教育有关的知识，以扩充家长的育儿知识、转变家长教育观念的一种教育形式。讲座内容的确定可以根据家长的实际需求，也可由社区根据社区文化、教育方针等自定。讲座的内容既有卫生保健和教育方面的，也有关于教育咨询、政策方面的，如肥胖儿防治、赏识教育、发展学前教育"国十条"与我们的关系等。

### 3. 资源共享法

资源共享法是指通过合理的统筹协调，充分利用社区中的人力、物力（包括数据、信息共享，设施、设备、场地共享，人际关系共享，等等）资源，共同促进儿童的发展。

### 4. 调查研究法

调查研究法是科学研究中的一种常见方法，多以个体为分析单位，通过问卷、访谈等方法了解调查对象的有关信息，加以分析来开展研究。社区在与家庭的合作教育中，也须要以幼儿、家长或家庭教育等为内容开展相应的研究，从而不断提高其自身的教育能力，在与家庭的合作中更好地发挥作用。

### 5. 讨论共议法

讨论共议法是指社区为解决某个学前教育问题（如社区儿童游戏设备的安全维护）而进行的共同商议和探讨，以获取解决问题的方法，其优点在于能发挥家长的主动性、积极性，群策群力。

## 三、家庭与社区合作共育活动的案例与评价

### （一）合作共育活动案例

**活动案例1　"健康宝宝运动会——爬爬比赛"**[①]

活动背景：爬行对宝宝来说非常重要，小时候没爬过或者是爬得不好的宝宝，长大

---

① 案例提供：武警总部机关幼儿园，马蕾。

后容易出现平衡感不好、容易摔跤、容易晕车、注意力不集中、看题会跳行等状况，也叫"感统失调"。有很多家长没有意识到"爬行"的重要性。有的宝宝到该爬的时候了正好赶上冬天，家长怕冻着宝宝，把宝宝包得严严实实的，宝宝没有办法爬，等冬天过了，宝宝开始学走了，错过了爬的时机；有的家长图省心，总是把宝宝放在学步车上；还有的家长嫌脏……由于种种原因，很多宝宝失去了爬行的机会。

活动目的：帮助家长认识爬行对孩子健康成长的重要性。

活动准备：宣传海报、报名登记表、比赛场地布置、获奖证书和奖品、摄录设备等。

活动过程：

（1）宣传动员。在社区张贴宣传海报，设立报名点，为家长讲解爬行对孩子成长的意义，协助家长填写报名登记表，发放婴幼儿爬行护具和宣传单。

（2）统计报名登记表，根据报名情况，按年龄段安排参赛人员比赛场次。

（3）在社区宣传栏张贴具体的比赛时间、流程和参赛人员安排，并电话再次通知参赛幼儿家长。

（4）布置比赛场地，包括横幅、宣传标语和海报、候场区和比赛区的划分、比赛区地面地垫的铺设等。

（5）分组比赛，发奖。

（6）后期整理活动资料，张贴在社区宣传栏里。

**活动案例2 宝贝足球队①**

活动背景：社区里几位酷爱足球的爸爸，很想让自己的孩子也从小能够接触足球训练，于是与社区联系，希望能共同办一个幼儿足球队。社区负责人对这一建议给予了支持与配合。

活动目的：提高幼儿身体素质，促进社区内幼儿交流，增进社区居民交往，提升社区凝聚力。

活动过程：

（1）以海报的形式向社区居民招募义务足球教练（因家长的时间不固定，因此多招募几个家长做教练，以保证幼儿的训练能够坚持下去，同时也满足家长之间的交流）。

（2）社区负责人与足球教练共同商量球队活动制度，包括社区的职责、教练的职

---

① 案例提供：武警总部机关幼儿园，马蕾。

责、队员和家长的职责、场地提供方的权利和义务、具体的活动训练方案等。

（3）社区与辖区内学校协商，学校在规定时间内免费向足球队开放，解决活动场地问题。

（4）招收球员（3~6岁），按幼儿年龄组成宝宝队（3~4.5岁）和贝贝队（4.5~6岁）。

（5）按计划训练。

**活动案例3** "美丽社区、幸福家庭"亲子植树活动①

活动目的：

（1）增进亲子感情，培养团队意识。

（2）开阔幼儿眼界，培养环保意识。

（3）提升社区凝聚力，增进居民间的交流。

活动安排：

（1）社区负责联系活动场地和树苗。

（2）幼儿园负责对幼儿进行有关植树的教育，包括：什么是"植树节"？为什么要植树？植树的准备……

（3）家长配合幼儿园搜集相关资料以及和幼儿一起准备植树所需工具材料。

（4）活动当天：

① 组织幼儿到达植树地点——四季青平庄郊野公园。

② 参观公园。

③ 开展种植活动。

④ 组织亲子娱乐活动。

⑤ 活动结束。

（5）梳理活动资料。

## （二）活动评价

家庭和社区合作共育要从家庭、儿童的需要出发，要充分利用各种社区资源，发挥各方人力资源的优势，本着平等、互助的态度，才能实现合作教育的目的。因此评价家庭和社区合作教育活动可以从以下几方面入手：

（1）发展性、目的性。看是否以促进幼儿发展、家长育儿能力发展、社区职能发

---

① 案例提供：武警总部机关幼儿园，孟帆。

展为目的。

（2）互动性。看是否体现家庭、社区相互配合，共同完成活动的目的。

（3）有效性。看是否有效利用资源，是否取得好的实际效果。

以上3个家庭和社区合作教育活动比较好地体现了这3个评价标准。

首先，都从比较实际的发展需要出发，有明确的活动目标。活动案例"健康宝宝运动会——爬爬比赛""宝贝足球队"是以促进幼儿发展为根本目的，其中"健康宝宝运动会——爬爬比赛"注意通过转变家长观念，提升家庭教育质量来最终促进幼儿发展。案例"'美丽社区、幸福家庭'亲子种植活动"不仅关注幼儿的情感发展，同时注意到了社区职能建设和社区文化建设。

其次，都体现了家庭、社区的相互配合。"健康宝宝运动会——爬爬比赛""'美丽社区、幸福家庭'亲子植树活动"主要由社区发起，家长和幼儿参与；而"宝贝足球队"则主要由家长发起，由社区相关部门组织协调。这些活动都很好地体现了家庭和社区的平等、互动性。

再次，活动能够充分利用各种资源。以社区为纽带，联系调动了辖区内的各种教育资源，如幼儿园、学校、公园以及家长、社区居民等。

总之，家庭和社区合作教育能够更好地满足幼儿发展的需要，更好地提升家庭教育的质量，更好地促进社区的建设。

# 本 章 回 顾

## ⊙ 内容小结

- 家庭、幼儿园、社区3方合作教育是学前儿童发展和学习的需要，也是教育现代化发展的必然趋势。

- 0~3岁儿童家庭与幼儿园的合作内容分为以家长为核心的亲职教育、以儿童为核心的活动教育和以幼儿园为核心的教育研究。合作形式有宣传法、多媒体沟通法、问卷调查法、家庭互助小组法、家访法、录像分析法、送教上门法、教育现场交流指导法、教育教学活动法、参观观摩法等。

- 0~3岁儿童家庭和幼儿园的合作共育活动评价指标：客观真实地了解幼儿的家庭教育情况；理论结合实际，分析教育问题；将解决问题的过程作为提高家长教育能力的过程；发挥家庭的主体作用。

- 3~6岁儿童家园合作内容分为亲职教育、教学活动合作、管理合作、研究合作、资源支持等方面。合作形式有家长会、家长学校、家长沙龙、开放日活动、亲子互动活动、个别约谈、家园联系册、家园联系栏、家长助教、家长委员等。
- 3~6岁儿童家庭和幼儿园的合作共育活动评价指标：活动目的明确；准备充分；形式灵活；既体现了幼儿园的主导性，又发挥了家长的主体性，体现家园合作共育的教育理念；注意及时小结和总结、积累；注意经验分享和资源共享。
- 0~6岁儿童家庭与社区的合作内容有：以家长为核心的亲职教育；以幼儿为核心的卫生保健服务保障、教育资源利用等。家庭与社区合作共育的方法有宣传法、讲座法、资源共享法、调查研究法、讨论共议法等。

## ⊙ 关键词

| | | |
|---|---|---|
| 合作教育 | 合作关系 | 合作教育形式 |
| 合作教育评价指标 | 宣传法 | 多媒体沟通法 |
| 问卷调查法 | 录像分析法 | 送教上门法 |
| 家长沙龙 | 开放日活动 | 个别约谈法 |
| 家长助教 | 资源共享法 | |

## ⊙ 思考与练习题

**一、简答题**

1. 简要分析家庭、幼儿园、社区3方合作的必要性。
2. 简述0~3岁儿童家庭和幼儿园合作教育的方法。
3. 简述家庭和社区合作教育的方法。

**二、论述题**

1. 试论述适宜于3~6岁儿童家庭和幼儿园合作教育的内容和方法。
2. 举例说明如何开展3~6岁儿童家庭与幼儿园合作教育活动。

**三、案例分析题**

请用本章的相关知识分析同一情境下教师的两种做法。

事件背景：小班入园第三天，离园时间到了，小朋友陆续离园。壮壮的家长来了，老师蹲下来与壮壮平视，亲切地说："壮壮，妈妈来接你了。"只见壮壮没有像其他幼儿一样，扑到妈妈怀里，而是跑到老师跟前，打了老师一个耳光。

老师做法一：

老师觉得非常委屈、难为情和生气，激动地拉着孩子质问："你为什么打我？我怎么着你了？"孩子边往妈妈怀里躲，边哭着断断续续地说："老师坏……不给我书包！"原来是因为在拿书包的时候，老师没有第一个给壮壮。事情弄明白了，孩子也吓哭了，第二天来园时，看到老师哭闹着不肯进班。

做法二：

老师平静地问："为什么打老师呀？"幼儿不理。老师对家长说："您先带孩子回家吧，回头我们电话联系。"待家长和幼儿到家，幼儿情绪稳定后，老师打电话向家长询问壮壮发脾气的情况。得知是因为在拿书包时候，老师没有第一个给壮壮，壮壮才向老师发脾气。家长不好意思地对老师说："老师，真是对不起了。"老师对家长说："没关系，孩子刚入园时情绪不稳定，会发脾气这是正常的表现。在家可能也会因为家长没满足愿望，而向家长发脾气，请家长作好心理准备。不要在孩子情绪激动时给孩子讲道理或向孩子发脾气，可以在孩子情绪稳定后再向孩子讲明道理。"第二天壮壮来园时，老师一如既往地热情和他打招呼。壮壮在妈妈的鼓励下还向老师说了对不起。

## ⊙参考文献

[1] 吴航. 家庭教育学基础 [M]. 武汉：华中师范大学出版社，2010.

[2] 幼儿园快乐与发展课程编写组. 幼儿园快乐与发展课程教师指导用书 [M]. 北京：北京师范大学出版社，2006.

[3] 李生兰. 学前儿童家庭教育 [M]. 上海：华东师范大学出版社，2009.

[4] 徐艳. 依托社区开展家园共育的实践探索 [M]. 北京：北京师范大学出版社，2010.

[5] 陈鹤琴. 家庭教育 [M]. 上海：华东师范大学出版社，2010.

[6] 陈道华. 韩国家庭教育 [M]. 北京：农村读物出版社，2006.

[7] 李生兰. 幼儿园与家庭、社区合作共育的研究 [M]. 上海：华东师范大学出版社，2003.

# 第七章

## 国内外儿童家庭教育及其指导的现状与变革

⊙**学习目标**

了解家庭变迁给中国儿童家庭教育带来的新课题，掌握中国儿童家庭教育存在的问题，明确未来中国家庭教育变革的方向。借鉴日本、韩国、美国的家庭教育经验，思考其对中国家庭教育的启示。

⊙**学习建议**

重点理解社会和时代变迁对家庭教育各要素的深刻影响，领会我国家庭教育变革的必要性和方向。重点了解日本、韩国、美国家庭教育的不同特色及对中国家庭教育的启示。

⊙**引　　言**

网络上流传着这么一件趣事：一些年轻的日本妈妈带孩子到上海市民家做客。一家上海市民包好了馄饨放在桌子上，一个1岁左右的日本小男孩抓起一只生的馄饨就往嘴里塞，上海主人连忙想要阻止，日本妈妈却说："让他吃，这样他才知道生的不能吃。"小男孩咬了一口，果然皱着眉头把生馄饨吐了出来。还有一个不到3岁的日本小女孩下厨房切辣椒，被呛得流出眼泪，直打喷嚏。上海主人赶忙递上毛巾，却也被女孩的妈妈拦住："让她自己想办法解决。"后来这个小女孩切完辣椒，眯着眼睛，流着泪水，自己走到毛巾架前，取下毛巾到水龙头前擦洗眼睛。这两件事情看得上海市民目瞪口呆，日本妈妈是这样解释的："我们是资源贫乏的国家，任何事情都要靠自己的努力，对孩子进行挫折教育，使他们在挫折中学会本领，将来才能自食其力，尽快地适应社会，迎接挑战。"

你能帮助家长认识这个案例对中国儿童家庭教育的启示吗？

# 第一节　当代中国儿童家庭教育及其指导现状

## 一、儿童家庭教育的社会和时代背景

改革开放三十多年来，中国坚持以经济建设为中心，综合国力迈上新台阶。从1978 年到 2007 年，中国国内生产总值由 3 645 亿元增长到 24.95 万亿元，年均实际增长 9.8%，是同期世界经济年均增长率的 3 倍多，经济总量上升为世界第四。中国依靠自己的力量稳步解决了 13 亿人口的吃饭问题，主要农产品和工业品产量已居世界第一，具有世界先进水平的重大科技创新成果不断涌现，高新技术产业蓬勃发展，水利、能源、交通、通信等基础设施建设取得突破性进展，生态文明建设不断推进，城乡面貌焕然一新。中国政府着力保障和改善民生，这 30 年是中国城乡居民收入增长最快、得到实惠最多的时期。从 1978 年到 2007 年，全国城镇居民人均可支配收入从 343 元增加到 13 786 元，实际增长 6.5 倍；农民人均纯收入从 134 元增加到 4 140 元，实际增长 6.3 倍；农村贫困人口从 2.5 亿减少到 1 400 多万。城市人均住宅建筑面积和农村人均住房面积成倍增加。群众家庭财产普遍增多，吃穿住行用水平明显提高，人民生活总体上达到小康水平。[①]

可以自豪地说：中国社会无论从物质到精神都发生了翻天覆地的变化，取得了举世瞩目的成就，这些成就涵盖了经济、政治、社会和文化各个领域，表现为一个融经济增长、政治发展、社会建设、精神成长、国家崛起为一体的全面进步的过程。中国社会正经历着前所未有的转型，这些转型包括中国社会从传统型向现代型转变，从农业社会向工业社会、信息社会转变，从乡村社会向城市社会转变，从封闭社会向开放社会转变，从计划经济向市场经济转变，等等。巨大的社会转型必然给社会各个系统的发展带来全新的课题。社会的转型、生产方式的变革带来了对人才素质的全新要求。社会要求教育将培养人的创新能力和实践能力作为重点，着力突破对人才素质的传统认识，用创新的方式培养创新的人才。2001 年，教育部颁布《基础教育课程改革纲要》，拉开了新世纪中国教育大规模改革的序幕；2010 年 7 月公布的《国家中长期教育改革和发展规划纲要（2010—2020 年）》对未来 10 年中国教育的发展方向作出了全面的部署。这些都充

---

① 胡锦涛：《30 年来我们以改革开放为动力取得伟大成就》，2008 年 12 月 18 日 10：27，人民网。

分体现中国教育为不断适应社会发展需要所作出的努力，这正是家庭教育变革的社会和时代背景。

## 二、儿童家庭教育及其指导现状

学前儿童家庭教育的现状是由家庭及其相关因素的变化所决定的。自 20 世纪 70 年代末开展的人口与计划生育政策，与社会转型一起，已经促使我国的家庭结构、家庭关系、家庭教养方式、家庭环境等发生了巨大的变化，这些变化已经深刻地影响了学前儿童的家庭教育。这种影响既有正面的，也有负面的，那些负面的影响正是学前儿童家庭教育必须面对的新课题。

### （一）家庭变迁给学前儿童家庭教育带来新课题

1. 家庭结构的小型化、家庭类型的多样化对学前儿童家庭教育的影响

改革开放以来，中国家庭悄然发生着变化。根据国家统计局 2006 年 3 月 16 日发布的《2005 年全国 1% 人口抽样调查主要数据公报》的统计，中国共有家庭户 39 519 万户，家庭户人口为 123 694 万人，平均每个家庭户的人口为 3.13 人，集体户人口为 6 934 万人。与第五次全国人口普查相比，平均每个家庭户的人口减少了 0.31 人。城镇平均每个家庭户的人口为 2.97 人，农村为 3.27 人。全国人口中，流动人口为 14 735 万人，其中，跨省流动人口 4 779 万人。与第五次全国人口普查相比，流动人口增加 296 万人，跨省流动人口增加 537 万人。20 世纪 80 年代以来，中国家庭离婚率不断上升，据调查，中国的离婚总对数从 1979 年的 32 万对上升到 1993 年的 91 万对，1996 年达到了 113 万对。[1] 2000 年中国离婚率增至 14.3%，2003 年达到 16.4%。随着离婚率的上升，再婚家庭也逐渐增多，1995 年为 83.35 万人，1998 年为 97.7 万人。[2]这些数据说明中国家庭结构日趋小型化，包括独生子女家庭在内的、由父母和子女两代人组成的核心家庭成为家庭结构模式主流，父母本身是独生子女的家庭日趋增多，还出现了许多单亲家庭、重组家庭、流动人口家庭、留守家庭、隔代家庭等多种家庭类型。这是中国家庭发展史上前所未有的变化。家庭结构的变化有的有利于学前儿童的发展，如家庭规模的缩小增加了亲子互动的机会；有的变化却不利于学前儿童的成长，如留守家庭的儿童常年忍受着思念父母的痛苦。这些变化给学前儿童家庭教育提出了全新的课题。

---

① 李友梅，等：《中国社会生活的变迁》，北京，中国大百科全书出版社，2008，266 页。
② 丁连信：《学前儿童家庭教育》，北京，科学出版社，2007，178 页。

2. 家庭物质生活的改善对学前儿童家庭教育的影响

如前所述，改革开放以来，中国城乡居民的生活水平显著提高。改革开放前长期困扰我们的物质短缺状况已经从根本上得到改变。①随着物质生活条件的改善，家庭文化教育消费日趋火爆，2000 年中国人均教育支出 364 元，比 1995 年增长 119.5%。②家庭对学前儿童的教育需求与日俱增，中国城镇家庭中儿童已经成为家庭消费的主角。父母在儿童教育上舍得投资，这为广大城市儿童的生活和发展创造了良好的条件。但是孩子们在享受富裕生活的同时，也容易养成不良的消费观念和贪图享受、爱慕虚荣、怕吃苦等不良个性。家庭必须加强儿童勤俭节约、吃苦耐劳品质的培养。

3. 家庭精神文化环境的丰富对学前儿童家庭教育的影响

随着物质生活的改善，家庭精神文化生活的内容和手段也逐渐丰富起来。特别是城市儿童，家长经常带孩子走进大自然，走进音乐厅、博物馆、儿童游乐场、影剧院、图书馆等场所，极大地开拓了儿童的视野，陶冶了儿童的情操。家庭精神文化的丰富也是与信息化社会的到来密切联系在一起的。随着电视、电话、电脑等的普及以及信息高速公路的开通，社会影响进入家庭领域的途径越来越多，周期越来越短，从多方面影响人们的心理和行为，对家庭教育产生了直接的影响。③

对于学前儿童来说，电视是影响最大的精神文化传播手段。虽然儿童可以从电视中获得大量的信息，可以突破儿童认识世界的时空限制。但是，电视对儿童思维、运动、个性、行为习惯等方面的消极影响是不容忽视的。学前儿童对信息的良莠尚缺乏辨别的能力，电视节目中充斥的大量不适宜学前儿童的暴力、色情内容将严重影响儿童的身心健康。儿童在电视面前被动地接受大量的信息冲击，不利于儿童思维的发展。因为沉湎于电视节目，许多儿童减少了户外活动和与同龄小朋友交往、与家长互动的机会，将影响儿童的身体和社会性发展。诸如此类的负面影响，不得不引起家长的重视。同时，创造有利于广大青少年儿童健康成长的精神文化环境，也应成为全社会的共识。

4. 家长的工作压力大对学前儿童家庭教育带来的影响

随着社会的快速发展，生活成本的不断提高，如今的家长承受着巨大的工作压力。许多城市儿童的家长往往无暇照顾年幼的孩子，将孩子交给老人抚养或保姆看管。家长与孩子沟通和游戏的时间偏少，家长与孩子沟通时的心态也比较急躁。农村儿童的家

①　胡锦涛：《30 年来我们以改革开放为动力取得伟大成就》，2008 年 12 月 18 日 10：27，人民网。
②　李友梅，等：《中国社会生活的变迁》，北京，中国大百科全书出版社，2008，333 页。
③　丁连信：《学前儿童家庭教育》，北京，科学出版社，2007，181 页。

长，为了生存要外出打工，孩子不得不忍受长期与父母分离的痛苦。即使有时间自己带孩子的父母，也会因为工作忙碌而身心疲惫，情绪失调，导致对孩子缺乏耐心和宽容。相比而言，父亲比母亲更少参与对孩子的抚养和教育。家长的压力以各种不同的方式转移到孩子身上，影响儿童人格的健康成长。

## （二）学前儿童家庭教育存在的问题

随着社会的不断进步，对人才要求的不断提高，以及家庭物质生活的改善，家长文化素质的提升，全社会掀起了重视学前儿童早期教育的热潮。家长从怀孕开始就精心勾画着孩子未来成长的蓝图，为儿童的健康成长尽可能创造良好的物质和精神环境。为此，社会上风起云涌的早教班、兴趣班等教育培训机构总是不乏热心家长的"全情投入"和"鼎力支持"。虽然中国当代家长重视孩子的早期教育是值得肯定的，但在这种热情背后也暴露出学前儿童家庭教育的许多问题。

### 1. 错误的期望观（人才观）导致家长对幼儿的教育过于功利

家长的期望观（人才观）是指父母对儿童发展的期望。它是家长对幼儿发展目标的看法，即对子女成才的价值取向与教子动机。[①] 它关系到学前儿童家庭教育目标的定位、内容和方法的选择以及对孩子的评价，因此家长的期望观对家庭教育的全过程具有导向作用。当前家长的期望观存在的主要问题是过于功利、实惠、从众，忽视儿童身心发展的特点。许多家长都有"望子成龙，望女成凤"的思想，虽然这是无可厚非的，但是家长对于将来准备让孩子学习什么专业、从事什么职业等问题，更多的是从功利、实惠的角度来替孩子选择，比如，愿意让孩子从事薪水高、工作轻松、受人尊敬的职业。某研究针对东北三省1 085名幼儿家长以及新疆501名幼儿家长所进行的幼儿家长教育观念的调查中发现，家长普遍对幼儿存在较高的教育期望，当被问及"您希望您的孩子从事哪种职业"时，只有1.6%的家长希望自己的孩子将来成为工人、商业人员，而19.5%的家长希望孩子成为干部、企管人员，另外72.3%的家长希望孩子的学历达到大学及以上。[②] 许多家长虽然嘴上说孩子喜欢学什么就学什么，喜欢什么职业就选择什么职业，但是在他们的实际教育行为中却处处体现出对孩子兴趣的不尊重。造成这种现象的深层原因是受传统文化的影响，全社会对什么是人才、人才有哪些类型、社会需要什么样的人才等问题的认识存在误区。在许多家长看来，职业是有贵贱之分的，

---

① 杨丽珠，吴文菊：《幼儿社会性发展与教育》，大连，辽宁师范大学出版社，2000，250页。
② 刘秀丽，刘航：《幼儿家长家庭教育观念：现状及问题》，载《东北师大学报·哲学社会科学版》，2009 (5)，192页。

只有做官，当公务员、老师、老板、医生、律师、法官等才是体面的职业，而从事服务、经商、制造、农业等职业就是没有出息。似乎孩子只有考上了大学、硕士、博士才是人才。全社会普遍重视普通（学术）教育，轻视职业教育。其实社会对人才的需求是多种多样的，既需要白领，也需要大量的蓝领。"三百六十行，行行出状元"，学历水平并不能代表一个人的能力水平。由于家长错误的人才观以及对孩子的高期望，导致家长对孩子的教育急功近利，社会热衷什么，流行什么，就让孩子学习什么，而不是根据孩子自身的身心发展水平以及兴趣来安排孩子的学习。

2. 家长不了解幼儿身心发展的规律和学习特点，实施超前教育、过度教育

中国家长在当家长之前，普遍未接受足够的、系统的育儿知识和技能的相关培训，缺乏对儿童身心发展过程、水平及规律的了解。这种知识的缺乏集中体现在对幼儿年龄特点及其学习方式的不了解。在社会"早出人才、快出人才""不要让孩子输在起跑线上"等口号的鼓动下，一些家长望子成龙心切，对幼儿实施了超前教育和过度教育，如让幼儿过早学习识字、拼音、写字、英语、珠心算、背诗，各种才艺等，数不胜数。家长认为这些知识技能都是社会需要的，孩子掌握得越早越多就越好，所谓"艺多不压身"。家长忽略婴幼儿与小学生的年龄差异，将婴幼儿教育小学化、成人化。"旅美人士罗竞博士回国后，她偶尔翻开外甥（5 岁）的课本，读到一道数学题：'哥哥的存款是弟弟的 9 倍，姐姐的存款是弟弟的 6 倍，弟弟有 8 元，请问哥哥、姐姐各有存款多少元？'她拿这道题请教同行的一位美国数学教授，他认为这至少是小学三年级的水平，当美国教授得知该题出自'学前儿童入学先修'教材时，惊讶得差一点从椅子上摔下来。实际上，这位 5 岁儿童还有珠心算、三级钢琴等多项技能。这位数学教授惊叹之余，对这位儿童的身心健康深表忧虑。"① 这样的超前教育、过度教育在当前中国的城市家庭中屡见不鲜，似乎家长们都不能"免俗"。无数的幼儿失去游戏、活动的权利，失去快乐的童年。这种严重违背儿童身心发展规律的教育只能造就出"老态龙钟的儿童"。与其说这是对孩子的教育，不如说这是对孩子身心的摧残。

3. 家庭教育以知识学习为中心，忽视儿童身心的全面发展

学前阶段是儿童身心发展的奠基阶段，通过对婴幼儿实施科学的早期养育和教育，促进儿童的全面发展是学前教育的根本任务。然而，当前的学前家庭教育却普遍存在"重智轻德；重视智力因素，忽视非智力因素；重视特长教育，忽视全面发展；重视知识传授，忽视能力培养；重视身体健康，忽视心理健康；重视营养保健，忽视体育锻炼

① 刘晓东，卢乐珍，等：《学前教育学》，南京，江苏教育出版社，2004，460 页。

等问题"。① 这种片面的教育，必然导致儿童身体发展的缺失和人格发展的严重缺陷。当前越来越多的"小胖墩""豆芽菜""小眼镜"就是孩子身体不健康的明证。现在的孩子普遍以自我为中心，自私、狭隘、懦弱、依赖、懒散、对他人不尊重、不宽容、缺乏同情心和爱心，这是孩子人格缺陷的明证。社会上流传着这样一种说法："体育搞不好会出废品，智育搞不好会出残品，美育抓不好会出次品，德育搞不好会出危险品。"这样的比喻深刻地反映了全面发展教育的重要性。从某种程度上说，人格的缺陷是一个人的根本缺陷，它不仅有损个人的身心健康，甚至还会对社会和他人造成伤害。

4. 过分溺爱，过度保护，剥夺了儿童发展的机会和权利

爱孩子是父母的天职。中国的父母是具有无比牺牲精神的父母，他们为了孩子的成长可以做任何在他们看来值得做的事情，衣食住行样样都将孩子的需要摆在第一位。这种对孩子的爱本是一种美德，然而如果对孩子的爱到了溺爱的程度，就不仅不能促进孩子的成长，反而会剥夺孩子发展的机会和权利，阻碍孩子的成长。现在的中国家庭中，多数孩子都是独生子女，家长对其宠爱有加、百依百顺、处处保护、包办代替、要啥给啥，造成孩子衣来伸手、饭来张口。这不仅使孩子形成依赖、自私、任性、胆小、退缩等不良的个性，而且导致孩子缺乏基本的生活自理能力。有的孩子上幼儿园了还要老师喂饭，有的孩子上小学了还尿裤子，不会自己洗澡、穿衣服、梳头等。其实孩子很小开始就有自己的事情自己做的愿望，但家长往往担心孩子做得慢或者做得不好，而不给孩子自己做事的机会。中国家长还因为溺爱孩子而对孩子保护过度，天冷了怕孩子冻着，天热怕晒着，出门怕摔着，在家怕磕着，处处限制孩子合理的活动形式和范围，随时能听见家长"不许、不能"的叫喊声。这使得孩子原本具有的敢于尝试、勇敢、冒险、进取的特点逐渐丧失，这样培养出来的孩子将来很难担当大任。2001 年，北京市妇联、北京家庭教育研究会以及零点市场调查与分析公司共同对北京市儿童（0～14 岁）的家庭教育现状进行了调查，发现过分保护型家长占 30%。② 其实，中国自古有"慈母慈父多败子"的说法，当代的家长真应当引以为鉴。

5. 不尊重儿童的人格，忽视儿童主体性的发展

有研究调查发现，虽然幼儿家长传统教育观念中的"家长制"作风正在逐渐消失，平等的亲子观正在逐渐占主导，但许多幼儿家长仍缺少把儿童视为独立个体的意识。例如，虽然 86.7% 的幼儿家长承认"家长和孩子平等"的观点，但承认"孩子是独立个

---

① 丁连信：《学前儿童家庭教育》，北京，科学出版社，2007，184 页。
② 李燕，吴维屏：《家庭教育学》，杭州，浙江教育出版社，2009 页。

体"的家长并不多，只有11.3%，甚至有2.0%的家长认为"孩子是个人私有财产"。而且，虽然32.2%的家长承认"孩子经常对父母的教育发表意见"，48.6%的家长承认"孩子偶尔会对父母的教育发表意见"，但仍有21.1%的家长承认"孩子很少对父母的教育发表意见"。① 有些家长受中国传统的家长本位的教育模式的影响，认为家长对孩子拥有绝对的支配权、控制权，孩子应当时时处处都听家长的，一味地强调家长的意志与要求，完全忽视孩子的需要与想法。有的家长还对孩子随意打骂，完全不尊重儿童的独立人格，因而严重阻碍孩子独立性、主体性的发展，造成孩子人云亦云、缺乏主见和独立思考问题、解决问题的能力的严重缺失。

6. 家长缺乏科学系统的育儿知识和技能的指导

尽管自20世纪90年代以来，中国已经逐步开始了家庭教育指导工作的研究和实践（全国妇联就对家庭教育指导工作倾注了大量的精力，制定了一些相关政策和条例），但是其实际的影响力和效果依然有限。例如，城市儿童家长的教育观念并没有得到有效扭转，育儿水平并未显著提高，农村儿童的家长还很难接受到家庭教育指导。这说明，目前我国家庭教育指导工作无论在推广的广度还是在深度方面都还有极大的提升空间。

## 三、儿童家庭教育及其指导的变革

要解决学前儿童家庭教育存在的问题，唯有对其进行深刻的变革，才能从根本上保证儿童家庭教育的正确方向和质量。

### （一）家长教育观念的变革

教育观念是指家长在抚育子女过程中，对儿童发展、儿童发展的期望及儿童教育方面所持有的看法和认识，它是影响家庭教育质量的核心因素。中国学前儿童家庭教育存在的问题主要是由家长错误的教育观念所造成的。因此，家长教育观念的变革是家庭教育变革的先决条件。只有家长的教育观念根本转变，才能实现家庭教育方向的真正转变。

1. 人才观的变革

在21世纪的崭新历史背景中，家长教育观念的变革首先应从传统的、狭隘的人才观的改变入手。如前所述，许多家长认为学历越高越是人才，只有"金领""白领"才

---

① 刘秀丽，刘航：《幼儿家长家庭教育观念：现状及问题》，载《东北师大学报·哲学社会科学版》，2009（5），193页。

是人才，成名要趁早。这种狭隘的人才观，导致家长从孩子出生开始就按照自己的意愿、好恶来规划孩子的人生，将孩子的未来局限在自己传统的视野中，过早给孩子施加成才压力。其实，这是一种欲速则不达的做法。正确的人才观是社会需要多种层次、多种类型的人才，"三百六十行，行行出状元"，学历不代表能力，未来社会需要具有创新精神和实践能力的人才。家长只有树立这样的人才观，才能尊重、鼓励儿童自身的兴趣爱好和选择，从小培养孩子追求卓越的意识。每个孩子将来都能成为社会所需要的人才，都能在为社会作出贡献的同时，实现自身的人生价值。

2. 儿童观的变革

家长教育观念的变革还包括儿童观的变革。儿童观是人们对儿童总的看法和基本观点，儿童观直接影响教育观。受传统文化的影响，中国家长的儿童观中存在一些不正确的看法，如认为儿童是"小大人"，儿童是私有财产，儿童是小祖宗，儿童必须顺从成人，儿童是被教育者，等等。这些错误的儿童观导致学前家庭教育小学化、成人化，儿童失去独立的人格和权利。

当代科学儿童观认为"儿童是人，生来就具有人的尊严和价值，具有一切基本的人权"，父母不仅要保护孩子的生命健康，还要满足孩子的正当需要、愿望，尊重孩子的人格和权益，不能把他们当成是任由大人支配的附属品，不要把自己的意志强加给孩子，更不要由着父母的性子随意地指责、呵斥甚至打骂孩子。[①]

每个儿童都是独特的，儿童之间的发展既有共性，更有差异。家长首先要尊重孩子的自身特点。其次要针对自己孩子的特点进行因材施教，切勿将自己的孩子与别人的孩子进行横向比较；儿童是自身发展的主体，所有教育的成功，主要在于调动了孩子自我发展的主观能动性。因此，家长要充分尊重和利用孩子的好奇心、求知欲，鼓励儿童成为自身发展的主人。

儿童的发展应当是全面的，儿童身体、心理的各方面都未成熟，都需要发展的时间和空间。因此，家长要为儿童提供多样化的学习内容和学习方式，以保证儿童的全面发展。

儿童期具有独立的价值，家长不要人为地缩短孩子的儿童期，而是应当用快乐的、丰富的、自由的生活内容充实儿童期，让儿童拥有快乐、幸福的童年；不要为了孩子未来的幸福而牺牲孩子当下的生活。

儿童是发展中的人，拥有巨大的可塑性，家长应充分了解幼儿阶段孩子发展的水平

---

① 丁连信：《学前儿童家庭教育》，北京，科学出版社，2007，185 页。

和特点，为其发展创造适宜的环境条件，提供正确的引导。

3. 教育观的变革

家长教育观的变革是整个教育观念变革的落脚点。教育观是指家长对儿童教育的目标、内容、方法等方面的总的看法。在正确的人才观、科学的儿童观的指引之下，家长应当明确学前阶段教育的根本目标是促进儿童身心和谐发展，为整个人生奠定基础。因此，家长应当更加关注那些对儿童具有终身影响的品质和素质的培养，如身体素质、学习兴趣、学习习惯、学习能力、独立性、创造性、社会交往能力等的培养。学前儿童的学习方式以从做中学，从游戏、活动、生活中学习为主，获取各种直接经验是本阶段的主要任务。因此，家长不应该在学前阶段就强迫孩子学习记忆大量的知识。相反，家长应当在孩子直接经验积累过程中，注意提升孩子的思维能力。学前阶段儿童教育的内容更多来自生活和环境，而不是来自书本，正如陈鹤琴先生所说"大自然、大社会都是活教材"。家长应当充分利用生活中的一切机会对孩子进行全面的教育。同时，家长教育的方法要符合儿童的年龄特点，鼓励儿童从游戏、活动、生活中学习。家长要注意利用和激发孩子的学习兴趣，优化家庭教育环境，为孩子树立良好的榜样，赏识孩子的优点。

### （二）家庭教育环境的改善

家庭教育环境包括物质环境和精神环境两大部分。

1. 物质环境的改善

在物质环境的改善方面，家长要注意根据幼儿阶段的发展需要，为孩子创造适宜发展的家庭环境。如果条件允许，应给孩子一个独立的生活房间或活动空间，在这个空间中应当有孩子喜欢的多种玩具。玩具一次不要投放太多，以免分散孩子的注意力；但玩具可以定期更换，以保持玩具的新颖性。图书和音像制品也是家庭必须给儿童准备的精神食粮。儿童应当有自己的书柜或书架，图书和音像制品应当根据儿童的年龄特点购置，要注意内容的适宜性、趣味性和安全性。同时，整个家庭环境应当是干净、整洁的，这有利于儿童养成爱整洁的习惯。

2. 精神环境的改善

家庭精神环境的创设在某种程度上比物质环境的创设更重要。受家庭经济状况等因素的影响，每个家庭能为幼儿创造的物质环境的丰富程度是有差异的，但这并不是影响家庭教育质量的决定性因素，精神环境的质量才是影响幼儿发展的根本因素。因此，家长要注意改进亲子交往方式，与孩子建立民主、平等、尊重、关爱的亲子关系，加强亲子之间的情感交流和沟通，赏识孩子的点滴进步，避免使用打骂、体罚等措施来管教孩子，满足孩子合理的需求。同时，家庭精神环境的好坏是与家庭中成人之间的关系状况密切联系的，和谐的夫妻关系是家庭精神环境质量的重要保证。夫妻相互尊重，孝敬长辈，这种和睦的家庭氛围，有助于孩子的健康成长。

### （三）家长教育能力的培养

家长教育能力是将教育观念和知识转化为实际的教育行为的能力，它是影响儿童家庭教育质量的关键因素。家长教育能力主要包括了解孩子的能力、选择家庭教育内容和方法的能力、创设环境的能力、评价孩子的能力等。

1. 了解孩子的能力

虽然家长每天都和孩子生活在一起，但却不一定了解孩子，这主要是因为家长比较缺乏儿童身心发展的相关知识。当孩子出现某种行为时，家长往往不能正确解读孩子的行为，如孩子为什么总是说谎，为什么总是爱告状，等等。正确解读孩子的行为，是教育孩子的前提。家长可以通过自学或参与社区家教宣传、咨询、讲座以及听广播、看电视等途径增长儿童身心发展特点和规律的知识，并不断运用这些知识去观察、分析孩子的行为，以提高解读儿童行为的能力。

2. 选择家庭教育内容和方法的能力

选择家庭教育内容和方法是家长教育能力的核心。幼儿阶段孩子到底应该学习哪些知识？这是一个非常重要的问题。家长要先了解幼儿的年龄特点、学习方式、学习兴趣，然后从生活、环境、学科等方面选择提供给幼儿学习的内容。在这一过程中，家长既要考虑知识的难易程度，又要考虑知识呈现给幼儿的方式，同时还要考虑知识对幼儿发展的价值。因此，选择家庭教育内容不仅是家长该做的事情，而且是必须做好的事情。教育方法的选择要因人、因事、因时而异，关键是家长要了解教育幼儿的常用方法，并加以不断地运用，积累运用这些方法的经验。

3. 创设环境的能力

创设环境是家庭教育的责任。家长自身就是环境的一部分，除了注意以身作则外，还用根据儿童发展的阶段为儿童购买图书、添置玩具和活动材料，维护家庭的和谐。家长要重点了解图书和玩具材料的适宜性、安全性等。此外，家长还应有一定的美化环境的能力。

4. 评价孩子的能力

评价孩子的能力主要表现为关注孩子的优点与不足，学会评价孩子各领域的发展水平，能够及时以长补短。正确如实地评价孩子，才能让孩子形成正确的自我意识。评价孩子除观察、记录孩子的成长过程外，还要借助专业人士提供分析、评价孩子行为的一些量表和工具。

**（四）家长素质的提升**

家长素质是家庭教育成败的决定性因素。[1] 根据我国家长的现状，提升家长素质是提高家庭教育质量的紧迫任务。对幼儿发展产生影响的家长素质主要包括文化素质、道德素质、艺术素质、心理素质等。

1. 文化素质

家长的文化素质主要指家长的文化水平和对学习的态度，家长所掌握的科学文化知识的丰富程度对家长的教育能力具有重要影响，家长对待学习的态度会直接影响幼儿对学习的态度。在当今这个信息社会，如果没有终身学习的态度和习惯，很快就会被社会所淘汰。因此，家长应奉行终身学习的观念，积极创建学习型家庭，给幼儿树立爱学习的榜样，在不断地学习中提升自身的科学文化素质。

2. 道德素质

道德教育是教人如何做人的教育。家长道德素质的水平对幼儿有潜移默化的影响作用。家长如果希望孩子成为有道德的人，自身必须不断提高道德素质，所谓身教重于言教。[2] 家长道德素质的提高可以从注重家庭道德、遵守社会公德、正视独处道德几方面入手。家长在家庭中夫妻和睦、孝敬老人、关爱子女是良好家庭道德的体现。家长作为社会公民应当遵守社会公共道德规则和规范，如遵守交通规则、环保规则、交往规则等，为孩子树立正确的示范。独处道德是个人对自身道德修养的内心向往和追求，虽然不涉及与他人和社会的关系，但是独处道德是提升家长道德素质的关键。家长要经常用社会所提倡的道德标准反思自己的言行，树立正确的世界观、人生观，才能不断提升自身的道德素质。

3. 艺术素质

艺术素质主要体现在家长对艺术的热爱、欣赏、创作能力方面。家长的艺术素质对于幼儿美育有重要影响。家长具有的艺术素质，有助于为幼儿创设进行艺术启蒙的教育环境，有助于激发幼儿学习艺术的兴趣。家长的艺术素质是后天形成的。家长在日常生活中学习一些艺术的相关知识和技能，经常参加艺术欣赏和创作活动，有助于艺术素质

---

① 吴奇程，袁元：《家庭教育学》，2 版，广州，广东高等教育出版社，2006，310 页。

② 吴奇程，袁元：《家庭教育学》，2 版，广州，广东高等教育出版社，2006，310 页。

的提升。

### 4. 心理素质

家长的心理素质会间接影响孩子的人格发展。具有良好心理素质的人，开朗、乐观，自信，能在挫折中奋起，不向困难低头，永远看到希望。当今社会，每个人都面临巨大的生活、工作和学习压力，有的人能变压力为动力，有的人却被压力压垮，这说明提高心理素质是每个人都面临的课题。心理素质的提升关键在于家长自身的努力，家长应当确立积极的人生观、世界观，用感恩的态度面对生活，把挫折当做考验，把困难当做历练，以"天将降大任于斯人也，必先苦其心志，劳其筋骨，饿其体肤，空乏其身，行拂乱其所为"的豪气，迎接生活的各种挑战。这样才能影响孩子从小积极进取，不怕困难。

### （五）家长教育的广泛深入开展

中国虽然拥有重视家庭教育的优良传统，但在新的历史背景下，针对儿童家庭教育存在的问题，变革与时代和社会要求不相适应的家庭教育观念，改善、创设适宜于孩子发展的家庭环境，提高家长的教育能力和综合素质是当前及未来家长教育的核心任务。中国社会应当真正认识到家长教育的价值，加强对家长教育的系统规划和研究，增强家长教育的执行力度，更新家长教育的内容与方法，探索家长教育的全新模式，使城市和农村家长能够享受到社会所提供的高质量的家庭教育指导服务，让所有家长都将接受家长教育作为自己的责任和义务。

# 第二节 外国儿童家庭教育及其指导现状

世界各国的家庭教育受各自历史、文化、经济、宗教等因素的影响，而呈现出很大的差异。中国是拥有五千年历史的文明古国，具有重视家庭教育的优良传统，从古至今积累了丰富的家庭教育经验。但随着时代的变迁，社会的发展，尤其是在教育全球化的趋势之下，中国家庭教育学习和借鉴其他国家家庭教育的成功方法和经验是十分必要的。

## 一、日本儿童家庭教育

"二战"后日本奉行"重经济、轻军备"路线，重点发展经济。20 世纪 60 年代末，日本成为世界第二大经济体，经济实力仅次于美国。日本经济的发展主要依靠高新科技，为此，日本政府一方面重视科学研究，每年用于科研的经费约占国内生产总值的3.1%，另一方面重视教育，2008年教育预算占当年政府预算总额的11.2%，并且让教师拥有较高的社会及经济地位。[①]

受中国儒家文化的影响，日本人传统上非常重视家庭教育。日语中就有一个"躾"字，专指一个人接受家庭教育的状况。日本的家庭教育与学校教育的目标和内容有明显的区别：孩子日常生活行为及文明礼貌的养成主要依靠家庭教育，而知识和技能的学习则主要依靠学校教育。日本学前儿童家庭教育与中国最大的不同在于它非常重视规范意识的培养，对于孩子的知识教育和智力开发则不是很热衷。日本家庭教育协会认为，"规范形成教育"是家庭教育中最重要的内容，因为未来孩子步入社会时只有懂规矩、守规范才能让别人对他产生信任感。[②] 在日本，只有少数高收入群体才会把孩子送到各种兴趣班学习，绝大多数日本父母都只是把孩子送到普通的保育园或幼儿园，孩子在上小学之前几乎不向孩子灌输任何文化知识。中国一位驻日本东京的记者在参加自己孩子保育园的家长会时，被园长一再告诫不要急于给孩子灌输知识，知识的学习是一件自然而然的事情，就算孩子今年不会数数，明年或后年也一定能够学会。同时，这位园长要求父母必须每天陪孩子一起吃早饭，周末和节假日要尽量抽空与孩子相处，因为再好的学校教育也代替不了父母对孩子的正面影响。[③] 下面，我们着重介绍日本家庭教育中最具特色的3方面内容。

**（一）礼仪培养**

社会学家贝涅狄克多提出，相对于信仰基督教的西方国家中的"罪"文化，日本文化属于"耻"文化，日本人以社会舆论为善恶标准，喜欢被人称道，怕人说三道四。受这种"耻"文化的影响，日本家庭对子女的言行举止非常在意，在家庭教育上就不遗余力。[④] 日本是一个重视文化传统的民族，在日常的饮食起居和与人交往方面有一套自古流传下来的繁缛的礼节规范，言语措辞、行动举止都要合乎一个人的性别和身

---

① 新华网：《日本概况》，（2002 - 04 - 01），［2011 - 02 - 14］，http：//news. xinhuanet. com/ziliao/2002 - 04/01/content_ 329931_ 8. htm。

② 贾会晓：《谈日本的家庭教育》，载《开封教育学院学报》，2010，30（4），77~78页。

③ 严圣禾：《日本家庭教育守规矩重于学知识，父母正面影响大》，载《光明日报》，2010 - 05 - 13［2011 - 03 - 06］，http：//news. xinhuanet. com/edu/2010 - 05/13/c_ 1296887. htm。

④ 刘娇：《日本的传统家庭教育》，载《中华家教》，2003（4），36页。

份。① 但近几十年来，由于受西方自由主义思潮的影响，日本出现了一批被批评为"无责任、无气魄、无感动、无关心"的年轻人。为了解决这一"道德危机"，日本人更加重视对子女的礼仪教育。②

日本家庭的礼仪教育从幼儿做起。日本的儿童都很守规矩，垃圾总是扔进垃圾桶或带回家，在公共场合不会来回跑动，在餐馆吃饭时不会大声哭闹或喧哗，在商场购物时更不会吵闹着非得买某样自己喜欢的东西。日本儿童不仅在外要注意礼仪，在家庭内部也须要遵守一整套的规矩。日本幼儿学习礼仪的第一课就是"尊敬父兄"，子女要给父亲鞠躬，弟弟妹妹要给哥哥鞠躬。无论是在餐馆还是在家就餐，座位都有等级、长幼之别，母亲做好饭菜没叫孩子吃，孩子不能先吃；吃饭前，孩子还必须说一声"那就不客气了"。孩子离家或归家也都有一套礼仪规矩，每次出门都要和父母说一声"我走了"，每次回家进门要说一声"我回来了"。③ 孩子简单的两句话，不仅是在向父母宣告吃饭的开始和结束，宣告自己的离家和归家，同时也表达了对为自己提供饭菜的父母的感恩之心和对等待自己回家的父母的重视之情。④ 文明礼仪早已成为日本儿童生活中不可缺少的一部分，日本父母就是这样，通过生活中的小事，一点一滴、潜移默化地将孝敬长辈、尊重他人、懂得感恩等宝贵的传统价值观传播给自己的下一代。

## （二）挫折教育

在瞬息万变、充满挑战的现代社会，不遇到挫折是不可能的。一个人要想获得成功，必须要能正确地认识挫折，勇敢地面对挫折，并且在遭受挫折后有不屈不挠的精神。苏联著名文学家奥斯特洛夫斯基曾经说过："人的生命似洪水奔流，不遇上岛屿和暗礁，难以激起美丽的浪花。"温室中长大的孩子是很难创造出生命的辉煌的。

日本家庭的挫折教育从婴儿期就开始了，孩子学走路时摔跤，父母不会主动过去扶起，而是鼓励孩子自己站起来。孩子 2 岁前，父母要让他们学会"等待"；2 岁之后，要让他们学会"忍耐"。日本父母认为，只有让孩子经受一定的以忍耐为内容的身心训练，而不是满足他们的各种要求，才能使儿童养成克服困难的习惯，形成坚韧和顽强的品质。日本父母让孩子在冬季也穿短裤或短裙，接受冷水浴，目的是要培养孩子的耐寒能力和磨练孩子的意志。一些日本家庭还会花重金让孩子去荒郊野外参加夏令营活动，

① 刘娇：《日本的传统家庭教育》，载《中华家教》，2003（4），36 页。

② 梁建中：《日本家庭教育的"四重"》，载《中华家教》，2005（12），44～45 页。

③ 魏彤儒，王成：《战后日本家庭教育的成功经验对我国的启示》，载《华北电力大学学报（社会科学版）》，2010（4），126～130 页。

④ 贾会晓：《谈日本的家庭教育》，载《开封教育学院学报》，2010，30（4），77～78 页。

学习在野外生存和自救，例如，让孩子背着沉重的背包在草原上行走，在崇山峻岭中安营扎寨、寻觅野果、捡拾柴草、寻找水源。[①] 有一位日本母亲甚至让 6 岁的孩子独自去 10 千米外的亲戚家，自己则装扮成陌生人悄悄跟随孩子，看着孩子自己问路、忍受饥渴和疲倦，即使心疼落泪，也不会现身帮助孩子。[②] 日本学者系川英夫指出："险恶的环境正是人锻炼成长的最大动力。"[③] 这说明，挫折是磨炼意志、增长才干的最好工具，只有经历失败，人才可以获得最深刻的教训，心灵受到最强烈的震撼，因此挫折教育能够帮助父母获得最好的教育效果。

### （三）自立教育

日本家庭从小就注意培养孩子自立、自主的精神。日本的《家庭教育手册·家教篇》中就有一条"如果让孩子帮着做家务，他将变得很能干"。[④] 大部分日本家庭会要求孩子做力所能及的家务劳动，例如，饭前洗菜，饭后收拾碗筷、餐桌，收拾自己的房间及物品，去家附近的商店购物，进行垃圾分类并在规定的日子将不同垃圾放到指定地点由物业回收，等等。日本的教育学家不主张父母向子女支付家务劳动的报酬，因为孩子是家庭的一分子，承担部分家务劳动是孩子应尽的义务，向孩子付钱是对家庭关系的扭曲。[⑤] 事实证明，让孩子练习做家务对孩子的成长非常有利，可以培养孩子的生活自理能力、自制能力、动手能力及解决问题的能力。

日本父母对孩子说得最多的一句话是"不给别人添麻烦"，并且在日常生活中积极贯彻这一思想，例如，让孩子每天收听天气预报，自己决定上学要不要带雨伞；上学前或外出旅游前，让孩子整理自己的背包，将所需物品放进包里；不管孩子多小，都无一例外地自己背着背包，哪怕是象征性的。[⑥] 日本的《家庭教育手册·个性与理想篇》中还有一条"把孩子培养成一个能自己思考、自己行动的人"。[⑦] 日本的家庭教育学家认为，父母过于保护和过于干涉对孩子的成长非常不利，有些父母为孩子扫平成长道路中的每一个障碍，导致的结果就是，孩子每走一步都要等待父母的指令，永远也学不会独

① 贾会晓：《谈日本的家庭教育》，载《开封教育学院学报》，2010，30（4），77～78 页。
② 魏彤儒，王成：《战后日本家庭教育的成功经验对我国的启示》，载《华北电力大学学报·社会科学版》，2010（4），126～130 页。
③ 贾会晓：《谈日本的家庭教育》，载《开封教育学院学报》，2010，30（4），77～78 页。
④ 李季湄，刘莲兰：《日本的家庭教育手册（二）》，载《幼儿教育》，2000（2），42 页。
⑤ 魏彤儒，王成：《战后日本家庭教育的成功经验对我国的启示》，载《华北电力大学学报·社会科学版》，2010（4），126～130 页。
⑥ 贾会晓：《谈日本的家庭教育》，载《开封教育学院学报》，2010，30（4），77～78 页。
⑦ 李季湄，刘莲兰：《日本的家庭教育手册（四)》，载《幼儿教育》，2000（4），31 页。

立，父母这么做无形中也剥夺了孩子接受挑战、从失败中学习以及获得各种体验的机会；另外一些父母还喜欢拿别人家的孩子和自己的孩子比较，要求自己的孩子必须像别人一样优秀，或者是把自己的理想强加给孩子，这都是对孩子自主性、自立性的打击，而孩子最希望在家庭中获得的是尊重、平等和自由。

日本是一个经济发达的国家，日本家庭大都比较富裕，但是日本的父母认为在物质条件过分优越的环境中长大的孩子容易缺乏独立解决问题的能力和适应环境的能力，因此他们经常会有意识地锻炼孩子独立解决问题的能力和吃苦的能力。某日本家长在孩子 4 岁时给孩子 3 000 日圆，让孩子到一条商业街去寻找和购买 3 样指定物品，并限时 3 分钟返回。这对幼儿的智力、语言和勇气都是极大的挑战，但是经过这种训练的孩子从小就树立起了自立和自信。①

2011 年 3 月 11 日，日本发生的 9.0 级大地震，紧接着发生的大海啸和核辐射危机，给日本人民带来了严重的生命和财产损失。日本人民在灾难来临时沉着冷静，井然有序，自强自立，不为他人增加负担，救灾物资优先老人、儿童的品质让世界各国人民肃然起敬，这些都是和他们从小接受的家庭教育紧密相连的。

### (四) 日本的"家庭教育支援政策"

日本文部省的调查显示，家庭教育落后和家长疏于子女管教是导致青少年犯罪、拒绝上学与儿童自杀等教育危机的重要原因之一。面对这样的家庭教育危机，文部省积极推行"家庭教育支援政策"，从 1997 年起以培养儿童"生存能力"和提高社区的教育作用为基本方针，积极推进家庭教育支援工作。1998 年 4 月，日本设置了"家庭教育支援室"，通过提供各种家庭教育学习机会，推动家庭教育的发展和普及。同年 6 月，"中央教育审议会"又发表了题为《为了培养开拓新时代的心灵——丧失培养后代心灵的危机》的咨询报告，其中以"重新考虑我们的家庭""教儿童正确判断事物的好坏""将儿童培育成能够关心别人的人""尊重儿童的个性，使儿童具有对未来的梦想""制定家庭要遵守的规则""重新认识游戏的重要性""珍惜与他人共同相处的机会，并积极地参与"为题，在 7 个领域提出了家庭教育要遵守的 35 条建议。基于以上建议，1999 年 4 月，文部省编制并颁布了有关礼仪教育和人格教育的《家庭教育手册》，并分发给孕妇和养育儿童的家庭，从家庭的本质、子女的心理、同情心的培养、子女的个性和理想、正确的游戏观等方面有针对性地为日本家庭提供了通俗易懂的建议。此外，从

---

① 魏彤儒，王成：《战后日本家庭教育的成功经验对我国的启示》，载《华北电力大学学报·社会科学版》，2010 (4)，126～130 页。

2000 年 7 月开始，政府通过卫星广播在每周四的晚上 7 ~ 8 时播送 "家庭教育讲座"。[①]
这些措施有效地提升了日本家庭对子女教育的责任和能力。

## 二、韩国儿童家庭教育

从 20 世纪 60 年代开始，韩国政府成功推行以增长为主的经济政策，70 年代正式走上经济发展的道路，创造了举世闻名的 "汉江奇迹"，80 年代则一改贫穷与落后的面貌，呈现出一片繁荣和富裕的景象。如今的韩国，经济实力雄厚，钢铁、汽车、造船、电子、纺织等已成为支柱产业，其中造船和汽车制造等行业更是享誉世界。[②] 但是，韩国人口密度很大，资源缺乏，社会竞争激烈，韩国人因此非常重视子女的教育。

韩国父母无论自己的教育背景和社会经济地位如何，都希望自己的孩子从生命的最初就获得最好的教育。和中国父母一样，他们也有重视妇女孕期教育的传统。为了确保能生育出在体能、情绪和精神上都健康的后代，孕期的韩国妇女有很多清规戒律，比如，不能吃未成熟的水果，不能有杂念，不能杀生，要谈吐优雅、和善待人，等等。他们认为，如果一个母亲能和善友好地对待他人，有选择地进食，出生的孩子就会有好的体魄和性情。怀孕的韩国妇女还会为了尚未出生的宝宝欣赏古典音乐和阅读优美的诗歌小说，尽量体验愉快的事情。

传统的韩国女性认为养育子女比追求自己的事业更为重要。大部分已婚妇女在子女出生后都会辞职在家抚养孩子，直到孩子进入幼儿园。婴儿出生后，妈妈会亲自为孩子更换尿布、沐浴，与孩子交谈、微笑，触摸孩子，陪孩子歌唱和玩耍等。与中国妈妈相比，在养育婴幼儿时，韩国妈妈更少依赖保姆和老人。韩国的职业女性在孩子 2 岁前倾向于请自己的亲戚或年轻女保姆来照顾孩子；孩子 2 岁后，职业女性会考虑把孩子送到幼儿园。随着婴儿出生率大大降低，每个家庭的孩子数量减少，韩国父母就更有条件和动力对孩子的教育进行高额投入。和中国父母一样，韩国父母也热衷于让孩子参加各种各样的培训班、兴趣班，学习数学、钢琴、艺术和口才等。韩国的母亲有强烈的教育子女的责任感，因此很多时候会感到焦虑，生怕自己不能给孩子最好的教育条件。[③]

韩国父母和东亚其他国家的父母在养育子女的问题上有许多共性，例如，重视子女

①　张春浩：《日本政府推出 "家庭教育支援政策"》，载《海外家教》，2002（4），18 ~ 19 页。

②　新华网：《韩国概况》，（2002 – 06 – 13）［2011 – 02 – 14］，http：//news. xinhuanet. com/ziliao/2002 – 06/13/content_ 438328. htm。

③　卜湘玲：《韩国的家庭教育观》，载《江西教育》，2005（6），43 页。

的智力发展、学习表现，但同时也保持着自己的特点，其传统教育、"狼型"教子法和"狮子型"教子法就颇具特色。①

**（一）传统教育**

韩国家庭的传统教育主要体现在道德教育和礼仪教育两方面。

1. 长幼有序、懂得感恩的道德教育

韩国家庭深受中国儒家文化的影响，把尊老爱幼视做道德教育规范的起点。走进韩国，无论在什么地方或什么时候，你都可以看见韩国人把"尊老爱幼，长幼有序"体现得淋漓尽致。在韩国家庭中，吃饭时，年长者落座动筷后，年幼者才能动筷吃饭；早晨父母上班走之前，晚辈要鞠躬说"再见"。②如资料卡片7-1所示，韩国人对孔子异常尊重。

## 资料卡片7-1

### 孔子在韩国

韩国把孔子尊为"万师之表"，并每年举行纪念孔子的"释典大祭"。韩国儒教最权威的教育机构"成均馆"馆长崔昌圭说："孔子不仅是中国的，也是世界的。韩国有将近80%的人信奉儒教或受过儒教思想的熏陶。"

（《韩国儒家文化立国，全世界都来爱孔子》，（2008 - 09 - 28）[2011 - 02 - 14].http://cul.shangdu.com/recommend/20080928 - 13560/index.shtml）

---

① 陈道华：《韩国家庭教育》，北京，农村读物出版社，2006，2~56页，89~143页。
② 韩国旅游网：《一名韩国青年眼中的儒家文化》，[2011 - 02 - 14]，http://korea.bytravel.cn/Scenery/249/ymhgqnyzdrjwh.html。

网络上流传着这么一个故事。一个韩国小女孩，妈妈让她每晚睡觉前都回忆一下自己一天经历的人和事，并且在心中感激 3 个人、3 件事。一天晚上，小女孩很久都无法入睡，妈妈来到她的房间问她是怎么回事。女儿非常为难地告诉妈妈她谢过了为她剪指甲的奶奶，给她上课的老师，为他们班搞卫生的清洁工和老天没有下雨，等等，可是想来想去还差一件事情没有感激。妈妈笑着对女儿说："傻孩子，只要让你快乐的事情，都可以去感激呀！"女儿看着妈妈，想了一下，脸上露出了开心的笑容。对妈妈说："我想到了，妈妈在阳台上栽种的茉莉花今早开了，花的香味很好闻，我今天一天都很开心，我要感激茉莉花，更要感激细心照顾茉莉花的妈妈。"这位母亲通过这样一个活动，让孩子学会感恩，并且懂得感恩会使人幸福、快乐，可见其用心良苦。

## 2. 潜移默化的礼仪教育

韩国人认为在家庭礼仪教育方面，大人的行为习惯对孩子有潜移默化的作用。为使大人们以身作则、言传身教，韩国在全社会范围内开展了"秩序教育、亲切教育、清洁教育"。大人守秩序，孩子们就会跟着学，从礼貌精神、礼仪形式到实践行动，潜移默化，将文明礼貌向制度、习惯、文化方向推进。

韩国家庭的礼仪教育从用餐开始。韩国家庭普遍认为，吃饭是最好的休息，家人应该在一起尽情享受这一美好时光。受饮食文化的影响，韩国家庭晚餐菜肴丰富，用餐时非常注重礼仪。餐桌上餐具摆放得整整齐齐，家庭成员长幼有序地围坐一堂，相互交流彬彬有礼，说笑时也不大声喧哗，气氛温馨而和谐。开饭前年幼的孩子会挑选一份最好的菜放到长辈面前，用筷子夹一点放在长辈的碗里，以表示尊敬。长辈开始用餐后，大家才会端起碗一同吃饭。

韩国父母还很注重子女在公共场合的礼仪，他们认为一个人在公共场所的表现能够反映出一个人的修养水平。因此，带孩子去公园玩耍时，韩国父母会提醒孩子并以身作则不践踏草地，不乱扔垃圾；带孩子到电影院看电影时，父母会提醒孩子小声说话，不追逐嬉戏；带孩子乘坐公交车时，会带孩子按顺序排队上车，见到老弱病残的乘客时父母会主动让座。

韩国父母还很重视子女待人接物的礼仪。韩国人普遍认为，要想让孩子将来能立足社会，就要从小培养孩子与人交往、待人接物的能力。因此，韩国父母让孩子从小就参与接待客人，这样不仅能让孩子学习礼貌待人，形成热情好客的性格，更能增强孩子人际交往的能力。有些韩国孩子很小就懂得在客人到来前主动收拾自己的玩具或书本，使家里看上去干净、整洁，客人来了还会主动问好，稍大点的孩子甚至会给客人端茶递水。作者在美国访学时，隔壁住着一家刚从韩国来的邻居，邻居家有一对子女，女孩 6

岁，男孩4岁。第一次见面是在公寓会所举行的聚会上。在与这两个孩子的母亲熟识后，我主动向这两个孩子问了声好，没想到他们竟对我回以弯腰九十度的鞠躬，如此大礼让我觉得既新鲜又感慨。这位韩国妈妈告诉我，在韩国，孩子从小就被教育要长幼有序，晚辈见到长辈要主动问好，表示尊敬，刚才这两个孩子之所以向我施大礼是因为我先向他们问好了，他们有些不知所措。

### (二)"狼型"教子法

韩国父母推崇一种"狼型"教育，意在借鉴狼的某些习性来栽培自己的孩子，例如，韩国父母从孩子很小就培养他们的独立能力和团队精神，通过施加一定的压力开发孩子的潜能，等等。

1. 让孩子学会独立

韩国父母认为，父母越是爱孩子，就越应该放手让孩子独立。刚出生的幼狼常会被公狼叼到坑里或沟里，公狼希望幼狼自己想办法找到爬上来的路。幼狼即使遇到困难，公狼和母狼也只是远远看着，不给予任何帮助，只有在幼狼有生命危险时，才会过去把它叼出来。公狼、母狼和幼狼之间保持着安全的距离，而不是零距离，韩国父母认为这是一种"爱的距离"，只有在这种距离下，孩子才能学会独立。韩国人周末喜欢一家人到郊外或大自然游玩。在韩国，经常可以看到父母们带着孩子一起爬山。有些父母一边背着几个月大的婴儿，一边牵着三四岁大能自己行走的孩子。如果三四岁大的孩子爬累了，走不动了，父母决不会去抱他，只会在一旁等待，等孩子休息够了再接着一起爬。当然在爬山的过程中，父母会给孩子一些安全提示，比如离路边的水沟远一点，下山的时候放慢点速度，等等。韩国父母有时甚至还会让4岁大的孩子自己灌开水、给客人倒茶。韩国父母认为，只有这样，才能最终把孩子培养成像狼一样坚强、勇敢和自立的人，否则孩子以后就很难在社会上生存，碰到问题也无法自保。

2. 培养孩子的记忆力

狼具有很强的记忆能力。狼的超强记忆力和天性有关，同时也和后天的训练有关。幼狼出生不久，公狼和母狼就会把它叼到离狼窝不远的地方，让幼狼自己往回爬，通过由近到远，反反复复的训练来增强幼狼的记忆力。韩国父母非常重视孩子记忆力的发展，他们认为记忆力是孩子观察力、想象力、思维能力和动手操作能力的基础。他们会通过让孩子背诵儿歌、识别图片、复述故事等方法培养孩子的记忆力。韩国父母总结出一条有效培养孩子记忆力的经验：耐心重复、循序渐进、活泼有趣。

3. 培养孩子的观察能力

狼为了生存，一方面必须捕食其他动物，在捕食之前狼要对所有猎物进行仔细的观察，掌握这些猎物所有的习性和奔跑的速度，然后判断在什么时候、什么位置进行捕食最为合适，成功概率最大。另一方面，狼在野外出没还要仔细观察周围的环境，提防猎人设置的围捕和陷阱或者是比自己更强壮的敌人。因此，幼狼出生不久，公狼和母狼就开始训练它的观察力。韩国父母相信，观察力是智力的组成部分，是智力的基础、思维的起点，是人类认知世界的主要途径之一，因此他们非常注意从小培养孩子敏锐的观察能力。韩国现代文坛有一名著名的青年作家叫朴可淘，其文学作品深受各个年龄层次读者的欢迎。朴可淘年幼时，身为画家的父亲希望他能子承父业，长大后成为画家，因此从小就注重培养他的观察能力。刚学走路时，父亲就常提醒他观察天空的颜色和路边的花草，还给他买来各种颜色的气球，绑在他的手腕上，让他识别每种颜色。他刚学会握笔，父亲就让他从不同角度观察鸡蛋的形状，学习画鸡蛋，后来还让他观察猫狗等小动物，边看边画。再后来，父亲甚至让他观察各种植物和自然现象，把这些植物和自然现象的特征记在心里，然后凭记忆画出来。朴可淘最终虽然没有如父亲之愿成为一名画家，但他的文学作品所表现出的洞察力和他父亲从小对他的训练是分不开的。

4. 培养孩子坚忍不拔的精神

狼具有非常强的忍耐性。由于是肉食动物，为了生存，狼必须捕食。在捕食的过程中，狼首先要找寻猎物，但一旦被猎物发现，猎物就不会轻易出来。碰到较大、较多的猎物，狼群会静心观察，伺机围捕。为了捕获成功，有时要忍饥挨饿安静埋伏两三天。如果狼群的行踪被猎物或猎人发现，它们会暂时撤离，但也决不放弃。韩国父母认为狼的这种忍耐的习性，非常值得人类借鉴，孩子如果能具备这种忍耐性，对其未来的学习和生活大有益处，甚至能决定孩子未来在工作中的成就。因此，韩国父母经常告诫孩子，只要认准一件事，就要尽力而为，只要有耐力、有恒心，所有问题都会迎刃而解。有一位韩国妈妈为锻炼孩子的耐性，在孩子6个月大时，将儿子最喜欢的玩具小猫放在他伸手差一点就能够得着的地方，吸引他去抓，当儿子抓不到准备放弃时，这位妈妈就在儿子后面用手推他的脚，鼓励他，"使劲，再加把劲!"儿子总是在妈妈的鼓励下，用力蹬几下脚，然后将小猫抓住。

5. 培养孩子的团队意识

狼对自己家族成员很有感情，对幼狼更是无微不至地关怀和照顾。面对敌人或猎物时，整个狼群会团结一致，同攻同守。狼在草原上居无定所，到处游弋，能生存下来靠的就是这种团队精神。韩国父母认为人类的生存离不开别人，狼的团结合作值得孩子学习。因此他们通过生活中的小事培养孩子的团队精神，比如家里有好吃的食物，会将食物按照家庭人口的数量分成若干份，孩子只能吃其中一份；孩子与别人玩耍时，教育孩子要和别人分享玩具，不要因为别人能力比自己强就生气、嫉妒。这种教育使韩国人能在关键时刻紧密团结，顾全大局。1998 年亚洲金融风暴发生后，韩国经济受到重创，韩国公民自发捐钱捐物，许多妇女甚至主动拿出自己的金银首饰，为政府解燃眉之急，虽然这点财富只是杯水车薪，但充分体现出韩国人难能可贵的团队精神。

### 6. 挖掘孩子的潜能

狼奔跑速度非常快，从发动进攻到将猎物捕获，有时仅仅需要不到半分钟时间。幼狼在成长过程中，母狼或公狼为了挖掘其潜能，常会叼一些鲜活的小动物回来，让幼狼追捕，以此训练幼狼的奔跑速度和捕食技能。幼狼长大后进入狼群，如果猎食的是小动物，狼群也会让刚加入的幼狼去捕捉。韩国父母认为，狼的潜能来自于压力，人类可以借鉴狼的这一习性，通过给孩子施加适当的压力来挖掘孩子的潜能。因此，韩国父母有时也会"逼"孩子做一些事情，例如，有一个韩国爸爸为了让体育成绩不好的儿子有一个强健的体魄，动员儿子参加学校的运动队，儿子虽然老大不情愿，但为了不违背父亲的意愿不得不坚持参加校队的训练，长此以往，居然成为了体育健将。

### (三)"狮子型"教子法

过去，一个韩国家庭大概生养三四个孩子。但是，受西方思潮的影响，现在的韩国年轻人热衷于追求个人自由，导致结婚率下降。另外，受工业化的影响，越来越多韩国女性在生育后仍然坚持工作，因此很多夫妇只愿生育一个孩子，这就导致了和中国独生子女家庭相似的溺爱孩子现象。韩国的家庭教育专家有感于本国日趋严重的溺爱孩子现象，提出了"狮子型"教子法，这种教子法的精髓就是：让孩子面对现实，在逆境中寻找解决方法。

### 1. 让孩子充满自信

幼狮出生不久刚能爬行，母狮就会把它叼到洞外，放在平坦的地方让它在爬行的过程中逐渐学会站立行走。幼狮爬累了，趴在地上不动，母狮就会过去舔舔它，像是在鼓励它，"要对自己有信心，你一定能站起来的!"过一会儿，幼狮就会把头抬起来，再继续爬行。这样周而复始，一段时间后，幼狮就真的能站立行走了。韩国父母借用狮子的这种习性来培养孩子的自信心。他们认为对于年幼的孩子来说，他们面对未知的成人世界时自然会感到害怕、迷惑，信心不足，在这个时候，父母的鼓励非常重要。另外，孩子自己的事情父母不能包办代替，要让孩子自己作决定，自己承担责任。有一个韩国小男孩，由于是家中的独子，父母、祖父母不仅给予他悉心的照顾，还分工负责教他一个领域的知识和技能，比如妈妈负责教数学，爸爸负责教下棋，爷爷负责教写字，家里的每一个大人都是他的老师，都可以为他做主。这样一来，就养成了他对大人的依赖，妈妈不在他就不会算数，爸爸不在他就无法下棋，爷爷不在他就不能写字……大人问他为什么会这样？他回答，没有大人的指导，他害怕自己做不好。后来，这对父母下定决心要帮助孩子建立信心，他们从孩子的长处入手培养他的信心。这个小男孩在学校参加了绘画班，爸爸妈妈就邀请他担任家里的美术老师，教大人们画画。接到这个任务后，小男孩非常认真，每天安排一段时间教爸爸、妈妈、爷爷、奶奶画画。后来妈妈还请他担任家里的数学老师、围棋老师。从此，这位小男孩就不再缩头缩脑，变得充满自信、热情活泼了。

2. 让孩子有勇气

狮子生性勇敢，捕食时不论猎物多么强大，都会非常勇敢地与之较量一番。韩国父母认为勇气是孩子进取的动力，一个孩子无论多么有才学，多么聪明过人，但如果缺乏勇气，性格懦弱，最终也是一个无能之人。韩国父母对子女的"勇气教育"从鼓励他们尝试新鲜事物开始，例如：鼓励孩子玩一些从来没有玩过的、有一定难度的滑梯、秋千；带孩子去海边游泳，去森林探险；给孩子报名参加须要离开家、离开父母一段时间的夏令营、冬令营等。

3. 让孩子学会自律自控

狮子之所以赢得"百兽之王"的美誉，除了因为身材庞大、骁勇善战外，还有一个原因就是遇事冷静，自控能力很强。韩国父母将狮子的这种习性用于教育子女，让孩子在身处逆境时学会控制情绪，保持冷静的头脑，在平时的生活中学会自律。韩国父母认为，缺乏自律的人，容易受各种主客观因素的干扰，很难实现自己的目标，也很难在某一方面获得杰出的成就，孩子长大要想有所作为，小的时候就必须学会"有所为，有所不为"。韩国有一位著名的青年企业家，名字叫金茂琪。他能将一个小小的机电加工厂经营成一个大的集团公司，和他超强的自我约束力是分不开的。他经营的宗旨是：稳扎稳打，不投机取巧，不为眼前的小利益所迷惑。几次面对对手设下的商业陷阱，他都能有惊无险地迈过。金茂琪小时候也非常调皮，上幼儿园时见到别的孩子有糖吃就会去抢，但是他有一个非常明事理的母亲。为了培养儿子的自制力，这位母亲就从糖果开始，每天让儿子带一颗糖果去幼儿园，如果看见别的孩子在吃好吃的东西，就吃自己的这块糖，如果不想吃也可以把这颗糖带回家，后来她发现儿子慢慢地学会了克制自己想吃别人的东西的欲望，将糖带回家的次数越来越多。另外她还给儿子买了一个闹钟，让儿子自己每天听着闹钟的铃声起床。在她的教育下，金茂琪不仅战胜了游戏机瘾，上小学后还能做到主动完成作业后才看自己喜爱的球赛。

4. 让孩子学会放弃

狮子捕食时，有些小动物（如野狗、野兔等）会躲进一些小洞穴或荆棘丛里，狮子追过去后，会先用自己的胡须测量一下洞口，如果确实进不去，狮子就会在洞口绕上几圈，最后毫不留恋地离开。狮子似乎懂得，继续等待也是徒劳。韩国父母认为狮子的这种"该放手时便放手"的态度值得人类学习。韩国是一个非常重视素质教育的国家，教育的宗旨是培养多方面的人才，因此韩国的中小学除开设必修的基础课程外，还开设了各种各样的选修课程，一是为了方便学生和家长，不用到外面去上各种兴趣班，二是因为学生精力有限，不可能什么都学得精通，因此要让他们有所取舍地学习自己感兴趣和擅长的课程。韩国父母的观点则是，中小学阶段应该让孩子尽可能广泛地接触各种知识和技能，但上完高中，就要根据孩子的能力和兴趣，选择一个现实可行的方向。有一个韩国父亲非常希望自己儿子能在完成高中后进入大学学习商科，但韩国大学商科的录取分数很高，他的儿子平时成绩只是中等。最后这位父亲和儿子一起作出了一个决定，让儿子学习自己擅长的美术。

受中国儒家思想影响，韩国家庭把传统的礼仪道德作为家教规范的起点，同时给予孩子充分的信任，不包办代替，让孩子经历风雨、面对现实，独立找到解决问题的方法。这种传统与现实相结合的独特理念和方法，值得我们学习和借鉴。

## 三、美国儿童家庭教育

美国是世界上科技最发达的国家，这和政府重视教育密不可分。美国绝大多数州都提供12年免费教育。只要就读公立学校，儿童从5岁上学前班开始到高中毕业都不需要交纳学费。另外，对于家境贫寒的学生，政府甚至还为其免去注册费、书杂费和午餐费。美国政府从20世纪80年代末开始大力发展学前教育。目前，美国大部分州已经开始为4岁（甚至3岁）幼儿提供免费的学前教育。

美国是一个移民国家。不同族裔的家庭有不同的宗教信仰、不同的语言文化，其家庭教育的理念和措施也大相径庭。但总体而言，由于生活富裕，竞争压力较小，美国人对子女的家庭教育普遍宽松、自由。美国父母大多尊重子女，重视自信心的培养，以鼓励、引导为主。但是美国父母也不像外界对他们误解的那样，为子女提供绝对的自由，让子女任意妄为，很多美国家庭都是很注重规则意识的培养的。美国家庭规则意识的培养通过从小的常规培养来实现。幼儿时期就按照常规来行事，长大自然就容易遵守规则。另外，美国的基础教育非常强调阅读能力的培养，因此，许多美国家长从孩子一出生就开始为孩子提供丰富多样的图书资料，并且陪伴孩子一起阅读。美国的父母还积极参与子女的养育，当然父亲和母亲的分工各有不同，正常情况下，母亲更多地负责孩子的生活，父亲更多地负责孩子的运动，学习方面则父亲、母亲的优势互补，带孩子上图书馆、科技馆、博物馆的既有父亲，也有母亲。另外，美国许多全职母亲还积极参与孩子学校的各种活动，为学校募集经费、担任义工、组织活动等，孩子在学校如果有比赛或表演，父母都尽量同时出席观看。

### （一）尊重儿童

美国的立国之本就是民主和自由，《独立宣言》中的精神被引申到了美国的家庭教育当中。美国父母认为，孩子从出生起就是一个独立的和父母平等的个体，父母对孩子要给予应有的尊重和理解，尊重和理解孩子有利于培养孩子的自信心。父母对孩子的养育讲究方式方法，要以鼓励和引导为主，而不是将自己的意志强加给孩子。此外，美国父母始终和子女保持着一种相对独立的关系，父母不会觉得孩子就是自己生活的重心。许多美国夫妻生育孩子以后，即使孩子还只有几个月大小，家里也没有亲戚帮忙照看，都会在结婚周年或节假日时请一个钟点保姆照看孩子，夫妻忙中偷闲地吃上一顿晚餐，看上一场电影，享受自己的浪漫。

美国父母对孩子的期望，不是学习成绩优异，而是充满自信，乐观进取，做事主动积极，勇于尝试，敢于面对挑战。与中国父母相比，美国父母对孩子鼓励多于保护，很多美国父母会鼓励自己五六岁大的孩子学习竞技性、受伤概率比较高的运动，如棒球、橄榄球、篮球、冰球等。孩子一有比赛，父母一定会组织全家老小一起到场为其助威，孩子在比赛中即使没有出色的表现，父母也会表扬、鼓励，因为小小年纪敢于参与就是一种荣誉。另外，当孩子和父母意见不一致的时候，美国父母对孩子引导多于灌输。"我觉得这么做可能好一些……""我的建议是……""你愿意听听我的看法吗？"这些是美国父母对孩子惯常使用的说话方式。引导能引发孩子自己的思考，在自己思考的基础上作出的判断最能让孩子心服口服，也最不容易伤害孩子的自尊。

由于美国文化尊重人的个体性和差异性，美国父母很少会拿别人家的孩子和自己家的孩子作比较。美国的亚裔学生通常数学成绩优于白人孩子，但很少有白人父母逼着自己的孩子学习数学，他们会觉得："我的孩子参加了社区的棒球队，这样也不错！"

与中国父母相比，美国父母更为尊重子女的意见，这种尊重不是溺爱，而是耐心地聆听和平等地交流。他们倾听孩子的想法，不随便打断孩子说话，即使孩子说的话很幼稚，他们也不取笑孩子。他们会把自己的想法告诉孩子，通过平等的交流和引导，与孩子达成"共识"，而不是把自己的意见强加给孩子。① 与孩子谈话时，很多美国家长都会弯下身去，或是蹲在地上，与孩子平视，而不是一副居高临下的态度。在美国，打骂孩子属于违法行为，邻居和孩子都可以打电话报警，因此很少有家长会以身试法。另外，美国父母和孩子日常对话时也会使用礼貌用语。例如，让孩子帮忙时，他们会说"请你做……"或"你可以帮我吗?""谢谢"等。②

美国父母对孩子的尊重还体现对孩子自我选择的尊重上。在餐馆点餐时，在购买玩具、衣物前，在决定阅读哪一本书时，无论孩子多小，只要能够表达自己的意思，美国父母都会问一声孩子自己想要哪一样。在他们看来，让孩子从小为自己作出选择不仅体现出父母对子女作为一个独立个体的尊重，同时还能培养孩子对周围世界的安全感和对自己掌控事物的自信心。

### （二）常规培养

美国的孩子从小就守规矩，排队的时候不仅不插队，也不会往前挤，会和排在前面的人保持一定的距离；吃饭的时候不会随便离开餐桌，不会大声喧哗或将餐具叮叮当当地敲得直响，这些都和美国家庭从小的常规培养有关。在美国，"常规"的内涵不是"纪律"，而是"习惯"。习惯养成后，按照习惯做事情，遵守规矩就不是一件被动、勉强的事情，而成了一件自然而然的事情。美国家庭的常规培养主要体现在饮食、睡眠和如厕3方面。

美国的许多儿科医生建议家长，除母乳喂养的新生儿外，其他婴儿都应该定时哺乳，大约3个小时一次，定时哺乳不仅有利于婴儿消化，还能帮助幼儿养成良好的睡眠习惯，因为婴儿通常喝完奶就会睡，如果饮食不定时，睡眠时间也会紊乱。另外，从开始添加辅食开始，无论是购买罐装婴儿食物，还是自己制作辅食，美国父母都会让孩子从小尝试和习惯不同蔬菜和水果的口味，胡萝卜、豌豆、红薯、苹果、黄桃、香蕉等是美国婴儿辅食的常用原料，这样做有利于减少孩子日后挑食的概率。另外，美国孩子从会拿勺子那天起，就自己坐在高椅上，扣上安全带，自己吃饭，不用家长喂，也无法满地乱跑。

美国孩子出生几个月就要接受"睡眠"训练。睡前再哭再闹，家长也不会抱着孩

---

① 李晶晶，李岩：《感悟美国家庭教育》，载《家庭与家教·现代幼教》，2009（1），58～59页。
② 李盈：《美国家庭教育的启示》，载《当代教育论坛》，2004（10），47～48页。

子哄他睡觉。美国家长认为，只要不是因为饥饿、身体不适等原因，孩子躺在婴儿床里哭累了，自然就会自己睡着。美国孩子2岁开始每晚入睡前就要按照既定程序入睡：刷牙、如厕、小口喝水，上床听父母讲2~3个故事，然后由父母将被子的两边掖好，和父母亲吻，互相说晚安，然后父母关灯、关门离开。更多方法与措施如资料卡片7-2所示。

## 资料卡片7-2

### 有助于幼儿睡眠的常规

（1）三餐两点定时，游戏时间固定。

（2）睡前避免甜食和含咖啡因的食物。

（3）提前刷牙、喝水，喝水要小口喝，不要喝太多。

（4）睡前营造一个良好的睡眠环境，调弱光线，关掉电视和音乐。

（5）穿上舒适的睡衣，冬天穿得暖和，夏天穿得凉爽。

（6）如果孩子害怕，可以让孩子自己看看床底下和柜子里有没有鬼怪。

（7）唱歌、祷告。

（8）轻轻抚摸孩子的背部或额头。

（Thompson，L. M. Toddlerhood［EB/OL］，［2011-02-15］，http：//www. focus on the fami-ly. com/parenting. aspx）

　　如厕训练是美国家庭常规培养中非常重要的一项内容，如厕训练就是训练孩子自己上厕所。美国家长认为，如厕训练并不是越早越好，要等到孩子身心各方面发展到一定的程度，也就是作好了自己如厕的"准备"时才开始。根据美国儿科专家詹姆斯·先施（James Sears）的观点，这种"准备"是指孩子能够意识到自己需要大小便，并且能够给大人以信号。例如，在大小便前有特别的表情，发出特定的声音，或者使用语言告诉大人自己有大小便的需要，等等。进行如厕训练时，美国父母会采取许多潜移默化的方式，比如和孩子一起阅读关于儿童自己上厕所的图书，父母上厕所时让同性别的子女观看，孩子上完厕所奖励小贴画，等等。另外，美国的婴儿用品厂商专门为儿童的如厕训练推出了许多产品，例如，一款婴幼儿马桶可以拆开再组合成一个两级的台阶让身高不够的男孩站在上面将尿撒到普通马桶里，或者孩子坐在普通马桶上大、小便时用来放脚；还有一种专门用于如厕训练的一次性尿布，腰部有松紧带，就像普通内裤一样，在上厕所时孩子可以自己脱下和拉上，万一孩子憋不住也能拉到尿布上。美国父母对子女的如厕训练还包括教会孩子脱穿裤子、擦拭屁股、冲洗马桶、洗手等一系列相关的程序，一旦孩子完成如厕训练，家长就不再帮助孩子做这些事情。所以虽然美国孩子脱下尿布，使用便盆或马桶的年龄普遍晚于中国儿童，但与上厕所相关的自理能力的发展却早于中国儿童。

### （三）亲子阅读

美国的幼儿教育学家认为早期阅读是培养儿童阅读兴趣、阅读习惯和阅读能力的重要途径，早期的阅读经验能够为儿童终身的学习奠定基础，因此建议家长从孩子出生起就为孩子提供大量的阅读材料和机会。美国的幼儿图书丰富多彩，不仅文字优美，内容贴近儿童生活，还配有色彩艳丽、符合儿童审美情趣的插图，许多幼儿图书不仅儿童喜欢阅读，大人阅读起来也觉得是一种享受。

美国的幼儿图书有系统的分类，不仅按照体裁分为诗歌类、故事类、神话类、传奇类、小说类等，还可按照适用儿童的年龄分为半岁以内婴儿使用的大型可立图书、半岁左右婴儿使用的布制图书、12～18个月婴儿使用的卡制图书以及学龄前幼儿使用的纸质图书等。家长可以根据孩子的年龄购买图书。半岁以内婴儿使用的大型可立图书色彩艳丽，容易引起婴儿的注意，打开后能够稳稳地立在婴儿床中，婴儿扭头就能看见。半岁左右婴儿使用的布制图书可以让婴儿放在嘴里用牙撕咬，不容易咬坏还便于清洗。12～18个月婴儿使用的卡制图书只有成人巴掌大小，便于1岁左右孩子自己拿握和翻页，并且每一页都由硬卡片做成，不容易撕烂。

美国家庭的周末活动除外出郊游、逛街购物外，还有非常重要的一项，就是父母陪孩子到公共图书馆借阅图书。美国的公共图书馆非常普及，覆盖每个区县，而且藏书类别和数量都很可观。由于美国的人口密度比中国小很多，因此人均占有的图书资源非常丰富。美国的公共图书馆不仅提供数量和品种良多的图书，还为读者提供舒适的阅读环境，美国每一个公共图书馆都有专门的儿童图书区，儿童图书区中除了有种类繁多的儿童读物及音像资料外，还有许多儿童玩具、儿童桌椅和方便家长和孩子共同阅读时坐的双人沙发。美国公共图书馆办证手续简单，只须出示身份证明，登记身份证号和住址，不须交纳任何费用。儿童也能凭家长的身份证办理自己名下的图书证。许多图书馆还提供借书和还书的自助功能，孩子在父母的指导或陪伴下，自己就能完成所有借书和还书手续。许多孩子一周从图书馆借走的书就有一二十本。家长很多时候还会陪孩子一起在图书馆里阅读。

如资料卡片 7 - 3 所示，美国家长不仅会在家中、在图书馆与自己的孩子一起阅读，还会利用生活中的一切闲暇时间和孩子一起阅读，外出旅行或者就餐时，家长都会带上几本孩子的书，在机场等待飞机时或在餐厅等待食物时，就可以和孩子一起享受快乐的阅读时光。

## 资料卡片7-3

### 美国的亲子阅读

美国的阅读专家建议家长为儿童选择图书或指导儿童阅读时要了解孩子的年龄特点。一般来说 0 ~ 12 个月的婴儿喜欢文字押韵，图画上有人脸（特别是婴儿脸）的图书；12 ~ 18 个月的婴儿喜欢内容与自己生活密切相关的图书；18 ~ 24 个月的幼儿开始关注图画的细节，能够说出图画上物品的名称；2 岁的幼儿已经能预测故事的发展了，适合阅读包含一系列事件的故事书，给孩子讲书上的故事时，家长可以问孩子："下面会发生什么事情？"3 岁幼儿的注意力水平提高，家长可以给他们读一些文字较长的书，他们还初步拥有了幽默感，家长可以给他们读一些内容有趣、好笑的书；4 岁的儿童已经能够记住他们喜爱的图书中的文字了，家长可以请孩子复述图书中的故事。

另外，美国专家还建议，进行亲子阅读前，应当关掉分散孩子注意力的电视、收音机、音响等，阅读时要把书摆在孩子的面前，让孩子能清楚地看见书上的插图和文字，阅读的过程中鼓励孩子积极参与，如让孩子指出正提到的事物和人物，和孩子讨论插图的内容，请孩子说出书里重复出现的词汇等。家长讲故事或朗读图书时，要有丰富的表情，有语速的变化。

（Family Reading Partnership, Ithaca, New York. Great Ideas ［EB/OL］, ［2011 - 02 - 15］, http：//www. family reading. org/m - about. htm）

### （四）家长参与

对于儿童的早期发展和学习，父母双亲都发挥着重要的作用。母亲自古以来就是养育子女的主要力量，她们不仅无微不至地照顾着孩子的生活，还竭尽全力地促进孩子的学习。父亲也在以其不可替代的角色通过各种间接（经济支持和对母亲的情感支持）和直接（直接参与）的方式促进幼儿认知、情感、社会性、健康等方面的发展。

在美国，许多中产阶级家庭的妇女，从生育子女时就辞去工作或者改成半日制工作，专心养育子女和照顾家庭。这些妇女自己也曾经接受过较高程度的教育，养育起子女来游刃有余，不仅能照顾到子女的营养、健康的各项需求，还能主动为子女的早期发展和学习提供大量的机会。例如，为子女购买玩具、图书，陪子女游戏、阅读等。近年来，由于金融风暴，大量人口失业，也有个别美国家庭过着"女主外，男主内"的生活。如资料卡片 7 - 4 所示，父亲参与活动常常对孩子有莫大的益处。

## 资料卡片7-4

### 与父亲参与有关的研究发现

（1）父亲参与照料程度高的儿童更容易获得学业上的成功。他们在学习上更容易得高分，数学和语言能力更强，平均成绩较高，通常在学业考试上表现出高于自己年龄的水平（McBride，2005）。

（2）父亲参与照料程度高的幼儿能建立更为安全的依恋关系（Cox & Margand，1992），能更好地适应、更有弹性地面对陌生的压力环境（Kotelchuck，1976），更具好奇心，更乐于探索，能更好地与陌生人相处，并且更加信任他们在探索过程中的新发现（Pruett，1997）。

（3）父亲参与和儿童的整体生活满意度呈正相关，父亲参与照料程度高的儿童抑郁情绪、情绪困扰、害怕、内疚等消极情绪体验少，品行问题也较少，并且较少有焦虑、神经质等症状（Jorm & Christensen，2003），同时社会交往能力更强，自身幸福感更高（Flouri，2005）。

（4）父亲参与照料程度高的儿童面对压力和挫折时忍耐力更高（Mischel & Peake，1988，转引自 Ross Parke，2000），有更强的解决问题的能力和适应力，并且更机智有趣，遇到问题时更细心，能用更适宜的方式处理自己的情绪冲动（Biller，1993，转引自 Ross Parke，2000）。

（5）父亲参与照料程度高的儿童往往表现出更强的内部控制力，自主能力更强，且不易冲动；女孩更愿意尝试新事物，更乐观；自尊心更强（Deutsch，Servis & Payne，2001）。父亲参与照料程度高的儿童更宽容，更易于理解他人（McClelland，1978，转引自 Deutsch，2001），社会性发展更好，成年后更容易获得成功（Block，1973）。

资料来源：

（1）MCBRIDE，B. A.，SCHOPPE - SULLIVAN，S. J.，& HO，M. The mediating role of fathers' school involvement on student achievement［J］. Journal of Applied Development Psychology，2005，26（2）：201 - 216.

（2）COX，M. J.，OWEN，M. T.，HENDERSON，V. K.，& MARGAND，N. The prediction of infant - father and infant - mother attachment［J］. Developmental Psychology，1992，28：474 - 483.

（3）KOTELCHUCK，M. The infant's relationship to the father：Experimental evidence［M］// LAMB，M. E. The Role of the Father in Child Development（1st ed），1976：329 - 344. New York：Wiley.

（4）PRUETT，K. D.. How men and children affect each other's development［J］. Zero to Three，1997，18（1）：3 - 11.

（5）JORM，A. F.，DEAR，K. B. G.，RODGERS，B.，& CHRISTENSEN，H. Interaction between mother's and father's affection as a risk factor for anxiety and depression symptoms：Evidence for increased risk in adults who rate their father as having been more affectionate than their mother［J］. Social Psychiatry and Psychiatric Epidemiology，2003，38（4）：173 - 179.

（6）FLOURI，E. Fathering and Child Outcomes［M］. West Sussex，England：John Wiley & Sons Ltd，2005.

（7）PARKE，R..《父亲的角色》. 李维，译. 沈阳：辽海出版社，2000.

（8）DEU TSCH，F. M.，S ERVIS，L. J. & PAYNE，J. D. Paternal participation in child care and its effects on children's self - esteem and attitudes toward gendered roles［J］. Journal of Family Issues，2001，22：1 000 - 1 024.

美国家长对子女早期发展和学习的参与主要有两方面：一是家内事务的参与，二是家外（如幼儿园或社区）事务的参与。家内事务主要包括：为孩子准备和提供营养的3餐；培养孩子良好的生活常规和社交礼仪；为孩子提供玩具、图书，并且陪孩子一起游戏、阅读；负责孩子幼儿园接送；等等。家外事务主要包括：参加家长委员会的活动（如为幼儿园募集活动经费）；担任幼儿园义工，参与活动筹划和组织；参加幼儿园开放日或家长会；协助子女完成幼儿园布置的任务；出席子女在社区的表演、比赛；等等。美国家长在上述事务上的参与上没有明确分工，通常是谁有时间或谁更擅长，谁就参与，如果碰上幼儿园的开放日或子女在社区的表演、比赛等，父母，甚至祖父母、兄弟姐妹都会一同参加。

美国特殊儿童的学前教育尤其重视家长的参与。2002 年，布什总统签署了《不让一个儿童落后》法案，明确规定了家长参与儿童教育的重要性。2004 年，布什政府又通过了《身心障碍者教育法》，强调特殊儿童家长参与子女教育的主动性、主体性以及专业人员与家长之间的平等合作关系，将特殊儿童家长参与教育落到实处。根据这一系列的特殊教育法律法规，特殊儿童家长有权利参与：

(1) 子女的早期筛查。

(2) 子女的早期干预服务。

(3) 子女的转衔决策。①

(4) 子女的教育安置决策。

(5) 子女早期干预和教育的协调工作等。②

### (五) 美国的家长教育

美国的学前教育界认为，幼儿在自己所处的家庭和文化背景中成长，家长是促进幼儿发展必不可少的合作者。因此，美国政府非常重视帮助家长提高养育子女的能力。其针对贫困幼儿的学前教育方案"开端计划"强调对家长的育儿观念和行为进行具体指导，鼓励并为家长提供交流机会，帮助家长提高养育技能，使家长深入理解幼儿在教育和发展方面的需求。"开端计划"的教师定期家访，每年必须召开两次家长会。"开端计划"还为家长提供健康和营养培训，培训内容涉及社区服务、幼小衔接、家园沟通、家长义务和责任等。

此外，始于 20 世纪 60 年代末的低收入家庭补偿计划"家庭中心模式"着眼于改善"处境不利"幼儿的学习和发展环境，提升家长的育儿理念和水平。"家庭中心模式"实际上是一种亲子学习模式，强调家长与幼儿共同游戏，共同学习，从而促进幼儿的发展。该模式尤其注重帮助母亲学习有效与幼儿游戏的方式。美国为此在全国范围内建立了 36 个亲子中心，为 3 岁以下低收入家庭的幼儿提供教育和支持性服务。属于"家庭中心模式"的"同一起跑线"计划通过家访和设立亲子中心帮助家长共享育儿理念与实践，并为家长和幼儿提供在丰富教育环境中一起游戏的机会。明尼苏达州和密苏里州把家长教育纳入政府行为，制订了家庭教育计划。其中密苏里州的"家长的教师

---

① 转衔是一种针对 3 岁幼儿的弹性的服务计划。特殊儿童满 3 岁时，家长有权决定孩子继续接受早期干预服务还是进入学前教育机构学习。

② 聂影，江琴娣：《关于美国特殊儿童家长参与教育的法律法规述评》，载《中国校外教育》，2009（12），215～216 页。

身份"计划致力于为婴儿家长提供家访服务,而且还在社区中设计小组亲子活动,这些活动可以在社区中心、家庭中心、医院、儿科诊所、学校、娱乐中心或儿童保育中心进行。同时,设立家长课堂,致力于建立家长群体,帮助处境不利家长相互交流和沟通,分享育儿心得。[①]

美国的社会制度及历史文化与中国有较大差异,中国家长无法一一照搬其家庭教育方式,但是贯穿于美国儿童家庭教育中的尊重儿童、重视常规培养、亲子阅读和父母参与及对父母的指导和帮助的理念,却对中国儿童的家庭教育具有深刻的启发意义。

## 四、外国儿童家庭教育对我国的启示

虽然各国父母对子女的爱从本质上看都是无私、伟大的,但由于爱的方式不同,获得的结果也不一样。爱的方式恰当,孩子的成长就会有好的结果,反之就会有不好的结果。

1. 中国孩子更须要接受挫折教育、逆境教育、独立教育

与日本、韩国和美国父母相比,我国父母对子女的爱有时显得狭隘、短浅。许多中国父母认为爱孩子就是给孩子最细致的照顾、最安全的保护。孩子在家时,自然是不用说,几个大人围着一个孩子转,处处包办代替,照顾得无微不至;孩子上幼儿园了,家长对幼儿园的评价也以幼儿园对自己子女的照顾是否周到为标准。如果孩子感冒了,家长会认为是老师对孩子关心不够,没有及时为孩子增减衣物;如果孩子磕到、碰到,家长会认为是老师细心不够,没有全天精心看护孩子。殊不知,自我照顾、自我保护其实是儿童早期学习的内容之一。按照日本家长的观点,孩子感冒过一次、受伤过一次后,就会知道气温下降要自己加衣,运动、游戏时要注意安全。挫折和困难对于成长中的孩子来说是一所最好的学校,良好的抗挫折能力和碰到困难后百折不挠、坚忍不拔的精神是获得成功不可或缺的品质。中国父母努力为子女创造和提供成长的"蜜罐"的同时,在已经享有富裕生活多年的日本、韩国和美国,父母们则在帮助子女认识生活的艰辛,培养面对困境、战胜困难的态度和能力。中国父母照顾过周、保护过度的爱只会使中国的下一代成为温室中的花朵,经不起风吹雨打,在未来全球化的竞争中处于劣势,输给在挫折教育中长大的日本孩子,曾经接受过"狼型"和"狮子型"教子法的韩国孩子,

---

① 北京学前教育网:《美国家庭教育理论》,(2007 - 11 - 07)[2011 - 03 - 14],http://www.bjchild.com/Html/Article/200711/65702.html。

以及从小就独立自主、充满自信的美国孩子。因此，挫折教育、逆境教育、独立教育对于生活在物质条件日益丰富条件下的中国孩子来说尤为重要。

与日本、韩国、美国父母相比，我国父母对子女的尊重也不足。有些中国父母认为尊重孩子就是不打骂孩子、多表扬孩子。其实，这些都不是真正意义上的尊重，父母对子女的尊重应该是一种建立在平等基础之上的发自内心的态度——将孩子作为独立的、独特的个体来对待，给予孩子充分的信任，给孩子以自由选择的权利。《北京晨报》曾经报道，翻看孩子私人物品、训斥打骂子女、过分干涉子女行为已然成为中国孩子不喜欢父母的3大原因，子女在这3方面的不满意率均达到了60%。尊重子女的人格、尊重子女的选择、能够平等地和孩子交流沟通的母亲，言行一致、不轻易承诺、说到做到的父亲则最受孩子欢迎。半数左右的孩子最希望在家庭中获得尊重、平等和自由。事实证明，尊重儿童能够帮助儿童建立自尊和自信，自尊、自信的儿童才最有可能接受挑战、战胜困难。日本父母从小就不娇惯孩子。父母对子女能力的信任，也是一种尊重。韩国父母与子女则保持着"爱的距离"，让孩子在安全的距离下学会独立，这也是对孩子作为一个独立个体的尊重。美国父母对子女的尊重更是体现在生活的各个细节上。

2. 中国家庭应当重视培养孩子良好的生活习惯和行为习惯

与日本、韩国和美国父母相比，中国父母过于关注孩子的智力发展和学业成绩，对良好生活习惯、行为习惯的养成较为忽视。在国际场合，论学业成就，尤其是数学、科学比赛的排名，中国学生优于日、韩学生，与美国学生相比更是遥遥领先，但是论生活习惯和行为习惯，却远远不如这些国家的孩子。智力发展、学业成绩固然重要，但良好的生活习惯和行为习惯也是决定一个孩子未来能否获得成功的关键因素。一个不随便给别人制造麻烦的人、一个能严格遵守社会规范的人更容易赢得他人的喜爱和信任，更有可能成为一个好的合作伙伴。良好的生活习惯和行为习惯不仅代表着公民的个人素养，还关系到国家的国际形象。近年来，中国公民在国外旅游时的一些恶习饱受国外媒体的批评，这深刻暴露出中国家庭教育和学校教育中的严重缺陷。中国古代著名的政治家管仲曾经说过"仓廪实而知礼节，衣食足而知荣辱"。随着中国经济的腾飞，国际地位的提高，培养孩子良好的生活习惯和行为习惯应当成为家庭教育的重要一环。这对提高国民素质，提升国家软实力非常重要。

3. 中国社会和教育界应当更加注重对家长的教育和支持

要在全社会形成一种重视家长教育的意识，要把家长教育作为一项长期的、重要的教育工程，由妇联或教育部牵头对家长教育进行高瞻远瞩的规划、科学细致的布局、实实在在的落实，不断创新家长教育的模式，提高家长接受教育的热情。家长教育是一项功在当代，利在千秋的事业。当中国数以亿计的家长通过接受系统的家长教育，提升了教育孩子的能力，成为高素质的合格家长时，中国的儿童将多么幸福，中国的人才将层出不穷，中国的未来将不可限量。

# 本 章 回 顾

## ⊙ 内容小结

- 当代社会变迁要求中国家庭教育作出变革以适应新时代对人才素质的新要求，即家庭教育也应将培养儿童的创新精神和实践能力作为重点。

- 中国家庭教育存在诸多传统问题，同时也面临许多新的挑战。唯有从根本上改变家庭教育观念，改善家庭教育环境，提升家长的教育能力，提高家长的综合素质，才能提高家庭教育的质量。

- 日本家庭教育重视礼仪培养、挫折教育、自立教育；韩国家庭教育重视道德教育和礼仪教育，并有独具特色的"狼型"教子法、"狮子型"教子法；美国家庭教育特色在于尊重儿童、常规培养、亲子阅读和家长参与。

- 中国孩子更须要接受挫折教育、逆境教育、独立教育，中国家庭应当重视培养孩子良好的生活习惯和行为习惯，中国社会和教育界应当更加注重对家长的教育和支持。

## ⊙ 关键词

| | | |
|---|---|---|
| 家庭教育变革 | 家庭教育观念 | 家长教育能力 |
| 家长素质 | 日本儿童家庭教育 | 韩国儿童家庭教育 |
| 美国儿童家庭教育 | 礼仪培养 | 挫折教育 |
| 自立教育 | 传统教育 | "狼型"教子法 |
| "狮子型"教子法 | 尊重儿童 | 常规培养 |
| 亲子阅读 | 父母参与 | 美国家长教育 |
| 日本的家庭教育支援政策 | | |

## ⊙思考与练习题

### 一、简答题

1. 中国儿童家庭教育存在哪些问题？

2. 日本的家庭教育有何特点？

3. 韩国的"狼型"教子法有什么具体内容？

### 二、论述题

1. 分析家庭变迁给儿童家庭教育带来的新挑战？

2. 日本、韩国、美国的家庭教育对中国家庭教育有何启示？

### 三、案例分析题

王芳应韩国朋友之邀，到韩国旅游，并住在这位朋友家中。那天厨房烧着水，听到水烧开的声音，正和王芳在沙发上回忆大学生活的朋友头也不回地冲孩子喊了声："正浩，水开了。"随即，4 岁的正浩跑向了厨房。王芳提心吊胆地提醒朋友："你应当去看看儿子，那是开水，他还小。"朋友说："没关系，这种事情他能做，而且还会做得很好的。"王芳半信半疑地看着朋友。过了一会儿，正浩就把茶具端上来，泡上第一杯茶恭恭敬敬地双手捧着，送到王芳面前，并礼貌地说："请用茶。"然后，又倒了一杯，送到朋友面前，说："妈妈，请。"这一连贯的举动让王芳惊呆了。①

这个案例反映了韩国家庭教育重视对儿童什么能力和品质的培养？中国家长应该从中反思哪些问题？

## ⊙参考文献

[1] 李友梅，等.中国社会生活的变迁 [M]. 北京：中国大百科全书出版社，2008.

[2] 丁连信.学前儿童家庭教育 [M]. 北京：科学出版社，2007.

[3] 杨丽珠，吴文菊.幼儿社会性发展与教育 [M]. 大连：辽宁师范大学出版社，2000.

[4] 刘秀丽，刘航.幼儿家长家庭教育观念：现状及问题 [J]. 东北师大学报：哲学社会科学版，2009 (5).

---

① 陈道华：《韩国家庭教育》，北京，农村读物出版社，2006，3~4 页。

［5］刘晓东，卢乐珍，等．学前教育学［M］．南京：江苏教育出版社，2004．

［6］李燕，吴维屏．家庭教育学［M］．杭州：浙江教育出版社，2009．

［7］吴奇程，袁元．家庭教育学［M］．2版．广州：广东高等教育出版社，2006．

［8］新华网．日本概况［EB/OL］．（2002－04－01）［2011－02－14］．http：// news. xinhuanet. com/ziliao/2002－04/01/content_ 329931_ 8. htm.

［9］贾会晓．谈日本的家庭教育［J］．开封教育学院学报，2010（30）：4．

［10］严圣禾．日本家庭教育守规矩重于学知识，父母正面影响大［N/OL］．光明日报，2010－05－13［2011－03－06］http://news. xinhuanet. com/edu/2010－05/13/ c_ 1296887. htm.

［11］刘娇．日本的传统家庭教育［J］．中华家教．2003（4）．

［12］梁建中．日本家庭教育的"四重"［J］．中华家教，2005（12）．

［13］魏彤儒，王成．战后日本家庭教育的成功经验对我国的启示［J］．华北电力大学学报：社会科学版．2010（4）．

［14］李季湄，刘莲兰．日本的家庭教育手册（四）［J］．幼儿教育．2000（4）．

［15］李晶晶，李岩．感悟美国家庭教育［J］．家庭与家教·现代幼教．2009（1）．

［16］李盈．美国家庭教育的启示［J］．当代教育论坛．2004（10）：47－48．

［17］陈道华．韩国家庭教育［M］．北京：农村读物出版社，2006．

# 附　件

## 不同家庭教育指导形式的案例

## 附件1　提供资料的指导形式

常见的提供资料的指导形式有家园小报，如下所示的"阳光宝宝报"就是一个典型的例子。

### 阳光宝宝报

武警总部机关幼儿园　小四班荣誉出版　2010年10月第一期

**爱在金秋，快乐同行**

**本报讯：**

2010年10月10日早9点半，武警总部机关幼儿园小四班在海淀公园举办了"寻找秋天"主题亲子游活动。活动由媛媛老师主持。

"我说爷爷你说 hi!"活动一开始，幼儿跟随着媛媛老师向最亲的爷爷奶奶、爸爸妈妈、老师们问好！在场的家长被深深感动了。紧接着，幼儿向家长们展示了一个月来在幼儿园学到的本领。幼儿舞蹈《拍拍拍》《小牙刷》，手指操《园里的番茄圆又大》等让家长也情不自禁地投入其中，与幼儿一起表演，一起欢乐。

为了能够全家总动员，充分体验亲子游戏的快乐，老师们精心准备的游戏《乒乓世界》《赶小猪》《宝宝快跑》等游戏轮番登场，家长与幼儿玩得热火朝天，整个海淀公园也成为温馨、幸福的海洋。

当一片落叶轻轻滑落到幼儿面前时，幼儿带着好奇、期待与家人踏上了寻找秋天之旅。经过二十分钟的自由活动，幼儿骄傲、自豪地将自己找到的秋天告诉了在场的所有人，体验到了自己解开秘密的快乐。

欢歌笑语、美食佳肴，在活动结束的那一刻，大家都充满了不舍，共同期待着下一次亲子活动的到来！

亲子游随笔

**秋，在海淀公园**

2010 年 10 月 10 日上午，幼儿园小四班的幼儿、家长及老师们在海淀公园共同举行了"寻找秋天"主题亲子游活动。丰富多彩的内容使幼儿和家长都乐在其中，笑容荡漾在每个人的脸上。

海淀公园的秋天是金色的秋天，海淀公园的秋天是属于金色的，到处都充满象征生命的秋天。

秋，是海淀公园的。海淀公园的秋天，是属于花儿的，属于绿色草地的。秋风一吹，秋雨一洒，前前后后都是绿的世界、花的世界。是啊！只要有泥土，就有小草，就有花儿，就有树林，这里的一草一木，这里的花儿、绿地，都是清香的！

海淀公园的秋天，是属于人民的。在秋意盎然的阳光下，在老师们亲切的关怀下，孩子们走走停停，飞飞行行，形影不离，亲亲吻吻，声声爱爱，心心相印，难舍难分！

爱，海淀公园浓！

金色的秋天，金色的风。金色的秋天，金色的果。金色的祝福，金色的情。真心献给，金色的幼儿园老师们！

**孩儿**

小小的孩儿，
那么自由畅快，
向着朝阳迈进，
人生也如朝阳刚刚开始。
最快活的是小而不懂事，
还未有机会失落什么。
前程却是无限多姿多彩。
很简单的人生，
还没有什么不幸。
仍然是一片纯白，
等着印上生命的烙印。

**子卓爷爷来稿**

# 附件2 家庭教育集体指导活动案例

作者：武警总部机关幼儿园，范晓东、韩玉玲。

活动题目：帮助新入园幼儿渡过焦虑期。

指导对象：小四班幼儿家长。

活动时间和地点：2009 年 8 月 24 日上午 10 点，小四班活动室。

家教状况分析：开学了，对于刚刚入园的幼儿来说，会有各种焦虑现象：不安、哭闹、拒绝进食、生病、脱离群体、默默不语、做恶梦、尿裤子、依恋其中一位教师……这些对于刚接触社会的孩子们来说是一次锻炼，对于没有作好准备的家长来说是一次考验。

预期活动目标：让家长了解新生入园的各种焦虑现象。通过分析，学会缓解幼儿焦虑的办法。

活动的前期准备：案例准备；参考资料准备。

活动开展过程的概要介绍：过几天，孩子们就要入园了，他们从熟悉的家庭生活进入陌生的集体生活，加之自身生理发展和社会经验的影响，孩子们会出现不同程度的焦虑现象。现在请大家看看下面的例子，您认为是什么原因？该怎么做？

**案例一:**

教室门口,悠悠哭着抱住妈妈的脖子。妈妈说:"妈妈去买包糖果,马上就回来。"宝宝开始大哭:"妈妈不要走,妈妈不要走。"过了一会儿,妈妈趁悠悠不注意的时候悄悄离开了教室……忽然,悠悠发现妈妈不见了,他尖叫起来:"妈妈,妈妈……老师,你给妈妈打一个电话……"而妈妈在离开后又悄悄地站在窗口偷偷看,结果被悠悠发现了。

媛媛妈妈:善意的谎言是可以的,那么多好玩的玩具一吸引他,他也许就不会找妈妈了。

金豆爸爸:既然走了,就别再偷偷看了,狠心点儿,也就过去了。

**案例二:**

爸爸送航航来幼儿园,航航和爸爸说再见,没有哭闹,眼里闪着点泪花,跟着老师走进班,但是不让老师拉着他的手。进班后,航航也不哭闹,喜欢玩自己带来的小汽车。可是到了集体吃点心、喝水、吃饭、午睡的时候,航航便哭了:"老师,为什么要吃点心,为什么要喝水啊……"

童童妈妈:孩子一玩,就会把什么都忘了,平时吃饭、睡觉都是家长陪着,所以到了吃饭、睡觉的时候就会出现哭闹现象。

贝贝姥姥:老师多陪陪就好了。

**案例三:**

午饭时间,老师正在喂东东吃饭。老师喂上他一口,他便起身走向玩具柜,老师将他拉回说:"好孩子,边吃饭边玩玩具不卫生,我们吃完饭再玩玩具吧。"可是,没吃上两口,东东又起身要去玩玩具:"老师,你到这边喂我。"老师没有同意,将他带回座位,东东大哭起来。第二天,东东的奶奶便问老师:"昨天东东还挺愿意来上幼儿园的,今天怎么哭着不愿意来呢?"

乐乐奶奶:孩子刚入园,老师让他随便点,别约束太多,要不孩子就不愿来了。

豆豆爸爸:老师管得对,家有家规,班有班规,那么随便哪儿行呀。

**案例四:**

瞳瞳每天由阿姨负责接送,但是每天入园时,他总是用各种理由抱住阿姨不放手:"我不会吃饭""我不会下楼""我不会脱裤子"……

吃饭的时候,瞳瞳满脸焦急地问:"老师,怎样吃饭啊……"

浩浩妈妈:父母工作再忙,也不能把孩子完全交给保姆。

瑶瑶爷爷:让老师多教教,孩子能学会。

**案例五：**

在区域活动时间，有的孩子坐在椅子上看《天线宝宝》动画片，有的玩玩具，有的看书，有的由老师哄着。忽然，老师听见两个孩子的哭声，是贝贝和丹丹。丹丹哭着说："老师，这个小朋友抢我的玩具。"贝贝："老师，我要玩这个玩具。"老师为他们又找来了一个一模一样的玩具，他们才停止了哭声。不一会儿，老师又听见了哭声，是贝贝和开心，只见开心拽着贝贝的衣服大声喊："挡住了，看不见了！"

依依妈妈：独生子女，不懂得谦让。

阿迪妈妈：幼儿园应多准备些玩具，最少人手一份，要不，我们可以从家带一些来。

**案例六：**

牛牛抱着妈妈大哭："妈妈，你不要走，我不让你走。""牛牛乖，妈妈今天第一个来接你。"可是牛牛还是紧紧抱住妈妈不放。爸爸也站在边上。爸爸望望班里哭闹的小朋友，担忧地说："哎，要不今天先回去吧，明天再来。"牛牛马上指着门口的方向说："回去，马上回去。"

芳芳姥姥：如果孩子哭得太严重，就先别送了，缓缓再说。

希希妈妈：要是我，放下就走，反正怎么也得经过这一关，哭就哭吧。

活动的效果：通过活动，我们让家长了解了新生入园的各种焦虑现象，经过分析学会了缓解幼儿焦虑的办法。

# 一、原因分析

## （一）幼儿对陌生环境感到害怕

入园之前，孩子一直跟爸爸妈妈生活在一起，从来没有长时间离开过家人，进入幼儿园后，幼儿园的老师不认识，小朋友们也不熟悉。一下子从熟悉的家庭来到幼儿园这个陌生的环境会使他们产生一种不安全感，有的孩子表现得很拘谨，有的孩子则大哭大闹，甚至感觉自己被爸爸妈妈丢弃了，所以他们极力回避这个环境。

如案例一，悠悠属于那种很典型的以哭闹方式来反抗的孩子。以哭闹的方式表达自己的不安对孩子来说很正常。在入园后的几天，这样的孩子比较多。对于这种情况，很多家长跟孩子说谎或者像案例中悠悠妈妈那样不辞而别，这种不妥当的做法会使孩子对陌生环境产生一种更深的恐惧，甚至将这种恐惧迁移到其他方面。

## （二）生活规律的变化

入园前，孩子在家自由自在地生活，饿了就吃，渴了就喝，想玩就玩，想睡就睡，起居没有规律，不受任何约束。上了幼儿园后，早上起床不能太晚，吃饭要定时定量，午饭后要按时睡觉，游戏活动有规定的时间。如案例二，集体生活所要求的各种规则使航航感到很不习惯，规则所带来的约束感让他不喜欢上幼儿园，出现哭闹现象，从而逃避上幼儿园。

## （三）不良生活习惯

在家庭教育过程中，有些孩子形成了一些不良的生活习惯，如喜欢吃零食，吃饭挑食，随时随地大小便，要抱着娃娃、毛巾甚至含着奶嘴入睡，等等。正如案例三的东东，在家吃饭时总是奶奶追着喂，边吃饭边玩玩具，而在幼儿园集体生活中，这些坏习惯都不被认可，因此引起了东东不良的情绪反应。

## （四）孩子各方面能力弱

有的孩子语言表达能力特别弱，什么事情都须要照顾……案例四中瞳瞳的爸爸妈妈常年不在家，由阿姨照顾，生活的方方面面都由阿姨包办，而幼儿园教师要照顾一个班的孩子，不可能对一个孩子做到全方位包办，因此瞳瞳到幼儿园的时候会很焦虑。

## （五）幼儿之间互相不熟悉，不会很好相处甚至发生冲突

孩子在家里时，好吃的一个人吃，好玩的也一个人玩，没有学会跟别人分享。而幼儿园是一个大家庭，大家一起玩，一起做游戏，幼儿的集体生活打破了孩子在家时绝对中心地位的状态，习惯于以自我为中心的幼儿在交往时不可避免会产生一些矛盾，如案例五中贝贝和丹丹彼此争抢东西。面对这些问题，孩子无所适从，有些孩子因此很不情愿上幼儿园。

## （六）母亲或者其他接送者表现出的焦虑情绪

幼儿和父母亲分开会产生一定的"分离焦虑"。这种焦虑的情感会根据父母亲行为的变化来逐渐地强化或者淡化。幼儿园对孩子来说是一个比较陌生的地方，孩子会根据父母亲的某些行为来判断幼儿园的安全性。案例六中，牛牛的爸爸对孩子是否能在幼儿园过得开心存有忧虑，导致牛牛对入园也忧心忡忡，哭闹就是不可避免的事情了。

## （七）哭是人的正常生理反应

几乎每个新入园幼儿都要过哭这一关。当然，通过这一哭，也有不少收获。首先，

哭宣泄了幼儿的焦虑。心理学认为，哭是在自我修复。所经历的紧张，如果不表达出来，会以内在压力的形式堆积在体内。现在，流眼泪就是一种释放方式。其次，学会独立，这是幼儿情感成长的一个重要组成部分。上幼儿园，是儿童成长之路中的一个比较大的台阶。第一次和亲人长时间分离，对大部分幼儿来说都意味着考验。但是，迈上了这个台阶，便为自己面对未来的坎坷积累了经验。所以，对于孩子的哭，家长须冷静看待。

## 二、缓解幼儿焦虑的办法

### （一）家长在家提前要锻炼孩子的能力

如果孩子能在入园前具有一些简单的生活自理能力，那么他就能更快地适应幼儿园生活。

（1）教孩子独立吃饭，学会用勺子自己舀饭菜，即使是吃得满地都是饭粒也没关系，到了幼儿园里老师会想办法，帮助他吃得干净些。

（2）想小便的时候，跟老师说。有些孩子刚入园时不会自己大小便，没有爸妈提醒，又不敢告诉老师，因而憋着或干脆拉在裤子里。因此在入园前，必须训练孩子须要大小便时会主动向老师讲出，并且知道大小便的方法。

（3）孩子在口渴时会向成人要水喝，或自己主动去喝水。

（4）当孩子感到不舒服时会说出或用手指出具体的部位（如头痛、肚子痛等）。这一点非常重要，便于老师及时采取应对措施。

（5）会穿、脱简单的衣裤。

（6）能大声清楚地表达自己的意愿。在日常生活中，有意识地教孩子作一些这方面的沟通："告诉妈妈，你想干什么？""你刚才玩什么呀，给爸爸讲讲好吗？"……

孩子掌握了一些独立生活的本领后，会更顺利地适应幼儿园生活，增强自信心。只要家长帮助幼儿做好精神方面和能力方面的准备，那么孩子的分离焦虑时间会大大缩短，会很快适应幼儿园的生活。

### （二）家长应注意的问题

（1）提供交往的空间。它包括成人、同伴及异龄伙伴，让孩子感受交往的愉悦，增进交往的能力，有利于入托后较快地融入集体。

（2）熟悉幼儿园，减少陌生感。有条件的家长不妨给孩子报一个亲子班，或提前几天来园让孩子感受幼儿园的生活，熟悉园所环境和老师。实践证明，上过亲子班的幼儿很少发生"分离焦虑"的现象。

（3）积极与老师沟通。要想让孩子尽快适应幼儿园的生活，缩短适应期，家长的情绪、情感很重要。家长首先要消除自己的消极心态；其次要每天坚持送孩子上幼儿园，多与老师沟通，了解孩子在园情况，特别是要跟老师讲明孩子在生活上、生理上有无特别的需要，以减少孩子不必要的哭闹。

（4）与孩子沟通注意语言导向。在与孩子交流时，家长要注意自己的语言导向，不要总问一些消极性的问题，如"有小朋友打你吗""抢你的玩具了吗""学了什么""吃得好不好"等，这会让孩子不爱上幼儿园。家长应在和老师沟通的基础上，从正面引导幼儿，如"今天你得了一个小五星，真棒！明天我们还去幼儿园，得一个大五星好吗？""老师说你真乖，可喜欢你了""今天和谁做好朋友了？""你真棒，老师今天夸你是自己吃的饭""老师打电话表扬你了，说你在幼儿园还自己睡了午觉"……用积极鼓励的语言与幼儿交流，多鼓励孩子正确的行为，以此帮助孩子和老师及其他小朋友建立起感情，会让孩子感受到上幼儿园的快乐。鼓励的同时可以适当给予物质上的奖励。

（5）送孩子来园后不停留。有的家长送孩子来园后，不马上走而是趴窗偷看，这样很不好。这样做，一来会显得对老师不信任，二是更会引起孩子哭闹。家长送孩子来园后应马上离园，这样孩子在心理上更能接受爸爸妈妈工作忙的理由。

活动后的反思与总结：实践表明，老师和家长采取积极的策略有助于孩子控制不良情绪的发生和发展，也缩短了分离焦虑的持续时间，多数孩子一个月后会基本适应幼儿园的生活。所以家长和老师应共同联手减少幼儿"分离焦虑"现象。这些是常见减少幼儿"分离焦虑"现象的基本方法。工作中还会出现各种各样的问题，我们会随时寻找适宜的方法，使幼儿尽快适应幼儿园生活，喜欢上幼儿园。

# 附件3 一名交往障碍幼儿的家庭教育指导案例

作者：武警总部机关幼儿园，孟帆。

题目：敞开你的心扉。

我们班有一个特别的小男孩，刚来幼儿园的时候并没有引起老师的注意，因为他从不哭，从不闹，直到一周后，我们才发现他的特殊。

## 一、初步表现

宸宸在幼儿园从来不与任何人交流，沉浸在自己的世界里，他从不说话，不向任何人表达他的内心世界。

## 二、家园合作

### （一）发现问题

当我们把在幼儿园观察到的一些情况向孩子的父亲进行描述时，他并没有表示惊讶，而是告诉我们：宸宸在家与在外面的时候简直就是判若两人，在家能说会道，与家人相处得很好；但在外面却很沉默，从不和其他的小朋友玩耍，去亲戚或朋友家做客也会一动不动。

### （二）现状分析

根据老师和家长对孩子的分析，发现宸宸面对非常熟悉的家人及熟悉的环境时表现一切正常，而面对陌生的环境，特别是有生人的场合，会感到心理紧张，表现出沉默、异常、无语、拒绝等消极的情绪体验，拒绝与别人交往，从而导致交往障碍。

### （三）查找原因

（1）过度的亲子依恋，使孩子对外界失去安全感。宸宸的母亲长期在国外工作，父亲的工作特别繁忙，爷爷、奶奶兼顾起照顾和教育孩子的双重责任。过度的呵护遏制了孩子的独立能力和自信心的发展，加剧了孩子对亲情的依赖，导致孩子只相信自己最亲密的家人，对其他人产生排斥与拒绝。

（2）教育观念的落后使孩子缺少交往的机会与正确的引导。宸宸的家长以为吃好喝好就万事大吉，父母的忽视，爷爷奶奶的教育观念落后，导致了对孩子早期教育的忽视。当孩子开始对外界有排斥的时候，大人基本以"害羞"为借口帮助孩子解释，之后就再也没有很好的鼓励或引导，导致孩子越发封闭自己。

### （四）采取措施

1. 给家长的建议

（1）尊重孩子，建立宽松、自由、民主、和谐的新型家庭关系。每天有一定的时间跟孩子交谈，妈妈也可以常常打电话或通过视频与孩子交流，引导孩子说出一天的幼儿园生活、认识的新伙伴及有趣的事情等，让孩子在互敬互爱的家庭气氛中形成合群的性格。同时，为孩子提供交往的环境、游戏和感兴趣的玩具等，让他把心中的不快与压抑释放出来，逐渐变得豁达、开朗。

（2）家庭成员教育理念与方法的一致。父亲与孩子祖父祖母进行沟通，让他们重新认识到孩子所存在的问题，不要再过分庇护孩子。当孩子出现拒绝和不配合的时候，尽量鼓励孩子，而不是以"害羞"为由来保护孩子。共同渗透对幼儿园的快乐的情感，比如幼儿园有像妈妈一样的老师，有小朋友，有喜欢的玩具，有好吃的饭……在讲话方式上，尽量引导孩子与自己对视，眼睛是心灵的窗户，眼神的交流可以打开内心的世界，逐渐培养正确的与他人沟通的方法。

（3）有针对性地增加亲子游戏或亲子阅读。我们专门向家长介绍了一些可以调动孩子情绪、情感，释放自己的游戏，特别介绍了一些激发孩子交往愿望的优秀读本（如《害羞的贝贝》《到处都是好朋友》《小乌龟上幼儿园》……），并告诉孩子阅读方法。希望通过轻松又温暖的亲子互动，有目的地唤醒孩子对交往的渴望。

（4）及时与老师沟通。不管是父亲还是爷爷、奶奶，都要与老师及时沟通，包括定期的反馈（每周、每月），还包括发现状况后的随时交流。老师可以了解孩子不在幼儿园时的情况，然后与家长一起讨论策略。

2. 给教师的建议

（1）3位教师（班主任、助教、生活老师）教育目标与关注的一致。3位教师角色不同，但共同承担了对孩子的保教责任，创造了一个和谐的班级氛围，有一致的教育理念、目标，用爱与责任去包容这个孩子，走进这个孩子，改变这个孩子。

（2）开展相关个案的研究，在已有经验中成长。我们要求每个教师都去搜集一些有关转变交往障碍或自闭倾向的成功个案来研究，希望可以从已有的经验中获得理论与策略方法的提升，同时指导自己的工作实践，与这个孩子一起成长。

（3）正确引导幼儿，与他和睦相处。专门把班里性格开朗的小朋友调到宸宸的身边，希望他们主动相处，以减少宸宸的孤独感，让宸宸感受到小朋友之间的友情与快乐。除此之外，引导全班小朋友主动与宸宸接近，创造和谐、轻松、快乐、互助互爱的班级氛围。

（4）及时与家长沟通。把宸宸在幼儿园的表现及时告诉家长，家长可以及时进行鼓励或指导，教师与家长的和谐关系也可以感染孩子，使孩子尽快排除对老师的陌生感。

## 三、改变过程

**1. 突破——引入正确话题，他终于肯说话了**

孩子表现：经过一个月的关注和引导，随着宸宸能对老师的一些指令语言进行正确反馈，比如喝水、回位子、如厕、到老师身边来等，这说明他已经从封闭的世界里走出来并渐渐地接纳老师，最初的信任开始了。老师平时比较注意与他单独沟通，每天都会抽出时间与他单独交谈，虽然一直是一头热，但老师们一直这样要求着自己。最初选择与他的对话多是关于幼儿园的，比如"幼儿园的饭好不好吃？""你喜欢来幼儿园吗？"等，宸宸根本就不予理睬。这一次改变战术，问他有关家里的问题，"晚上谁来接你啊？""我爸爸来接我！"这是从他嘴里听见的第一句话，接着问："爸爸怎么接你啊？""那个，有时候开车，有时候走路。"我们不禁惊叹他开口说话，更欣喜的是，宸宸其实有很强的表达能力，他连"有时候……有时候……"这样的短语都可以表达得很清楚。

家园共育：老师在当天下午把这件事情告诉了家长，他爸爸知道宸宸开始与老师有了言语上的交流后，非常高兴。在家里，家长丰富了与孩子的聊天，特别是增加了关于幼儿园的话题，虽然宸宸对此兴趣不大，但家长却没有放弃。我们希望家长可以给孩子一个正面的情感取向，比如"幼儿园是个幸福的家园""老师和妈妈一样爱着每一个小朋友""每个小朋友在这里都很快乐"。同时，我们在网络上开通了班级论坛，27位家长注册了该论坛，论坛里有我们在幼儿园的活动照片，有家长写的教育心得。宸宸的家长可以通过这个论坛掌握班里的最新动向和活动，也可以了解其他家长的家庭教育情况，宸宸也可以在上面看到老师发的照片，还有其他小朋友的照片，从侧面增进他们对班里点滴的了解。

**2. 困惑——话题仅限于和"家"有关系的内容**

孩子表现：有了开口说话这个突破，我们像发现了宝藏，每天我们都会找单独的时间与他交谈，大多数都是问他家里的事情，比如："在家和谁睡啊？""妈妈呢？""早上谁送你来的啊？"……宸宸一般都会很高兴地与我们聊天，让我们觉得非常幸福。但过了一些日子，我们开始发现宸宸与老师的简单对话只能局限在"家"的话题。比如，我们想问他"幼儿园的饭好吃吗？"他肯定不会回答，然后我们就绕着问他"家里的饭有这个吗？""家里也吃这个。"他会很快回答。老师接着问："幼儿园的饭好吃还是家的饭好吃呢？"宸宸又立刻回避，拒绝说话。

家园共育：老师用相机把幼儿园的一日生活记录下来，家长在家播放这些照片，引导宸宸根据这些照片谈论一些有关幼儿园的话题。爸爸告诉我们，宸宸对这些照片非常感兴趣，每天都会要求爸爸给他看照片，他看着照片流露出来幸福的眼神，虽然他也不太和爸爸交流幼儿园生活，但能感觉宸宸已经开始陶醉在自己在幼儿园的生活里，他喜欢这个集体，也喜欢他的老师和小朋友。在老师和家长的坚持下，宸宸每天都有新的照片可以看，渐渐地，他开始给爸爸讲照片上的人物和故事。比如，个子高的这个是朱老师，短头发的是赵老师，头发长的那个是孟老师；这是我们睡觉的床，上面有我的照片；这是我们草莓宝宝……

3. 僵持——仍然拒绝参与集体活动

孩子表现：除了沟通以外，宸宸虽然开始能主动选择区域活动，不再是独自发呆了，但他依然是选择单独活动。比如，自己进图书区看书，自己进益智区操作材料，小朋友主动与他玩耍，他会置之不理。而且，宸宸依然不参与班里的教学活动，只是安静地坐在那里，安静到似乎希望全世界把他遗忘一样。

小朋友都高兴地做操的时候，他仍然像木头人一样矗立在他站的地方，特别是每次到了做蹲的动作时，他越发显得刺眼与孤独。每次，我都试着让他参与进来，可他总是无动于衷。有一次，在做下蹲的时候我想用我的力扶他蹲下，我们僵持了一会，他开始有了蹲的动作，就在蹲了一半的时候，我松开了手，以为他可以借着我的力量完成这个动作，可是我错了，就看见他的动作停止在我松开的那一刻，撅着屁股，半蹲着，如此难受，就差那么一点点了，他都不愿意和小朋友一样吗？

家园共育：在家长半日开放中，宸宸爸爸把我们的每一个细节都录了下来，回家后和宸宸一起欣赏，然后一起分析：为什么在学英语的时候，宸宸都不张嘴？为什么在做操的时候，宸宸一动不动？宸宸是不是不喜欢学本领，不喜欢做操，不喜欢和小朋友一起玩？宸宸只是摇头，然后告诉爸爸自己其实会，就是不愿意做。于是，爸爸在家里和宸宸一起玩老师和小朋友的游戏，宸宸在爸爸的带领下，会对幼儿园的活动进行配合。我们把幼儿园学习的儿歌、歌曲为他录下磁带，在家里循环播放，宸宸开始只是听，后来能伴随一些语言，最后甚至会有肢体动作。同时，在集体活动的时候，我们尽量让宸宸坐在离我们最近的地方，可以比较容易与他开展眼神的交流；在区域活动，尽量引导他来娃娃家，这样老师可以扮演爸爸或妈妈，更容易引导其他小朋友和他亲密接触，希望可以通过这样的角色游戏拉近彼此的距离。

4. 发展——各方面开始进步

孩子表现："家"是我们打开和他交谈的第一步，此后，我们一直在尝试其他话题，虽然也失败过，但我们调整了问问题的方式。我们从开放式的问题，回归到比较容易回答的选择性的问题，希望能从易到难，帮助他梳理更多的交流经验。比如，我曾经问过他，我是什么老师？我相信他一定知道正确答案，但他总是低着头不回答，后来调整策略，我问他："我是孟老师、赵老师，还是朱老师？"宸宸略微地抬起头，竖起一根手指头，告诉我，是第一个！这是他第一次对其他的话题作出反应，虽然他最后还是没有直接回答我的问题，但不得不承认孩子如此聪慧，他能变换着形式来回答我的问题。虽然如此简单，但我相信对于他来说，又是一个跨越，确实在这之后，宸宸可以很自如地回答我们这些比较简单的选择性问题，而且语言越来越丰富了。

圣诞节的时候，我们进行音乐游戏，音乐响起时全班小朋友都会轮流拥抱，开始的时候我拉着他的双手与其他小朋友一起拥抱，后来就忽略他，想看看他的表现。结果，当一个女孩子微笑着拥抱他的时候，他主动跟上去拥抱了她。那是多么美妙的一幅画面，我想那个时候他是幸福的。后来，一些他比较感兴趣的活动，他都多多少少有参与，不再是以前那样完全排斥了。

家园共育：一直以来老师和家长各方面工作的积累，终于让这个孩子有了实质性的变化。同时，老师和家长乘胜追击，对他的进步提出表扬和鼓励。宸宸每天早晨来园，爸爸总是面带笑容、声音洪亮主动问老师早上好，希望通过自己的行动来感染孩子，让孩子感觉到老师和家长的和谐与默契。老师分析了班里孩子的住址情况，与和他们一个小区的彬彬妈妈进行沟通，建议他们可以在幼儿园以外的时间为孩子创造接触的机会。宸宸爸爸主动约彬彬家周末去科技馆，爸爸第一次发现宸宸和彬彬在一起居然能有说有笑，玩得很开心。于是，宸宸在班里有了好朋友，在老师、家长（包括其他家长）、小朋友的共同关注下，宸宸真的在各方面取得了很大的进步。

## 四、我们的收获

在这个过程中，教师对这个孩子倾注的教育策略与方法，家长对这个孩子实施的正确引导与有效鼓励，教师与家长的及时沟通与有效合作，在不同的角色里起到了不同的推动作用并获得了积累，最终促进了这个曾经有交往障碍的孩子渐渐向我们敞开了心扉。

1. 真实地面对问题，教师与家长建立统一战线

作为教师，一定要客观地向家长反映孩子的情况；同样，家长也要很真诚地与老师沟通孩子的情况；我们为的是更客观、更全面地了解孩子，促进他们的良好发展。负责

任的教师，一定不会总向家长汇报孩子好的一面，而回避孩子在生活和学习中出现的状况。同样，家长应该接受教师的反馈，包括优点和弱点，一定不要逃避或轻视，然后达成共识，寻找策略，并且要经常沟通，在孩子发展的过程中，给予他不同程度的鼓励和支持，为孩子提供一个良好的发展空间。教师和家长好比孩子起飞的一对翅膀，只有同时用力，才能帮助孩子飞得更高更远。

### 2. 走近孩子，教师的共同关注

当教师发现特殊的孩子时，一定要及时沟通，共同关注，保教配合，让孩子感觉到这个班级的3位老师一样的亲切、真诚与安全。班级的氛围有极大感染力，3位老师的和谐与默契，班级里小朋友之间的友好与平等，就好像一个快乐的磁场，可以使这个大家庭的每一个人感到幸福与快乐。越是对特殊的孩子，我们越是要倾注更多的爱与关注，这种爱不是某一个人的，而是共同的。

### 3. 了解孩子，寻找支持策略

首先就是从孩子感兴趣的方向入手，其实我们在与孩子沟通时也走了不少弯路，但始终要相信，随着孩子与我们相处时间的积累，我们一定能找到孩子兴趣的突破口（比如感兴趣的话题、感兴趣的插片玩具），然后可以借助这样的突破让孩子熟悉环境（包括老师和小朋友）。宸宸开始不拒绝与我们谈论家里的事情时，我们就发动其他小朋友一起讨论"家"的话题，让他感受到他和其他小朋友一样，都有一个幸福的家，还有爱着他的家人，幼儿园也是一个家，我们也都相互爱着彼此。当我们的话题不能突破的时候，我们就调整策略，从简单的选择性问题进入，用照片、录像等形式让他在家能与家人一起分享幼儿园的点滴，然后一点点敞开他的心扉。

### 4. 坚持与信任

这里不提爱与责任，因为这是教师所必需的职业素养，在这里要说的是坚持与信任。特殊孩子的改变需要一个过程，这个过程可能短也可能很长，这是我们无法估计的。但我们能做的就是坚持、不放弃，就是信任与鼓励。我们始终相信，爱可以化解一切，也可以改变一切；我们始终相信，只要孩子身边的人不放弃，只要方法得当，一定可以让每一个孩子有一个快乐、幸福的童年，有一个很好的人生开端。

最后，不得不承认，现在的特殊孩子越来越多，也许我们不能改变他的出生，但是，我们更多的爱与关注一定能帮助他们朝一个更高更远的地方飞翔。我要谢谢你，我的孩子！是你让我们懂得了爱的圣洁与伟大，当你快乐地奔向我们的怀抱，敞开心扉的时候，这一刻，我们是如此的幸福！

# 儿童家庭教育指导

# 形成性考核册

教育教学部　编

学校名称：＿＿＿＿＿＿＿＿＿

学生姓名：＿＿＿＿＿＿＿＿＿

学生学号：＿＿＿＿＿＿＿＿＿

班　　级：＿＿＿＿＿＿＿＿＿

形成性考核是学习测量和评价的重要组成部分。在教学过程中，对学生的学习行为和成果进行考核是教与学测评改革的重要举措。

《形成性考核册》是根据课程教学大纲和考核说明的要求，结合学生的学习进度而设计的测评任务与要求的汇集。

为了便于学生使用，现将《形成性考核册》作为主教材的附赠资源提供给学生，采用纸质形考的学生可将各次作业按需撕下，完成后自行装订交给老师。若采用**网上形考**或有其他疑问请咨询课程教师。

# 儿童家庭教育指导作业1

姓　　名：＿＿＿＿＿

学　　号：＿＿＿＿＿

得　　分：＿＿＿＿＿

教师签名：＿＿＿＿＿

说明：本次作业对应教材第一、第二章的内容，第四周布置，第十周提交。

## 一、名词解释（每题 2.5 分，共 10 分）

1. 学前儿童家庭教育

2. 儿童家庭教育指导

3. 家长教育方式

4. 家庭精神环境

**二、简答题（每题 5 分，共 30 分)**

1. 简要说明儿童家庭教育的特点。

2. 儿童家庭教育的目的、任务与内容是什么？

3. 简述儿童家庭教育指导的内容、渠道和方法。

4. 家长素质对儿童家庭教育有何影响？

5. 什么是家长的教育观？对儿童家庭教育有什么影响？

6. 简述家长教育方式的类型和特点。

## 三、论述题（每题 12 分，共 24 分）

1. 请选择两个儿童家庭教育方法，依据该方法联系实际阐述儿童家庭教育应当坚持的原则。

要求：

（1）阐明已选择的两个儿童家庭教育方法的含义；

（2）依据该方法联系实际叙述儿童家庭教育应当坚持的原则，并提出自己的观点或建议，否则扣 6 分。

2. 试从家长的儿童观联系实际分析其对儿童家庭教育的影响。

要求：

（1）阐明家长的儿童观的含义和表现；

（2）联系实际分析该观念对儿童家庭教育的影响，并提出自己的观点或建议，否则扣6分。

**四、案例分析题**（每题 18 分，共 36 分，加答题要求每题答案字数不少于 500 字）

1. 小琴的宝宝八九个月了还不会爬，小琴很着急，一段时间以来，一直在咨询专业人士，并买了很多育儿专业书籍看。小琴妈妈说："着什么急呀，慢慢地自然而然什么都会了，你小时候也挺笨的，长大了不一样上了大学?!" 小琴说："凭什么别人的孩子能做到的，我的孩子就不行，我一定要试试!" 小琴每天抽空就对宝宝进行一些训练，她先让宝宝趴成俯卧位，把头仰起，用手把身体撑起来，宝宝的腿被小琴轻轻弄弯放在宝宝的肚子下，并在宝宝周围放了很多会动的有趣的玩具，引逗宝宝爬行，经过反复练习. 宝宝的小腿肌肉越来越结实，很快就学会爬行了。

请从第一章中家庭教育对学前儿童发展的作用的相关理论分析以上案例。

2. 马琳是妈妈卧床10个月，小心保胎才生下的心肝宝贝，在这之前，马琳的妈妈已经经历了四次流产。从小马琳就独享全家所有人的爱。马琳真的就像全家人的心尖尖一样，含在嘴里怕化了，捧在手上怕摔了。马琳的爸爸是一个普通的工人，有一天工作时，突发癫痫病，经过一番努力，劳动仲裁认定为工伤。马琳的爸爸从此没有了下岗裁员的风险，但是企业不景气，收入当然也高不到哪儿去。马琳的妈妈是一个出纳，在单位应付各种压力，也比较辛苦。他们对自己生活中的烦恼，心有不甘，但是又没能力改变。他们把所有的希望都寄托在孩子身上，希望自己的宝贝女儿能过上高阶层的生活，摆脱他们这样困窘的日子。马琳从小就显得同别的孩子不太一样，自我保护意识非常强，别人不小心碰了她一下，或说了一句什么不好的话，她会毫不犹豫地打回去或骂还人家。马琳四岁时，跟妈妈去单位玩，有一个阿姨逗马琳，把桔子皮托在手上，问马琳吃不吃，马琳拿起桔子皮，就朝阿姨扔去，嘴里还骂："去你妈的。"但是马琳并不是对所有人都这样，她有一个同龄的小朋友不具备的本领：在一群人中，她能准确分清谁是领导，谁的官更大些。有一次马琳的妈妈带她参加单位的聚餐，饭吃到一半，马琳突然举杯站起来，大声提议，要祝乔大大万寿无疆，乔大大是妈妈的顶头上司。所有人都愣住了，然后，笑倒了所有聚餐的人，马琳非常得意。还有一次是妈妈单位组织游园，那天乔大大没去，另外一个女领导带队。马琳剥好荔枝，很殷勤地送过去，让这个阿姨吃。别的阿姨逗马琳，说："这个阿姨不喜欢吃荔枝，你给我剥吧，我爱吃。"马琳看着阿姨，很认真地说："滚。"马琳毕竟还是孩子，童言无忌，经常说一些让别人吃惊的话。她说："我以后要嫁有钱人，不能找像我爸爸这样的人，我爸爸就是一个没本事的小男人。"她说这些话的时候，她妈妈就在一旁微笑地听着。

请根据第二章中家长的亲子观、人才观（二选一）对儿童家庭教育的影响的相关理论进行分析。

# 答 题 纸

# 儿童家庭教育指导作业 2

说明：本次作业对应教材第三～第五章的内容，第 7 周布置，第 13 周提交。

## 一、名词解释（每题 2 分，共 12 分）

1. 亲子游戏


2. 特殊儿童


3. 超常儿童


4. 智障儿童


5. 肢体残疾儿童


6. 视听残疾儿童

## 二、简答题 (每题 4 分，共 36 分)

1. 简述 0~3 岁儿童身心发展的家庭教育目标和任务。

2. 0~3 岁儿童身体发展的家庭教育指导包括哪些方面？

3. 如何在智力启蒙和语言培养方面对 0~3 岁儿童进行家庭教育指导？

4. 简述 3～6 岁儿童身心发展的家庭教育目标和任务。

5. 3～6 岁儿童身体发展的家庭教育指导包括哪些方面?

6. 如何在社会性发展和美的熏陶方面对 3～6 岁儿童进行家庭教育指导?

7. 简述特殊儿童家庭教育的目的与任务。

8. 如何判定超常儿童？对他们怎样进行家庭教育指导？

9. 智力落后儿童可以划分为几个等级？对智力落后儿童进行家庭教育要关注哪些内容？

## 三、论述题（每题 8 分，共 16 分）

1. 结合实际论述如何对 0 ~ 3 岁儿童的情意萌发进行指导。

要求：

（1）简述对 0 ~ 3 岁儿童的情意萌发进行指导的具体内容；

（2）就某一方面联系实际提出你的看法或建议，否则扣 4 分。

2. 结合实际论述阅读对 3 ~ 6 岁儿童语言发展的作用，以及进行家庭阅读活动指导的方法。

要求：

（1）简述阅读对 3 ~ 6 岁儿童语言发展的作用，以及进行家庭阅读活动指导的方法；

（2）结合实际阐述你对 3 ~ 6 岁儿童进行阅读活动的看法，并提出自己的观点或建议，否则扣 4 分。

**四、案例分析题** (每题 12 分，共 36 分，加答题要求每题答案字数不少于 500 字)

1. 周周 19 个月大，平时都由奶奶照看，奶奶做自己的事情时，总会拿出玩具让周周玩，所以玩玩具是周周每天的功课。周周每天都会把各种各样的玩具从抽屉、茶几底下、架子上、盒子里搬出来，一件一件地摆弄，然后丢在地板上，再去拿其他的东西……在很短的时间里她就会制造出一大堆的混乱。奶奶看到后就会隔着老远遥控指挥"不要扔开来""快捡起了""再乱扔不给你玩啦"。可周周还是一个劲儿地扔，越是说，她就扔得越起劲，还冲着奶奶笑。没办法，每天奶奶都等她玩好，追在后面收拾、整理，那真是件没完没了的事。

请运用第三章的相关理论分析此案例，并提出自己的认识或建议。

2. 我儿子冬冬从小就喜欢小动物，家里养过小兔子、小鸭子，记得 3 岁多的时候，他握着小鸭子的脖子去串门儿，找小朋友玩。他玩得投入了，就忘了小鸭子，结果可怜的小鸭子跟在他后面跑来跑去，被冬冬不小心踩死了，冬冬哭了好半天。后来又央求我再给他买一只小鸭子，我告诫他，小鸭子太小，它把你当作它的妈妈，妈妈是不是要好好爱自己的孩子呢？冬冬似懂非懂地看着我，使劲点头。不过，从那以后他对待小动物小心了很多，出去玩的时候，就把小鸭子放在小盒子里，并且说："妈妈出去玩一会儿，你要在家里乖乖的哦！"我和他爸爸忍俊不禁。看到孩子那么喜欢小动物，我们就经常把孩子带到户外，让他观察自然中小动物的动态。如小鸟在飞，小蚂蚱在跳，小蜗牛在爬。现在孩子 4 岁多了，渐渐地了解了好多大自然和小动物之间的奇妙关系。有一次，我带他和别的小朋友到森林公园去玩，他们兴高采烈地在草地上寻找他们喜欢的小动物，并认真地观察它们。"阿姨，你快看，好多小蚂蚁！"一个小朋友突然指着草地大声说。冬冬和其他小朋友都跑了过去，只见冬冬趴在地上仔细看，然后对我说："妈妈，是不是天要下雨了？""嗯，是啊！"我望望变暗的天空。冬冬对别的小朋友说："妈妈对我说过，小蚂蚁搬家，小燕子飞得很低都是快要下雨了，我在书上也看到过，今天可看到了哦！"看到儿子认真的模样，我开心地笑了。

请根据第四章的相关理论或观点分析此案。

3. 小林平时沉默寡言，一旦说起话来语速很快，且不完整，字数基本在五个字以内，间断性地冒出不符合汉语语法规则的话语并不断重复，常反复说些与所处环境无关的、单调的词句，分不清你、我、他，如果问："你爱我吗?"他回答："你爱我的!"。每天早上来幼儿园，从不主动向老师和小朋友问好，不和别人目光对视，无论怎么开导他，激发他的表达情绪，他还是无动于衷。小林喜欢玩水，玩沙，玩大型玩具，他只管自顾自地玩，玩腻了就自己回到班级中来。日常生活中喜欢躺在地上，和地板亲密接触；喜欢玩锁和钥匙；对班级的积木、自主游戏等都不感兴趣，喜欢在教室里游荡，没有固定的场所，在组织的教学活动中，他没有办法跟上老师的节拍，注意力不集中，不能进行正常的学习。他常常在较长时间里专注于某种游戏或活动，如着迷于旋转锅盖，单调地摆放积木块，热衷于观看电视广告和天气预报，面对通常儿童们喜欢的动画片则毫无兴趣，在家天天要吃同样的饭菜，出门要走相同的路线，排便要求一样的便器，如有变动则大哭大闹。

请运用第五章的相关理论分析小林的行为，并提出自己的认识或建议。

答 题 纸

# 答 题 纸

# 儿童家庭教育指导作业3

姓　　名:_____

学　　号:_____

得　　分:_____

教师签名:_____

说明:本次作业对应教材第六、第七章的内容,第10周布置,第15周完成。

## 一、名词解释 (每题2.5分,共10分)

1. 以家长为核心的亲职教育

2. 以儿童为核心的活动教育

3. 以幼儿园为核心的教育研究

4. 家长教育能力

## 二、简答题 (每题5分,共30分)

1. 0~3岁儿童家庭与幼儿园的合作关系是怎样的? 0~3岁儿童家庭与幼儿园合作共育的评价指标是什么?

2. 3～6 岁儿童家庭与幼儿园的合作关系是怎样的？3～6 岁儿童家庭与幼儿园好的合作共育活动的特点有哪些？

3. 家庭与社区在合作过程中双方的关系是怎样的？评价双方的合作活动应从哪些方面人手？

4. 学前儿童家庭教育存在哪些问题？

5. 日本和韩国的儿童家庭教育有何异同？

6. 美国儿童家庭教育有什么特点？

## 三、论述题（每题 12 分，共 24 分）

1. 联系实际评论 0 ~ 3 岁儿童家庭与幼儿园合作教育活动采取的方法。

要求：

（1）简述 3 ~ 6 岁儿童家庭与幼儿园合作教育活动的方法；

（2）就某一方法联系实际说明其实施的情况并提出自己的看法或建议，否则扣 6 分。

# 答 题 纸

2. 联系实际论述我国儿童家庭教育及其指导的变革。

要求：

（1）简述我国儿童家庭教育及其指导的变革情况；

（2）就某一方面的变革情况联系实际提出自己的看法或建议，否则扣 6 分。

**四、案例分析题**（每题 18 分，共 36 分，加答题要求每题答案不少于 500 字）

1. 幼儿园为了顺应发展，与家长零距离接触，建立了网站，我总喜欢在繁忙的工作中，利用短暂的空闲时间，打开幼儿园的网页，看看幼儿园的新闻，儿子的班级照片，了解一些家教的知识。在有闲情逸致的时候，就在"E 线留言"上发下一段感慨，将对儿子的爱与朋友一起分享。在儿子进入幼儿园这近两年的时间，从最初早上赖在被窝里想试试是否能得到不去的"豁免"，到现在每天催促着我"妈妈，快来不及了，我要第一个到车站"；从对我有时的教育"嗤之以鼻"，到认真严肃地对我说，"老师说了，自己的事情自己做!"，我欣慰于他的成长与进步，感动于老师的教育与辛苦。

请运用第六章的相关理论分析此案例，并提出自己的认识或建议。

2. 案例一：托比是一个 3 岁的美国孩子。他每天早上自己找衣服、鞋子，再自己穿上。毕竟托比还小，经常把裤子穿反。有一次，一个做客的中国朋友发现后想纠正他，但被托比的妈妈制止了。妈妈说，如果他觉得不舒服，会自己脱下来，重新穿好；如果他没觉得有什么不舒服，那就随他的便。有一天，托比和邻居家的小朋友玩，没一会儿就跑回家，对妈妈说："妈妈，露西说我的裤子穿反了，真的吗？"露西是邻居家的 5 岁小姑娘。苏姗笑着说："是的，你要不要换回来？"托比点点头，自己脱下裤子，仔细看了看，重新穿上了。从那以后，托比再也没穿反过裤子。

案例二：康康是幼儿园中班的孩子。父母忙于做生意，照顾康康的任务就落在了爷爷奶奶身上，为了使孩子安全、健康的成长，爷爷奶奶包揽、代替了康康从小在家所有的家务活动，到现在也不会穿鞋子。在家的时候爷爷奶奶担心他的安全，不让他出门和别的孩子玩，在家看动画片，想要什么就让爷爷帮他拿，想干什么就让爷爷帮他干。吃饭一直由奶奶喂，直到上中班了，康康也没有自己吃过一次饭。等到吃饭的时候奶奶就端饭到床边喂给他吃。久而久之，导致康康的生活自理能力很差。

试从外国家庭教育对我国的启示的角度出发比较分析以上两个案例。

# 课程活动设计与指导 （二选一）

说明：第 13 周布置，第 17 周完成。

　　活动要求：活动必须是学生根据实际情况设计的，不可抄袭；要件齐全；活动内容翔实、具体；有对该活动的实施策略及评价和建议。学生要认真全面填写活动情况记录表（家庭游戏活动设计指导要有家长的反馈记录并签名），教师根据活动情况记录表给出学生成绩。

　　一、家庭游戏活动设计指导：选择一位小朋友家长，帮助指导家长设计家庭游戏并实施，家长将游戏效果反馈给指导者并收录在活动情况记录表中。"家庭游戏活动设计指导"可在平时作业之后进行，平时作业依次后推。

　　二、儿童家庭与幼儿园、社区合作共育活动设计与评价：设计一次合作共育活动并主持实施，按所学相关理论作为评价标准进行实施结果评价，将所有内容填入活动情况记录表中。

　　请根据所选题目的活动情况记录表填写内容，可附页。

## 活动情况记录表

| 活动题目 | | | |
|---|---|---|---|
| 时间 | | 地点 | |
| 指导对象 | | | |
| 家教状况<br>分析 | | | |
| 预期活动<br>目标 | | | |

| 指导要点 | |
|---|---|
| 活动前期<br>准备 | |

| 活动过程概述 | |
| --- | --- |
| 活动效果<br>（家长反馈） | |

| 自我认识<br>评价 | |
| --- | --- |
| 家长签名 | | 实际得分 | |

| 章 | 平时作业 | 活动设计与指导 | 面　授 | 上网学习 | 学习笔记 | 备　注 |
|---|---|---|---|---|---|---|
| 第 1 章 | | | | | | |
| 第 2 章 | | | | | | |
| 第 3 章 | | | | | | |
| 第 4 章 | | | | | | |
| 第 5 章 | | | | | | |
| 第 6 章 | | | | | | |
| 第 7 章 | | | | | | |
| 总　计 | | | | | | |
| 得　分 | | | | | | |